作者简介：

赵爽，女，1973年生，白族，云南鹤庆人，环境资源法学博士，西南政法大学经济法学院副教授，环境资源法硕士生导师，主要研究方向为环境资源法、能源法。主要学术成果和工作业绩：

1. 科研项目类：主持2009年国家社科基金西部项目“能源生态安全的法治构建研究”；主持教育部青年项目“能源变革与法律制度创新研究”（09YJC820096）；主持结题2008年中国法学会青年自选项目“能源安全与可持续发展法制保障研究”；另主持结题重庆市社科联青年项目一项（鉴定结果为“优秀”）；参研国家社科基金重大课题一项（专章内容署名执笔人），主研、参研省部级及其以上课题多项。

2. 专著、论文类：近年来在《中州学刊》、《中国人口资源与环境》、《改革与战略》、《河北法学》等国内主要学术期刊上发表论文十余篇；独著出版《能源法律制度生态化研究》专著一本（法律出版社2010年版）。

本专著是教育部同名青年项目“能源变革与法律制度创新研究”(09YJC820096)的最终研究成果

西南政法大学

Southwest University of Political Science and Law

经济法学系列

李昌麒 张怡 主编

能源变革与法律制度创新研究

Energy Reformation and the Innovation of Energy Legal System

赵爽 / 著

Law

厦门大学出版社 国家一级出版社
XIAMEN UNIVERSITY PRESS 全国百佳图书出版单位

·丛书总序·

中国经济法学作为一门新兴的学科，经过广大法律学人的苦苦探索，已经走过了从无到有、从不成熟到逐步成熟的发展历程。现在，经济法作为与行政法、民法、刑法、诉讼法以及社会法等并行不悖的独立的法律部门，已经得到了立法的确认，对此法学界也达成了基本的共识。

20余年来，广大法律学人坚持改革开放路线，紧扣时代脉搏，围绕着经济建设这个中心环节，把经济法理论和实践扎根于我国现实的经济土壤之中，并借鉴其他市场经济国家在法制实践中所形成的共同的法律文化，辛勤耕耘，求实创新，不断开拓进取，使经济法学在我国法学百花丛中蓓蕾初绽，繁花似锦，硕果累累。这极大地促进了我国经济法理论和实践的发展，推动了整个中国法学的繁荣，并为世界法学界所瞩目。但是，经济法作为一门发展中的学科，仍然存在着许多不成熟的地方，还需要广大的法律学人更多地培育，才能使它更好地成长。正是怀着这样一种愿望，西南政法大学经济法学科作为教育部确立的国家级高等学校重点学科点，一方面想为广大经济法理论和实务工作者展示学术研究成果和进行学术交流提供一个平台，另一方面也想为西南政法大学经济法学科建设开辟一个新的学术阵地，为此，我们与厦门大学出版社共同策划出版《西南政法大学经济法学系列》。

对于怎样编辑这套丛书，我们除了遵循学术性、实践性和开放性的宗旨之外，还有一个重要的思考，就是要使这套丛书能够适应经济法理论界、实务界和教学界等多方面的需要，力求使本丛书以其广泛的适应性以飨读者。因此，本丛书拟由三个部分构成，既包括学术专著，又包括教材和案例。学术专著主要来源于经济法博士论文。考虑到我国现在有七个经济法博士授权点，每年都要产出一批具有一定开拓性、前沿性和创新性的优秀博士论文，如果这些成果尘封在作者的抽屉里，无疑是对知识财产的一种浪费。这套丛书可以为这些博士论文的发表提供一个载体。对于教材，我们是这样思考的：学生知识首先来源于教材，从某种意义上讲教材是构筑学生知识大厦的基石，没有理由不重视它。我们之所以把教材也列为这套丛书的重要组成部分，也正是基于这种考虑。我们认为，教材与科研应该是彼此依赖、相辅相成的，教材的写作过程也应当是进行科学研究的过程。经济法作为一门新兴的法学学科，其教材的编写不能仅仅停留在简单地重复已有的教材内容的基础上，要力图避免编写那些没有任何新意和创见的"拼凑式"的教材。因此，本丛书将按照这个原则选择或者组织出版那些适合本科生和研究生研习的优秀教材。对于案例，我们考虑到：从总体上讲，问世的经济法案例与其他法学学科问世的案例相比，仍然嫌少，以致在教学和实践中，很难找到足够的经济法案例。为此，我们将有意识地采取教师与实际部门人员相结合的办法，将现实生活中存在的大量的、鲜活的、具有典型意义的经济法案例精选成册，其形式既可以是案例评析，也可以是案例教程，以此弥补过去运用案例进行经济法教学之不足。

需要说明的是，本《经济法学系列》含涉外经济法系列，它将以专集的形式出版；本丛书中各种类型的著述的出版并不完全按照经济法学体系结构的顺序出版，而是成熟一部，出版一部。我们热忱地欢迎全国的经济法学同仁们惠赐佳作，为经济法学的进一步发展和繁荣，携手共进！

李昌麒

2005年元月于重庆

目录 CONTENT

第一章
能源变革的历史与趋势

第一节　能源变革进程略考

能源是整个世界发展和经济增长的最基本的驱动力，是人类赖以生存的基础，关系一国的经济命脉和民生大计。从能源开始为人类的生产和生活提供各种能力和动力的那一天起，能源的占有、生产、中转、消费的相关问题即成为影响着世界上每一个人，每一个民族，以至每一个国家的基本问题。

一、能源及其分类

(一)能源科学中的能源概念

能源是人类赖以生存和进行生产的重要物质基础。对于能源的准确定义多种著述皆有论及。《科学技术百科全书》认为："能源是可从其获得热、光和动力之类能量的资源"①；《大英百科全书》说："能源是一个包括着所有燃料、流水、阳光和风的术语，人类用适当的转换手段便可让它为自己提供所需的能量"②；《日本大百科全书》说："在各种生产活动中，我们利用热能、机械能、光能、电能等来作功，可利用来作为这些能量源泉的自然界中的各种载体，称为能源"③；我国的《能源百科全书》则将能源定义为"可以直接或经转换提供人类所需的光、热、动力等任一形式能量的载能体资源"。④ 可见，能源是一种呈

① 科学技术百科全书编写组：《科学技术百科全书》，科学出版社 1981 年版，自然科学卷。

② 《大英百科全书》(国际中文版)，中国大百科全书出版社 1994 年版，自然科学卷。

③ 《日本大百科全书》，小学馆 1994 年版。

④ 《能源百科全书》，中国大百科全书出版社 1997 年版。

多种形式的，且可以相互转换的能量的源泉，是自然界中能为人类提供某种形式能量的物质资源。

(二)能源科学对能源的分类

在能源科学中，为了研究和描述的方便，从不同角度对能源进行了分类。

1. 能源按照不同的生成方式可分为一次能源和二次能源，一次能源是指可以从自然界直接获取的能源。其中煤炭、石油和天然气是千百万年前埋在地下的动植物经过漫长的地质年代形成的，又称为化石能源，它们是当今世界中一次能源的三大支柱，构成了全球能源家族结构的基本框架。一次能源中还包括水能、太阳能、风能、地热能、海洋能、生物质能以及核能等。二次能源是指无法从自然界直接获取，必须经过一次能源的消耗才能得到的能源。电能是最主要的二次能源。

2. 一次能源按其是否能循环使用和不断得到补充，又分为不可再生能源和可再生能源，如化石燃料、核燃料均为不可再生能源，太阳能、水能、风能、生物质能和地热能等均为可再生能源。当不可再生能源资源日益面临枯竭的时候，人们则更致力于可再生能源的技术开发和利用。

3. 按能源的使用状况，还可将其分为常规能源和非常规能源(传统能源和新能源)。常规能源(传统能源)是指目前已大规模生产和广泛利用的能源，如水能、煤炭、石油、天然气等。非常规能源(新能源)是指由于技术、经济等因素的限制，迄今尚未大规模使用的能源，如太阳能、核能、潮汐能、地热能等。随着科学技术的不断发展，非常规的新型能源也可以转变为常规能源。

4. 按能源的流通情况，可分为商品能源和非商品能源，前者是指作为商品流通环节而大量消费的能源，如化石燃料和电能等；后者是指薪柴、畜粪，以及农业或林业废料等在农、林、牧区就地消费，不作为商品进入流通环节的能源。

5. 按能源利用对环境造成的污染程度，还可将其分为清洁能源和非清洁能源。非清洁能源主要包括煤炭、石油等，清洁能源则包括水力、电力、太阳能、风能以及核能等。世界能源委员会推荐的能源类型分为：固体燃料、液体燃料、气体燃料、水能、电能、太阳能、生物质能、风能、核能、海洋能和地热能。其中，前三个类型统称化石燃料或化石能源。

6. 可以将能源使用过程中的碳排放量作为分类的指标将其分为低碳能源和高碳能源：低碳能源是指二氧化碳等温室气体排放量低或者零排放的能源产品，主要包括核能和可再生能源等；高碳能源则是指二氧化碳等温室气体排放量高的能源产品，主要是煤炭、石油等化石能源。此种分类方式虽然与第

5点中的标准不尽相同，但实际结果有异曲同工之妙，可以认为后者实际是将碳排放量作为了考察污染程度的主要指标。

各种能源形式可以互相转化，在一次能源中，风、水、洋流和波浪等是以机械能（动能和位能）的形式提供的，可以利用各种风力机械（如风力机）和水力机械（如水轮机）转换为动力或电力。煤、石油和天然气等常规能源一般是通过燃烧将燃烧化学能转化为热能。热能可以直接利用，但大量的是将热能通过各种类型的热力机械（如内燃机、汽轮机和燃气轮机等）转换为动力，带动各类机械和交通运输工具工作；或是带动发电机送出电力，满足人们生活和工农业生产的需要。一般认为，一次能源中转化为电力部分的比例越大，表明电气化程度越高，生产力越先进，生活水平越高。

（三）法律上对能源概念和类别的表述

我国目前尚无能源基本法。2007年底为向社会各界广泛征集修改、完善的意见和建议，通过新闻媒体和互联网等渠道公布的《能源法》（征求意见稿）第2条试将能源定义为："本法所称能源是指能够直接取得或者通过加工、转换而取得有用能的各种资源，包括煤炭、原油、天然气、煤层气、水能、核能、风能、太阳能、地热能、生物质能等一次能源和电力、热力、成品油等二次能源，以及其他新能源和可再生能源。"该部草案在最后一章附录中对全文所涉及的15个能源相关专业名词进行了释义：石油，是指原油和成品油的统称。新能源，是指在新技术基础上开发利用的非常规能源，包括风能、太阳能、海洋能、地热能、生物质能、氢能、核聚变能、天然气水合物等。可再生能源，是指风能、太阳能、水能、生物质能、地热能、海洋能等连续、可再生的非化石能源。清洁能源，是指环境污染物和二氧化碳等温室气体零排放或者低排放的一次能源，主要包括天然气、核电、水电及其他新能源和可再生能源等。低碳能源，是指二氧化碳等温室气体排放量低或者零排放的能源产品，主要包括核能和可再生能源等。高碳能源，是指二氧化碳等温室气体排放量高的能源产品，主要是煤炭、石油等化石能源。农村能源，是指用于农业生产、农村工商业经营和农村居民生活的能源。此外，该草案还对能源企业、天然铀产品、核燃料闭合循环、能源基础设施、自愿节能协议、能源审计、合同能源管理、能源需求侧管理等能源相关概念逐一进行了厘定。[①]

---

① 《中华人民共和国节约能源法》（征求意见稿），国家发改委网站，http://www.ndrc.gov.cn/yjzq/t20071227_181560.htm，访问日期：2007年12月3日。

此外，中华人民共和国第十届全国人民代表大会常务委员会第三十次会议于2007年10月28日修订通过的《中华人民共和国节约能源法》（自2008年4月1日起施行）第2条明确了"本法所称能源，是指煤炭、石油、天然气、生物质能和电力、热力以及其他直接或者通过加工、转换而取得有用能的各种资源"。

中华人民共和国第十届全国人民代表大会常务委员会第十四次会议于2009年12月修订的《中华人民共和国可再生能源法》则在第2条指出："本法所称可再生能源，是指风能、太阳能、水能、生物质能、地热能、海洋能等非化石能源。水力发电对本法的适用，由国务院能源主管部门规定，报国务院批准。通过低效率炉灶直接燃烧方式利用秸秆、薪柴、粪便等，不适用本法。"

综上可见，我国立法中对能源进行的定义很大程度上借鉴了能源科学中的能源定义，并采取了对于常见的规范对象进行罗列的方式加以进一步明确，是抽象和罗列并用的混合式定义方式。新的能源法草案在保留"能够直接取得或者通过加工、转换而取得有用能的各种资源"这一抽象概念的基础上，更进一步尝试在罗列中采用了一次能源和二次能源、常规能源和非常规能源（传统能源和新能源）、可再生能源和不可再生能源的分类，以利于进一步对不同属性的能源的相关活动进行规范。同时，为适应能源革新动态和对国际能源法律制度减排要求给予适度的立法前瞻性关注，该草案中还采用了清洁能源和非清洁能源、低碳能源和高碳能源的分类；针对我国新农村建设中能源法制建设的紧迫需求，又对于农村能源进行了专门规定。综上，现有能源立法或最新立法动态中已几乎涉及全部能源科学中的能源分类。

二、人类发展简史中的能源变革与能源变革影响下的人类文明更替

人类在不断征服自然、改造社会的斗争中不断加深、扩大着对能源的认识和利用；而反过来，对自然界能源的利用越发展，就越增强了人类改造世界的物质力量。① 因此，从这个意义上说，能源发展史和人类社会的发展史总是紧密联系在一起的，能源改变了人类的命运。能源应用技术的更新和普及决定着人类社会的生产方式、消费模式、交通模式、定居模式和组织形式的变革。不同能源的普及使用为人类享受高水平物质生活提供了重要基础。人类利用

① 秦华：《人类认识和利用能源的历史》，载《清华大学学报》（自然科学版）1975年第1期。

能源的历史，也就是人类认识和征服自然的历史。甚至于从某种意义上讲，人类物种可以看成是在能源的帮助下进化的：人类不可能比帮助确定其活动范围的能源存在得更久。人类以为他们自己支配着自己的命运，但是如果纵观地球生命演化史，人类进化只是地球能量调整的一小段插曲。①

(一)人类发展简史中的能源变革

我们可以概括地把人类利用能源的历史分为五大阶段：(1)火的发现和利用；(2)畜力、风力、水力等自然动力的利用；(3)化石燃料的开发和利用；(4)电的发现及开发利用；(5)新型清洁可再生能源的发现和开发利用。

人类社会的发展过程是一部开发、利用能源的历史，四五十万年前，火揭开了人类利用能源的序幕。火的使用使人类脱离了野蛮，步入了文明。在几十万年的演变过程中，薪柴和木炭一直是人类生活、取暖的主要能源。18世纪前，人类只限于对风力、水力、畜力、木材等天然能源的直接利用，尤其是木材，在世界一次能源消费结构中长期占据首位。

从18世纪初开始，煤炭在西方国家逐渐代替木柴。其后，蒸汽机的发明，实现了世纪性的工业革命：托马斯·纽科门在1712年发明的燃煤蒸汽机开始了以蒸汽动力来代替古老的人工体力、风力和水力的新时代，为人类的工业文明掀开了序幕。1781年瓦特发明的改良蒸汽机更使得煤炭得以大规模地使用，使得第一次工业革命得以大规模展开。蒸汽机的出现加速了18世纪开始的产业革命，促进了煤炭的大规模开采。到19世纪下半叶，出现了人类历史上第一次能源转换。1860年，煤炭在世界一次能源消费结构中占24%，1920年上升为62%。从此，世界进入了“煤炭时代”。然而，随着1859年埃德温·德雷克在宾夕法尼亚州打出第一口油井以后，石油的大规模生产和使用不仅使得工业革命得以更大规模地在全球推广，新的技术、新的发明创造也接踵而来：内燃机、汽车、飞机……石油和这些发明一道，改变了世界的生产模式、交通模式。

19世纪电能的广泛使用，将人类社会推进到现代文明时代：法拉第发明的电力更是使人类在能源使用上开始了一场大革命：所有的能源都可以转化为电力，而电力则可以以最简便的方式输送到工厂，传递到家庭。电力使高楼大厦的建造和使用变得现实，使我们的居室可以冬暖夏凉，使工厂实现自动化，更为当代电子、通信、计算机、互联网等技术提供了动力基础。1879年爱

① [美]普赖斯(D. Price)：《能源与人类进化》，姚申海译，原载于英国《人口与环境》。

迪生发明的电灯使人类告别了黑暗，而信息通信技术的发展则使得地球变平，掀起了经济贸易全球化的巨大浪潮。19 世纪 70 年代，电力代替了蒸汽机，电器工业迅速发展，煤炭在世界能源消费结构中的比重逐渐下降。1965 年，石油首次取代煤炭占居首位，世界进入了"石油时代"。1979 年，世界能源消费结构的比重是：石油占 54%，天然气和煤炭各占 18%，油、气之和高达 72%。石油取代煤炭完成了能源的第二次转换。石油是现代工业社会最重要、最具战略性的能源与基础原料，但全球 20 世纪 70 年代的两次石油危机，却导致油价暴涨及经济重挫。虽然至今石油仍占全世界现有能源总消费量的四成，且未来 20 年此趋势不会改变，但是地球上石油的储量有限，石油的大量消费，使能源供应严重短缺，世界能源向石油以外的能源物质转移已势在必行。为避免石油问题再度冲击经济，各国都积极寻求降低对石油依赖度的途径，自人类迈进 21 世纪以来，开发新能源成为全世界解决能源问题的共同出路。

如前所述，随着人们日益意识到能源短缺对经济发展的遏制作用，以及化石能源使用带来环境恶化的严重后果，对能源短缺和环境污染的担忧迫使人们开始关注替代能源的发展。新能源一词是 1981 年 8 月联合国在内罗毕召开的新能源和可再生能源会议上提出的，会议对新能源进行了界定，即"新的可更新的能源资源。它可以通过新技术和新材料加以开发利用，而且消耗后可得到恢复和补充，不产生或很少产生污染，对环境无多大损害，有利于生态良性循环"。① 与化石燃料相比，新能源具有可再生、对环境友好等特点，更符合人类可持续发展的目标。其中，太阳能、风能、地热能、水能、核能、生物质能和潮汐能，是开发较早的新能源，已在实际生产生活中发挥了重要作用。世界能源正面临一个新的转折点。大多数新能源与可再生能源或清洁能源的范围基本一致，较有争议的是核电和大型水电的归属问题。有些研究认为，由于水电技术已较完善，而且大型水电对生态环境影响范围广，已不符合新能源和清洁能源的要求；核能中，核裂变技术已被人类大量应用，而且核废料及发电过程的环保任务艰巨，不应属于新能源和清洁能源。总结现有研究文献，已形成共识的新能源范围包括其余可再生能源（大型水电除外）和尚处于起步阶段的核聚变。在能源可持续发展领域，随着新能源日益受到重视，有关新能源促进制度的研究也开始成为热点，涉及国家能源结构与安全、环境保护、科技创新等多方面。在新能源各发展阶段，适当的制度供给和政策扶持是加快新能源

① 李靖：《新能源产业政策研究综述》，载《企业导报》2011 年第 12 期。

发展的有力保障。

(二)与能源变革相适应的人类文明发展进程

翻开人类的历史,可以发现能源与人类社会的发展是息息相关的,能源的开发和利用为人类的进步提供了不竭的动力。从远古时期的钻木取火到近代煤的开采和使用、从石油天然气的普及到各种新能源的开发利用,能源问题事关国计民生,已经成为国际环境与发展考虑的核心问题。如果说生产力是社会发展的根据,能源则是生产力发展的动力源泉,人类社会发展史从某种意义上说也是一部能源开发利用史:从远古的钻木取火到今天核能的和平利用,人类发展的过程,实际上就是一个不断向自然界索取并利用能源的过程。能源一直以来就与人们的生产生活息息相关,社会经济越发达对能源品种及其数量的要求也越高,与能源的依赖关系越密切。从人类利用能源的历史看,每一种能源的发现和使用,都将人类支配自然的能力提高到一个新的水平;能源科学技术革命的每一次突破,都会引起生产技术的革命。庞廷的《绿色世界史》认为:人类历史的百分之九十九对环境没有发生什么影响,这个时代约有 200 万年。真正对环境起作用的是人类历史上的二次大转变;农业转变和能源转变。人类学中文化唯物主义的代表人物莱斯利·怀特(Leslie A. White)也曾指出,文化是一种利用能源的机制,农业革命和燃料革命就是历史进化的两个关键,只要太阳可以为地球提供燃料,文化就将继续推进。

从人类发展的历史来看,人类能源的转换在早期是无意识的、不自觉的、被动的。在后石油时代,人类对能源的选择则应是自觉的主动的。对人类能源的利用史略加考查,可以发现人类对能源的利用主要有三大转换:(1)第一次能源转换是从天然能源的直接利用进化到煤炭时代:18 世纪前,人类只限于对风力、水力、畜力、木材等天然能源的直接利用,直到 19 世纪下半叶,蒸汽机的出现加速了 18 世纪开始的产业革命,促进了煤炭的大规模开采,煤炭取代木材等成为主要能源;(2)第二次能源转换是石油取代煤炭而居主导地位。19 世纪 70 年代,电力代替了蒸汽机,电器工业迅速发展,煤炭在世界能源消费结构中的比重逐渐下降,石油取代煤炭占据能源利用量的首位,世界进入了“石油时代”。(3)第三次能源转换是 20 世纪后半叶开始出现的向多能源结构的过渡转换。由于地球上石油的储量有限,石油的大量消费使得能源供应日趋短缺,世界能源向石油以外的能源物质转移已势在必行。世界能源开始从以石油为主要能源逐步向多元能源结构过渡。新能源包括地热、低品位放射性矿物、地磁等地下能源;还包括潮汐、海浪、海流、海水温差、海水盐差、海水重氢等海洋能和风能、生物能等地面能源；以及太阳能、宇宙射线等太空能源。可持续发展能源伦理学即是伴随人类用能史的演进而逐步确立的。这三次能源变革串起了人类社会的四个文明时代：从原始文明、农耕文明到工业文明、现代文明再到向生态文明的迈进。

1. 原始文明和农耕文明

在文明出现之前，人类就一直在不自觉地利用能源。文明的出现，更是得益于人类对能源有意识的利用。而文明发展的内在动力之一，正是人类对能源利用能力的逐步提高。例如，原始人类最基本的需求——吃，就是利用蕴涵在食物中的生物能；在阳光下取暖，就是利用太阳能。在这一阶段，人类对能源的利用是被动的，利用程度也是很低下的。

人类发展史上的一大飞跃，是对火的利用。自从学会利用火，人类就慢慢结束了茹毛饮血、采摘野果的生活。利用可燃物燃烧释放出的化学能，人类加快了进化步伐，使原始人寿命更长、对自然的适应能力更强。后来，人类掌握了取火的方法，使得人类的活动范围进一步扩大。

先民们不仅用火熟食和取暖，而且依靠火的威力"刀耕火种"。以后又以薪材烧制陶器和冶炼金属。据考古发现，在新石器时代（公元前 4100—前 3000 年）黄河中游地区已有许多烧制陶器的窑场。其后又在河南"龙山文化"（公元前 2500—前 1600 年）等多处遗址中，发现了用木炭炼铜的现场。至春秋战国时期（公元前 770—前 221 年），更以木炭为燃料炼铁。我国在考古发掘中，曾多次发现先民用火的遗迹。例如，在北京周口店距今约 50 万年前"北京人"居住过的洞穴里，发现有木炭，成堆的灰烬，烧过的石头、兽骨和朴树种子。这说明当时人类已能用火熟食和保存火种了。在内蒙古伊真昭盟距今约 5—3.5 万年前的"河套人"遗址中，发掘出一批人类化石，石制的钻具和刮削器以及炭屑和兽骨，表明是钻木取火烧烤兽肉的现场。这就是自古相传的"燧人氏钻木取火"。它闪烁着人类文明进步的火光，标志着柴草能源时期的开始。从此有了铁制农具和工具，生产力的极大提高使人类进入到农耕文明时代。① 农耕文明是"黄色文明"：使用的主要能源如人力、畜力、水力、风力乃至木材薪柴（多为可再生能源），同时，人类还靠人力、畜力以及来自太阳、风和水的动力从事生产活动，逐步发展了农业文明。当然，这一阶段能源的利用形式

① 黄枢：《森林能源与人类文明》，载《国土绿化》2006 年第 11 期。

也是低级的。例如依靠畜力拉磨，用水车、风车提水，在太阳下干燥谷物等。[①]总的来说，原始文明和农耕文明的成果建立在对传统的可再生能源的利用上，污染小但为生产提供动力的规模不大，这个阶段的文明，形象地说，人类是以"慢跑"的方式进入并经历的。以薪材为主的农业文明时期延续时间很长。

2. 工业文明和现代文明是"黑色文明"：能源利用以煤炭、石油(化石燃料)为主

人类以薪柴等生物能作为主要能源经历了漫长的过程，直到18世纪中后期，世界能源消费结构才转到以煤炭为主。工业化变迁将人类推向历史上物质消费的巅峰。这一阶段物质文明的基础就是由燃烧化石燃料来支撑的。煤炭，作为目前能源中最重要且用量最大的固体燃料，是由远古植物残骸没入水中经过生物化学作用，然后被地层覆盖并经过地质化学作用形成的有机生物岩，是有机与无机化学的混合物。[②] 在英格兰，从诺曼征服的年代开始，煤就被用于室内取暖。而焦炭的开发及其适于炼钢的功能则引发了工业革命，在进化的过程中的一个瞬间，石油和天然气也被开发出来，人类开始挥霍自有生命起就开始积累的储量丰富的有机能源。

从1859年在宾夕法尼亚打出了第一口油井到"二战"之后的一段时间，世界能源版图被称为"墨西哥湾时代"。"墨西哥湾时代"的形成发展期同时也是美国的政治、经济和军事实力不断膨胀，最终在西方世界确立其霸权的时期。这一时期几乎与美国国内的石油开发同步。美国在"墨西哥湾时代"对石油的控制，促进和巩固了美国在世界政治经济格局中的地位。石油成为美国建立世界霸权道路上的重要助推剂。石油需求的增长和石油贸易的扩大起因于石油在工业生产中的大规模使用。"一战"以前，石油主要被用于照明，主要产油国美国和俄罗斯同时也是主要的消费国。在"一战"中，石油的战略价值已初步显现出来，由于石油燃烧效能高、轻便，对于军队战斗力的提高具有重大战略意义。20世纪20年代，由于石油成为内燃机的动力，石油需求和贸易迅速扩大，到1929年石油贸易额已达到11.7亿美元。该时期国际石油货流主要是从美国、委内瑞拉流向西欧。同时，前苏联的石油得到迅速恢复和发展。20世纪30年代末，美、苏成为主要的石油出口国，石油国际贸易开始在全球能源贸易中占据显要位置，推动了能源国际贸易的迅速增长，并动摇了煤炭在国际

① 谭国武、邱建忠：《能源与人类文明》，载《现代物理知识》2007年第2期。

② 孙涛等：《能源转换与可持续发展》，载《环境与可持续发展》2010年第2期。

能源市场中的主体地位。“二战”期间，石油的地位举足轻重。美国在“二战”期间成为盟国的主要能源供应者。“二战”后，美国一度掌握世界原油产量的2/3。人类正式进入石油时代是在1967年。这一年石油在一次能源消费结构中的比例达到40.4%，而煤炭所占比例下降到38.8%。①

一个世纪以来，许多国家依靠矿物能源，创造了人类历史上空前的物质文明。但不可再生的矿物能源日益接近枯竭，同时，矿物能源的大量使用，已成为环境污染的主要根源。它导致空气质量恶化、温室效应、酸雨、臭氧层破坏等，严重地威胁着人类身体健康和生存环境。以煤炭、石油等化石能源为主的工业化和现代化文明持续性较差。如何选择可再生的清洁能源来替代矿物能源，以保障社会经济同环境、资源相协调的可持续发展，已成为世界共同面临的迫切问题。

3. 生态文明是“绿色文明”：清洁能源、可再生能源开发利用的全面展开

人类能源的利用经历了从薪柴时代到煤炭时代，再到油气时代的演变，并正在经历向清洁能源时代的迈进。在能源利用总量不断增长的同时，能源利用结构也在不断变化。“每一次能源时代的变迁，都伴随着生产力的巨大飞跃，极大地推动了人类经济社会的发展。”②工业革命以来，随着人们能源利用能力和规模的跨越式突破与扩张，能源问题日益成为关系到国家经济社会发展全局的重大战略问题。同时，“随着人类使用能源特别是化石能源的数量越来越多，能源对人类经济社会发展的制约和对资源环境的影响也越来越明显。”“能源是工业的粮食，是国民经济的命脉。能源问题不仅是重大的经济和社会问题，而且涉及重大的外交、环境、安全问题。确保能源的稳定供应，适应和减缓气候变化，是我国长期发展面临的战略性问题，具有很强的挑战性。能源节约和能源可持续发展，需要在国家宏观调控、产业发展、财政金融、科学技术、对外经济等各项政策中得到充分重视和体现”。③ 每个国家都有充分利用能源资源促进自身发展的权利，而绝大多数国家都不可能离开国际合作而获得能源安全保障，同时，能源的消费过程和由其带来的环境后果亦要由全球来协作实现和承受。与经济全球化、环境问题全球化伴生，能源问题亦已成为全

① 张宇燕，管清友：《世界能源格局的演进、现状及其未来》，人民网：http://book.people.com.cn/GB/69399/107424/157548/9431664.html，访问日期：2009年06月08日。

② 江泽民：《对中国能源问题的思考》，载《上海交通大学学报》2008年第3期。

③ 江泽民：《对中国能源问题的思考》，载《上海交通大学学报》2008年第3期。

球性问题。

我们认为，生态文明是指人类遵循人、自然、社会和谐发展这一客观规律而取得的物质与精神成果的总和，是指以人与自然、人与人、人与社会和谐共生、良性循环、全面发展、持续繁荣为基本宗旨的文化伦理形态。[①] 生态文明既是物质文明发展到一定阶段的产物，又是精神文明的组成部分。它的产生和发展，既是对传统文明的批判性反思，又要以传统文明的发展作为基础。生态文明第一次把尊重自然，与自然和谐相处，明确为人类文明发展的前提和基础，强调人—自然—社会整个系统的协调发展。生态文明的含义可以从广义和狭义两个角度来理解。从广义角度来看，生态文明是人类社会继原始文明、农业文明、工业文明后的新型文明形态。它以人与自然协调发展作为行为准则，建立健康有序的生态机制，实现经济、社会、自然环境的可持续发展。这种文明形态表现在物质、精神、政治等各个领域，体现人类取得的物质、精神、制度成果的总和。从狭义角度来看，生态文明是与物质文明、政治文明和精神文明相并列的现实文明形式之一，着重强调人类在处理与自然关系时所达到的文明程度。生态文明是在人类历史发展过程中形成的人与自然、人与社会环境和谐统一、可持续发展的文化成果的总和，是人与自然交流融通的状态。它不仅说明人类应该用更为文明而非野蛮的方式来对待大自然，而且在文化价值观、生产方式、生活方式、社会结构上都体现出一种人与自然关系的崭新视角。无论是马克思主义的人道主义，还是中国传统文化的天人合一，还是西方的可持续发展，都说明生态文明是一个人性与生态性全面统一的社会形态。这种统一不是人性服从于生态性，也不是生态性服从于人性，[②]而应是以人为本的生态和谐原则下人的全面发展的实现。要践行此种文明，要求我们在能源开发利用领域做到全面调整能源结构，加大可再生能源的开发利用力度，对传统化石能源做合乎后代人利益的利用规划，以全面实现能源的可持续利用与发展。

（三）余论——能源对人类经济社会发展具有重大影响

从对人类发展简史中的能源变革与能源变革影响下的人类文明更替的考察中不难得出结论：能源对人类经济社会发展具有重大影响，主要可概括为：

---

① 潘岳：《社会主义生态文明》，载《学习时报》，http://www.china.com.cn/xxsb/txt/2006-09/26/content_7193158.htm，访问日期：2006年9月26日。

② 潘岳：《生态文明："延续人类生存的新文明"》，载《新闻周刊》2006年第37期。

其一，能源是国家重要战略资源，是一国经济发展的原动力和引擎。能源对于推动人类社会发展的重要作用和在国民经济建设中的重要意义：能源是整个世界发展和经济增长的最基本的驱动力，关系一国的经济命脉和民生大计。能源作为国家的重要战略资源，是我国经济社会发展的重要制约因素，事关经济安全和国家安全，能源资源问题是关系我国经济社会发展全局的一个重大战略问题。

其二，能源是人类赖以生存的基础，能源供应关系一国的民生大计，其既具有公共物品的属性，又有商品的属性。政府调控与市场定价的范围和界限，关乎能源资源作为公共物品能否合理有效供给，关乎能源利益的公平分享，也是能源法律制度不可回避的领域。

其三，能源的开发、利用是当今气候变化为主的环境问题的重要起因。能源生产、利用对当地、区域和全球环境产生重要影响，并侧重通过大气环境的改变影响全球气候变化，能源活动所产生的温室气体是全球气候变化的主要外因。节能减排是当前迫切的任务，也是长远的战略需要。节能减排事关国家的能源安全问题，这既包含能源的供给安全，也包含能源的生态安全。能源的开发、利用过程中所涉及的可持续性发展问题，是我国经济社会发展战略的重要组成部分。

第二节　能源变革中的能源问题及能源变革的趋势

——以能源安全与可持续发展为核心诉求

一、能源变革中的能源问题及能源问题的实质

（一）能源变革中的能源问题

人类对能源的利用经历了从薪柴时代到煤炭时代，再到油气时代的演变，并正在经历向清洁能源时代的迈进。在能源利用总量不断增长的同时，能源利用结构也在不断变化。“每一次能源时代的变迁，都伴随着生产力的巨大飞跃，极大地推动了人类经济社会的发展。”①工业革命以来，随着人们能源利用

① 江泽民：《对中国能源问题的思考》，载《上海交通大学学报》2008 年第 3 期。

能力和规模的跨越式突破与扩张，能源问题日益成为关系到国家经济社会发展全局的重大战略问题。同时，随着人类使用能源特别是化石能源的数量越来越多，能源对人类经济社会发展的制约和对资源环境的影响也越来越明显。“能源是工业的粮食，是国民经济的命脉。能源问题不仅是重大的经济和社会问题，而且涉及重大的外交、环境、安全问题。确保能源的稳定供应，适应和减缓气候变化，是我国长期发展面临的战略性问题，具有很强的挑战性。能源节约和能源可持续发展，需要在国家宏观调控、产业发展、财政金融、科学技术、对外经济等各项政策中得到充分重视和体现。”①每个国家都有充分利用能源资源促进自身发展的权利，而绝大多数国家都不可能离开国际合作而获得能源安全保障，同时，能源的消费过程和由其带来的环境后果亦要由全球来协作实现和承受。与经济全球化、环境问题全球化伴生，能源问题亦已成为全球性问题。

全球化的能源问题已引起各国的高度关注，然而对能源问题的内涵却难有高度认同的统一认知，能源问题往往被简化为狭义的能源安全问题，即能源能否为一国经济的发展提供有效供给的问题。肖乾刚教授认为，能源问题是一个复杂的社会经济问题，更是一个不确定的国际经济政治问题。能源问题可以作不同层次和不同问题的分类，从其形成的背景、过程及其实质和内容分析，可将能源问题分为能源供给问题、能源效率问题、能源环境问题、能源价格问题和能源贸易问题。② 能源问题涉及能源资源、能源开发、能源效率、能源安全、能源结构、能源成本和能源环境。③ 而这些问题又都具有极强的关联性。能源问题是一个复杂的社会经济问题，也是一个不确定的国际经济政治问题。能源问题研究要把能源与政治经济、国家战略安全和能源分配正义、能源环境安全等问题结合起来展开研究，能源法律制度要为解决上述能源问题提供制度对策。

笔者认为，所谓能源问题应包含在能源的占有、开发、加工转换、储运、供应、贸易、利用（或称消费）过程中产生的一切基本问题。能源问题在表面上多集中表现为能源短缺（占有不均和分配不公的问题）、能源供需的不平衡（能源生产、中转中的需求调节的方式和具体杠杆运用的相关问题）和能源环境问题

① 江泽民：《对中国能源问题的思考》，载《上海交通大学学报》2008 年第 3 期。
② 肖乾刚、肖国兴：《能源法》，法律出版社 1996 年版，第 28 页。
③ 陈清泰：《中国的能源战略和政策》，载《国际石油经济》2003 年第 11 卷第 12 期。

(不合理的能源结构和能源消耗引起的相关生态环境问题)。虽然能源问题的主要内容包括与能源的占有、生产、中转、消费的相关一切问题,但相当时期以来,人们对于能源问题的关注侧重于狭义的能源安全问题,即如何保障实现本国经济发展所需要的能源有效供给问题,侧重于具有明显的维护国家政治经济利益的对策性研究,其内涵多局限于如何防止石油禁运带来的供应中断和防止国家政治、经济危机引起的能源供应中断,以及整个能源市场和能源供应链条(如资源、运输及其网络、供应分配等)的安全等。能源安全的相关研究成为经济学、国际关系与政治学、环境学等学科的学者均有涉猎的热点问题。对能源安全概念的定义决定研究的范围和角度。① 由于能源安全问题涉及的学科不断增加,研究角度日益宽泛,能源安全的内涵与外延不断扩展,至今没有形成一个统一的能源安全概念与定义。

随着可持续发展的理念被人们普遍接受,广义的能源安全被认为还应包括能源生态环境安全,乃至全球气候变暖影响人类生存发展的安全等。为区别于原来狭义的能源安全,在此不妨将其以能源安全与可持续发展来加以表述。能源可持续发展同时更进一步明确了能源问题不仅包括如何实现一个国家或地区国民经济持续发展和社会进步所必需的可靠而合理的能源供应问题,还应同时考量能源与生态环境和社会经济发展如何从矛盾走向协调、能源权益的"代内公平"和"代际公平"的实现问题等。能源安全与可持续发展问题的实质是如何处理好人与人之间、人与自然之间的关系问题。这里受制于本课题学科研究的专长与局限,本书将主要就能源问题中涉及环境资源法学领域的相关问题展开较为细致的讨论。

(二)能源问题的实质

虽然能源问题在表面上多集中表现为能源短缺(占有不均和分配不公的问题)、能源供需的不平衡(能源生产、中转中的需求调节的方式和具体杠杆运用的相关问题)和能源环境问题(不合理的能源结构和能源消耗引起的相关生态环境问题),但我们通过上述对能源问题的分析,其问题的实质已渐渐浮出水面:能源问题的实质归根结底是当代国与国之间、人与人之间、当代人与后代人之间在能源开发利用过程中的关系问题,也是能源开发利用过程中出现的人与自然、生态之间的关系问题。能源变革的根本动因是要解决社会经济生活中的能源问题,主要有:能源开发利用过程中当代人与后代人的利益冲

---

① 曹志峰:《中国能源安全问题研究》,载《宁夏社会科学》2004 年 5 月 3 期。

突；能源开发利用过程中发达国家与发展中国家的利益冲突；一国内部的发达地区与欠发达地区、发达行业与欠发达行业在能源开发利用过程中利益冲突，这种利益冲突既包括能源经济利益的冲突，也包括能源环境利益的冲突。笔者认为，能源安全与可持续发展的实现是能源问题的核心问题和实质问题，其余能源问题皆是这一问题在表现形式上的变形或衍生。

能源问题作为一个全球性的问题，其从全球视野来看主要矛盾集中体现为发达国家和发展中国家在能源经济利益和能源环境利益领域的争夺。而当下最为吸引眼球的莫过于国际政治博弈中的气候变化应对问题，从某种意义上讲，这个问题综合了前面所提及的所有能源实质问题的核心问题，即能源可持续利用问题（新型可再生能源的技术开发与转让、传统化石能源利用的碳排放问题解决：包括历史遗留问题和当前国际义务划分的问题）。在应对气候变化国际法律制度下，目前主要针对人为活动排放的以下六种主要温室气体采取行动，即：二氧化碳（CO_2）、甲烷（CH_4）、氧化亚氮（N_2O）、氢氟碳化物（HFCS）、全氟碳化物（PFCS）、六氟化硫（SF_6）。尽管水汽是最主要的温室气体，但由于水汽与自然界的活动联系密切，所以在以人为温室气体排放引起的气候变化为对象的国际法律制度中，并未包括水汽。

以《京都议定书》为核心的应对气候变化的国际法律制度只针对主要的排放源，这些源分别是：(1)化石能源（包括煤炭、石油、天然气）的燃烧活动（包括制造业、建筑业和交通运输行业），主要的温室气体排放都源于这一类活动；(2)燃料的飞逸性排放，主要指化石能源开采过程中的煤炭瓦斯和天然气泄露；(3)工业生产过程（如钢铁、制铝、水泥、石灰、化工等）；(4)农业（水稻种植、牛羊等反刍动物消化过程排放的甲烷、粪肥管理、农业土壤、热带草原烧荒、农作物残留物的田间燃烧）；(5)废弃物（包括固体废弃物处置和焚化、废水的处理）；(6)土地利用变化（森林、草原等用地的变化）等。其中第一、第二两项是产生温室气体排放的最主要的源，皆与人类的能源活动关系密切。事实上，工业革命在给人们带来生产、生活方式变革的同时，对传统化石能源的使用规模也出现了跨越式的突破扩张，从而使亿万年来贮存于地层中碳贮存库中的碳在短短数百年的时间中加入到碳交换库中来，打破了自然界碳循环依据自身的生态规律维持的固有平衡。碳基能源长期生产和消费引起的巨大碳排放导致温室气体在大气层积聚，是气候变化的重要起因。

国际能源环境问题的解决一个基本准则是“共同但有区别”的责任原则的适用。即解决全球的能源环境问题是世界上各个国家的共同责任。但是，在对传统能源使用所导致的全球环境国际责任的承担上，发达国家和发展中国家各自的责任是有区别的。发达国家都经过“先污染后治理”的过程，这实际是以全球的资源环境容量为基础，通过向发展中国家汲取能源等自然资源和转移碳排放污染来实现环境保护与经济发展的平衡的。发达国家在其工业化过程中，曾不顾后果地向传统能源和排碳环境容量过度索取，排放了大量的污染物并在环境中累积，直到现在。发达国家在传统能源资源消耗和以碳排放为主的污染物方面不论是总量还是人均水平，都大大超过发展中国家。发达国家人口只占世界人口的25%，却消耗了世界资源的80%，在全球排放的臭氧层耗损物质中，发达国家排放量占84%，发达国家温室气体排放量占世界总量的50%。以美国为例，美国人口仅占全球人口的不到5%，而排放的二氧化碳却占全球排放量的25%以上，为全球温室气体排放量和人均温室气体排放量最大的国家。

全球的环境恶化和生态破坏，从历史和现状上看，主要是发达国家造成的，因而应负主要责任。同时，发达国家有雄厚的经济实力和先进的清洁能源技术和环境保护技术，理应为解决全球能源环境问题率先行动并承担更多的义务。对于发展中国家，则应坚持权利与义务相平衡原则，在力所能及的范围内承担保护本国及国际环境的责任。

国内能源的实质核心问题——能源安全与可持续发展的实现问题是本书探讨的重点，将在后面的章节中立足于我国的能源实践需要和已有相关能源法治建设的进展，在分析我国现有能源法律制度对能源变革的回应与不足的基础上，反思能源法律制度相关理论基础的流变，并对解决相关能源问题的具体能源法律制度变革的展开讨论。

二、能源变革的现实考察及能源变革的发展趋势

(一)能源变革之我国用能现状略考

我国人口众多，能源资源相对不足，人均拥有量远远低于世界平均水平。然而能源需求量却不断增长，能源供求矛盾突出，在不可再生能源仍作为人类消费的主要能源的情况下，过度开发及不合理地利用能源所产生的能源紧缺、环境污染、气候变化等问题，已经成为我国现代化建设过程中的瓶颈，越来越制约着经济的发展和社会的进步。从宏观上看、从根本上讲，能源变革是因生产力发展而推动。支撑人类社会发展的主体能源已经完成了薪柴到煤炭到石油的历史性变革，然而这场能源革命中我国还存在以下主要问题：

1. 能源资源总量比较丰富，人均能源资源拥有量较低

我国能源总量丰富，但探明程度和可采储量水平较低，由于我国人口众多，所以能源人均拥有量远远低于世界平均水平。中国拥有较为丰富的化石能源资源。其中，煤炭占主导地位。2006 年，煤炭保有资源量 10345 亿吨，剩余探明可采储量约占世界的 13%，列世界第三位。水力资源理论蕴藏量折合年发电量为 6.19 万亿千瓦时，经济可开发年发电量约 1.76 万亿千瓦时，相当于世界水力资源量的 12%，列世界首位。

人均能源资源拥有量在世界上处于较低水平可体现在：煤炭和水力资源人均拥有量相当于世界平均水平的 50%，石油、天然气人均资源量仅为世界平均水平的 1/15 左右。耕地资源不足世界人均水平的 30%，制约了生物质能源的开发。

2. 能源资源赋存分布不均衡，能源资源开发难度较大

中国一次能源资源分布广泛但不均衡，生产力发展水平也很不均衡。从地域上看：中国煤炭资源保有储量的七成六分布在山西、内蒙古、陕西、新疆等北部地区；石油、天然气资源主要赋存在东、中、西部地区和海域；八成的水能资源分布在四川、云南、西藏等西部地区；陆地风能主要集中在“三北”地区（东北、华北北部、西北）。而中国三分之二以上的能源需求集中在东中部地区。

中国主要的能源消费地区集中在东南沿海经济发达地区，资源赋存与能源消费地域存在明显差别。大规模、长距离的北煤南运、北油南运、西气东输、西电东送，是中国能源流向的显著特征和能源运输的基本格局。

与世界相比，中国煤炭资源地质开采条件较差，大部分储量需要井工开采，极少量可供露天开采。石油天然气资源地质条件复杂，埋藏深，勘探开发技术要求较高。未开发的水力资源多集中在西南部的高山深谷，远离负荷中心，开发难度和成本较大。非常规能源资源勘探程度低，经济性较差，缺乏竞争力。

3. 能源供求矛盾突出，经济发展的资源约束突出，能源效率低下

中国优质能源资源相对不足，制约了供应能力的提高；能源资源分布不均，也增加了持续稳定供应的难度；经济增长方式粗放、能源结构不合理、能源技术装备水平低和管理水平相对落后，导致单位国内生产总值能耗和主要耗能产品能耗高于主要能源消费国家平均水平，进一步加剧了能源供需矛盾。

随着我国经济规模进一步扩大，能源需求会持续较快增加，对能源供给形成巨大压力，石油、天然气等传统能源的对外依存度将进一步提高。首先，从

20 世纪 90 年代开始，我国经济发展步入重工业化阶段，重工业占工业总产值比重从 1990 年的 50.6%上升到 2008 年的 71.1%，重工业单位产值能耗约为轻工业的 4 倍。其次我国正处在城市化发展的重要时期，人均能源需求量随之大幅增加，消费结构的升级也拉动能源需求的增长，能源供求不平衡的矛盾日渐凸显。因此，未来能源的需求必然大幅增长。石油仍然是最重要的燃料，预计 2005—2030 年，从绝对数量上看，在所有一次能源品种中煤炭的需求增幅最大，天然气和石油紧随其后。煤炭需求将在 2005—2015 年猛增 38%，到 2030 年将增加 73%，增长速度高于前几期《展望》中预测的增长值。① 单纯依靠增加能源供应，已难以满足持续增长的经济发展和日益增加的能源消费需求。

初步数据表明，2009 年中国超过美国成为世界上最大的能源用户。引人注目的是，中国的能源使用在 2000 年仅是美国的一半。2000—2008 年中国能源消费增长比 20 世纪 90 年代的 10 年能源消费上升 4 倍还多。②

中国能源利用的效率和国际水平尤其是发达国家相比，存在着巨大的差距。中国单位 GDP 能耗远远高于世界平均水平，比日本、欧盟和美国分别高 8.7 倍、4.9 倍和 2.5 倍；中国的高能耗行业主要产品单位能耗依然居高难下；燃煤工业锅炉平均运行效率远低于国际先进水平；机动车百公里油耗比欧洲和日本分别高出 25%和 20%。

目前我国能源利用效率为 33%左右，低于国际先进水平近 10 个百分点。能源利用中间环节存在损失量大、浪费严重的普遍现象。据有关分析，通过产业结构调整、产品结构调整、降低高能耗行业的比重、增加高附加值产品的比重以及居民生活用能优质化等措施，目前我国节能潜力约为 3 亿吨标准煤。③我国主要用能产品的单位产品能耗比发达国家高 25%～90%。其中我国火电厂供电煤耗比国际先进水平高出 27.4%。国内企业主要耗能产品的单位产品能耗，落后的与先进的相差 2～4 倍。中国的能源产出效率远远低于发达国家的水平，这严重限制了中国走可持续发展的道路。

---

① 《新能源无法替代化石能源　石油仍是最重要单种燃料》，凤凰网，http://finance.ifeng.com/news/industry/20091224/1624576.html，访问日期：2009 年 3 月 20 日。

② *Annual Energy Outlook* 2010.

③ 国务院机关事务管理局组织编撰：《节约能源资源政策法规汇编》，中国环境科学出版社 2009 年版，第 205 页。

4. 能源消费结构不合理，能源公共服务和能源市场体系均不够完善

我国的能源供应结构不合理，过度依赖煤炭，煤炭在一次能源消费中所占比例偏高，且石油供应缺口进一步扩大。能源消费以煤为主，环境压力加大。煤炭是中国的主要能源，以煤为主的能源结构在未来相当长时期内难以改变。相对落后的煤炭生产方式和消费方式，加大了环境保护的压力。煤炭消费是造成煤烟型大气污染的主要原因，也是温室气体排放的主要来源。

2006 年，一次能源消费总量为 24.6 亿吨标准煤。中国虽然高度重视优化能源消费结构，煤炭在一次能源消费中的比重由 1980 年的 72.2%下降到 2006 年的 69.4%，其他能源比重由 27.8%上升到 30.6%。其中可再生能源和核电比重由 4.0%提高到 7.2%，但总的来说结构不合理。

市场体系不完善，应急能力有待加强。中国能源市场体系有待完善，能源价格机制未能完全反映资源稀缺程度、供求关系和环境成本。能源资源勘探开发秩序有待进一步规范，能源监管体制尚待健全。煤矿生产安全欠账比较多，电网结构不够合理，石油储备能力不足，有效应对能源供应中断和重大突发事件的预警应急体系有待进一步完善和加强。

5. 能源环境问题严重

人类正在肆无忌惮地向大自然索取，在以可怕的速度破坏着生态环境，地球因此变得千疮百孔，环境生态危机一次次向人类敲响了警钟。这在能源的开发利用领域表现得尤为突出。我国是世界上少数以煤为主要能源的国家之一，也是最大的煤炭消费国，煤烟型污染尤其严重。随着机动车的迅速增加，城市大气污染已由煤烟型污染向煤烟、机动车尾气混合型污染发展。同时，粗放型的不科学使用能源，对环境破坏巨大。从有关部门的统计来看，全国烟尘排放量的 70%、二氧化硫排放量的 90%、氮氧化物的 67%、二氧化碳的 70%都来自于燃煤。① 根据世界银行的估计，由煤炭燃烧形成的酸雨所造成的经济损失每年超过 1100 亿元人民币，中国每年环境污染和资源破坏造成的损失占 GDP 的比例高达 10%。自 20 世纪 90 年代中期以来，中国的经济增长很大一部分是以牺牲环境和破坏生态为代价的。《世界发展指标 2006》②指出世界上污染最严重的 20 个城市有 13 个在中国。同时，我国江河水系污染、饮用

① 《我国能源结构与资源利用效率分析》，上海节能信息网，http://www.365jn.cn/html/2006/0425/2060.htm，访问日期：2009 年 10 月 4 日。

② *World Development Indicators* 2006.

水的安全、湖泊富营养化以及酸雨现象等问题都不容乐观。化石燃料燃烧造成的二氧化碳排放是我国温室气体的主要来源，工业固体废物产生量逐年上升，城市空气污染严重，土地不断沙化，水土流失严重，台风、洪涝、沙尘暴等自然灾害变得越来越频繁。总之，能源的不合理使用和能源消费的快速增长，对我国环境造成了严重破坏。

《世界能源展望 2009》①报告预计，到 2030 年，全球一次能源需求量将增加四成，全球原油日均需求量将达 1.05 亿桶。报告称，如果各国不改变现行的能源政策，那么，到 2030 年全球二氧化碳排放量将达 402 亿吨，几乎是 1990 年的两倍，届时全球气温将上升 6 摄氏度，并带来灾难性后果。

(二)能源变革的趋势——以能源安全与可持续发展为核心诉求

通过上述分析，我们不难看出解决我国当前能源供求矛盾突出、能源利用效率低下以及传统化石能源长期大量使用并造成的严重环境污染已成为当前亟待解决的能源问题，能源安全与可持续发展已成为能源变革的必然选择，也是实现经济、社会与环境可持续发展的必然要求。此种能源变革的趋势亦在我国已经出台的相关能源规划中加以明确。

“十一五”期间，我国可再生能源发展经历了一个规模化快速增长时期和能力迅速形成时期，“十二五”期间，中国的可再生能源发展要在规模和基本产业链条形成的基础上，在质量上实现飞跃，建立有竞争力的产业体系。中国国家能源局于 2011 年 12 月 15 日公布了中国可再生能源发展“十二五”规划目标。到 2015 年，中国将努力建立有竞争性的可再生能源产业体系，风电、太阳能、生物质能、太阳能热利用及核电等非化石能源开发总量将达到 4.8 亿吨标准煤。中国可再生能源规模化发展项目(CRESP)当天在北京召开成果总结会，会议发布了中国可再生能源“十二五”规划的一系列目标，包括到 2015 年，风电将达到 1 亿千瓦，年发电量 1900 亿千瓦时，其中海上风电 500 万千瓦；太阳能发电将达到 1500 万千瓦，年发电量 200 亿千瓦时。② 为实现可再生能源“十二五”规模发展，中国将继续借力国际合作。在可再生能源国际合作初期，中国主要关注的是获得国外资金支持和引进国际先进技术，当前可再生能源国际合作应当实现从重资金引进向重治理合作的转变。CRESP 一期合作从

---

① *Annual Energy Outlook* 2009.

② 《中国公布“十二五”可再生能源发展目标与路径》，新华网，http://news.xinhuanet.com/fortune/2011-12/15/c_111247883.htm，访问日期：2012 年 1 月 15 日。

2006年开始，为期5年已于2011年底结束，共投入资金4022万美元。根据专家评估，项目的实施带动中国可再生能源领域的投资增长超过90亿元人民币，年新增可再生能源产值超过100亿元人民币。CRESP二期合作目标为更高效、更持续、更经济的规模化发展，把重点放在减少增量成本、提高效率以及加强上网和并网联系三个方面，以使中国可再生能源发展中整个能源结构互相配合、互相适应，统筹考虑可再生能源和煤电的发展，使整个系统有序运行。中国政府与世界银行已经确定开展中国可再生能源规模化发展项目二期合作。中国将使用全球环境基金赠款约3000万美元，解决可再生能源面临的重点和难点问题。

煤、电、石油和天然气等传统能源的发展在多年的纠结徘徊之后，一场声势浩大的行业变革也已经山雨欲来。其变革的总体趋势是规划使用、节能增效。2012年1月10日的全国能源经济工作会议指出，2015年我国能源消费总量将控制在41亿吨标煤左右，"十二五"期间将逐步建立有效合理控制能源总量的倒逼机制，即：通过严格限定各个地方政府的能源消费总量，然后依此逼迫地方政府调整产业结构，改变以能源消耗为主的经济增长模式，进而从多方面入手来抑制各个地方能源消费量的上升。据介绍，到2015年，我国能源消费总量的目标将控制在41亿吨标煤左右。从能源构成来看，煤炭占我国能源消费总量的70%，石油、天然气次之。可见，要实现41亿吨的能源消费目标，控制化石能源消费是重头。为实现节能环保目标，未来国家逐步控制煤炭、石油、天然气的消费总量将是大势所趋。在"十二五"规划建议里，与能源相关的表述达20处。"能源资源安全"、"应对气候变化"等都对能源多处着墨。其中，"推动能源生产和利用方式变革"、"建立现代能源供应体系"等被多次提及。我国"十二五"规划建议案中明确提出要树立绿色、低碳发展理念，实现节能减排，提高能源利用效率。

总体来说，未来的能源发展趋势是：能源生产上，由原来的能源生产以挖为主（传统化石能源）向未来的能源以造为主（新型可再生能源）转向。一个掌握了"造"能源的技术的国家就不会是一个能源匮乏国。为实现上述目标，必须大力解决我国能源利用方式不合理、利用效率不高的问题。资源的前途在于拓宽来源。不仅仅石油、天然气是能源，更为普遍的太阳能、风能、生物质能等各种资源之间的能量转化等都是能源。大力开发利用新型可再生能源、规划使用好不可再生的传统能源，防治能源开发利用过程中带来的生态环境问题已成为时代的必然选择，是科学发展的必然要求。具体来说包括：其一，对于不可再生的传统化石能源，以合理储备、提高用能效率、节约能源为变革的主导趋势。其二，通过积极推进可再生新能源的开发、利用，逐步调整以传统化石能源占主导地位的陈旧能源结构。其三，从单一注重能源为经济发展提供有效供给的传统能源安全观转向包含注重能源开发利用过程中环境问题解决在内的能源生态安全，即新型能源安全观。其后的章节将对涉及上述主要问题的能源法律制度变革展开讨论。

第二章 我国现有能源法律制度对能源变革的回应与不足及其面临的挑战

第一节 我国现有能源法律制度及其对能源变革的回应与不足

一、我国现有能源法律制度的基本结构

法律结构是“一系列相互关联的法律规则的构架”。① 能源法律制度的基本结构，是指相互关联的能源法律规范组成的有层次的能源法律系统构架。目前我国能源法律制度的基本结构尚不完整。纵观现行能源法律、法规的状况，已经有《电力法》、《煤炭法》、《可再生能源法》以及《节约能源法》(以下称《节能法》)四部能源单行法，有《矿产资源法》、《环境保护法》等 30 多部相关法，有 30 部左右的行政法规，有九个已参加的与能源相关的国际条约，有 200 部左右部门规章，有近千部地方法规、规章。② 能源法律体系的雏形已经初步构建起来，但仍有相当部分的能源活动基本领域缺乏高层级的立法规范，如石油天然气法尚未出台，统领性的能源基本法《能源法》缺位。

能源法律制度结构较其他法律制度结构更为复杂。除了煤、油、电、核、可再生能源开发利用及其环境保护和节能规范各有专门的法律规定外，能源问题涉及政治、经济、军事、外交等诸多领域，能源问题解决的多变性与复杂性也

① ［英］尼尔·麦考密克等:《制度法论》，周叶谦译，中国政法大学出版社 1994 年版，第 16 页。

② 叶荣泗、吴钟瑚:《中国能源法律体系研究》，中国电力出版社 2006 年版，第 3 页。

直接或间接决定或影响着能源法律制度结构的形成。此外，能源法律制度结构还涉及国内法与国际法的衔接，特别是其他法律制度及相关制度经常直接规范着能源开发利用，与能源法律形成交叉、竞合甚至法律冲突。能源法律制度结构在世界范围内没有形成一个较为成型的范式，这已经成为各国法律制度建设的一个难题。从能源法在各国的制度变迁来看，能源法的制度结构形成是一个渐进的过程，即使从美国等经济发达国家的实践来看也是如此。由于能源法律制度以能源法律体系为基础，重构能源法律体系实质上是重构能源法律制度的另外一种提法。制定能源基本法律是重构能源法律制度的基本方面，也因为此，目前世界上已经存在的起基础作用的二十几部能源法大部分是在近年来制定、颁布和实施的。①

中国与能源相关的环境政策政出多门。目前的能源政策法规出自国家发改委、环保总局、电力部门等多个部门。现行与能源相关的环境政策体系主要体现在以下几个层次：国家和地方有关的法律法规、国家和地方有关政策规定、国家和地方环境标准（包括强制性标准和非强制性标准）。能源管理政策尚存空白点、执法不力、燃煤型的污染特征明显、企业技术和资金局限及环境意识淡薄等现实问题，使中国能源政策法规面临挑战。通过对现行能源法律体系的梳理分析，不难发现它存在四大缺陷，即：结构性缺陷、内容性缺陷、配套性缺陷和协调性缺陷。② 所谓结构性缺陷，主要表现在能源领域的综合性、基础性法律缺失；能源法子体系不完整，石油、天然气、原子能等领域的能源单行法律缺位，也缺少能源公用事业法。所谓内容性缺陷，主要体现在部分能源法律、法规与能源改革方向不相适应。另外，现行法律、法规存在诸多立法空白，除新颁行的《可再生能源法》以及修订颁布的《节约能源法》之外，其他法律的内容较为陈旧，已经不适应社会主义市场经济体制的客观需要，亟待修订。所谓配套性缺陷，主要表现在现行能源单行法律普遍存在规定比较原则，操作性差的问题，需要大量法规和规章配套才能实施，一些法律明确规定要制定的行政法规，或是因为无人组织起草，或是因为跨部门协调比较困难，或是因为主要负责的部门机构被撤并等原因，长期不能出台。所谓协调性缺陷，表现在

---

① 肖国兴：《论能源法律制度结构的功能与成因》，载《中州学刊》2008 年第 4 期。

② 叶荣泗：《我国能源安全的法律保障》，中国发展观察，http://news.xinhuanet.com/theory/2008-01/02/content_7352200.htm，访问日期：2008 年 1 月 2 日。

不同位阶的能源立法之间不够协调，能源法与其他相关法律之间缺乏相互呼应。①

中国法学会能源法学研究会会长叶荣泗先生认为，我国能源法律体系的基本框架设想是，在宪法的统帅下，以综合性的能源基础性法律《能源法》为统领，以《煤炭法》、《电力法》、《石油天然气法》、《原子能法》、《节约能源法》、《可再生能源法》、《能源公用事业法》七个能源单行法律为主干，以国务院和地方制定的行政法规和能源行政规章相配套，结构严谨、内容和谐、形式统一的，能够保障国家能源安全和可持续发展的，有中国特色的能源法律体系。这个法律体系框架有三个层面：第一个层面是《能源法》作为顶梁，起到统领作用；第二个层面是以七个能源单行法律作为支柱；第三个层面是能源配套法规，再加上众多规章和规范性文件作支撑，可以形象地描述为“一梁七柱众支撑，三层架构快搭建”。②

二、我国能源法律制度对能源变革的回应与不足

我国能源开始大规模地开发利用是在工业化进程全面展开之后，早期在能源立法方面主要是一些配合计划经济体制的一些低层级的规范性法律文件，并无狭义的专门立法。改革开放以后随着经济体制的转型，能源开发利用的社会经济实践对能源法律制度的建设不断提出了变革新要求。

（一）早期的能源法律制度主要解决能源为经济生产的有效供应问题，能源生态目标缺位

与我国早期的经济发展形势相适应的是我国用能状况的落后。新中国成立后，随着工业化进程的展开，煤炭和小型煤电、水电开始成为生产生活的主要用能来源。早期能源立法以确保充足的能源供应为单一目标，且不系统成型。这一时期从新中国成立后直至1995年单行的能源专门立法诞生。

1. 以确保为经济发展提供有效供应为核心目标的早期煤炭立法

就煤炭相关立法来看，新中国成立后，政府及其相关部门先后颁布了1000余个行政性规范文件，专门对煤炭业进行规范。③ 其中效力最高的是经多次修改，于1965年由国务院批准和颁发的《煤炭送货办法》，其他则多为煤

---

① 叶荣泗、吴钟瑚：《中国能源法律体系研究》，中国电力出版社2006年版，第6页。

② 叶荣泗、吴钟瑚：《中国能源法律体系研究》，中国电力出版社2006年版，第7页。

③ 肖乾刚、肖国兴：《能源法》，法律出版社1995年版，第161页。

炭行业行政主管部门制定的各种部门规章，内容主要涉及煤炭业从地质勘探、煤炭开发（包括矿井建设、矿井开拓、采煤方法、地面建设）到加工利用、劳保安全、和简单的环境保护等方面。除有一部分技术规范上升为行政规范，其余绝大部分因时代条件的变化或与现行法律冲突而不再适用。

1986年《矿产资源法》的颁布使煤炭业等矿业全面走向法制化（此法于1996年修改，此次修改主要确定了矿业权有偿取得制度，并有条件地允许矿业权的流转，并与生态化进程无多少关联。此法当前面临再修改问题。国土部于2003年就已经开始进行《矿产资源法》修改的准备工作，并在2005年完成了资料和修改意见的收集、部分专题调研和论证工作。但由于修改涉及能源局、财政部、商务部、环保部等诸多部门，各方利益难以达成一致，其出台仍在等待中，本次修改后，矿业可持续发展的理念有望得到一定体现）。1987年国务院颁布了《矿产资源勘察登记管理办法》、《全民所有制矿业企业采矿登记管理暂行办法》、《矿产资源监督管理暂行办法》等针对煤炭在内的矿业管理规范。以《矿产资源监督管理暂行办法》为例，其第7条规定"矿山企业开发利用矿产资源，应当加强开采管理，选择合理的采矿方法和选矿方法，推广先进工艺技术，提高矿产资源利用水平"。以及第8条规定"矿山企业在基建施工至矿山关闭的生产全过程中，都应当加强矿产资源的保护工作"。第10条规定"矿山开采设计要求的回采率、采矿贫化率和选矿回收率，应当列为考核矿山企业的重要年度计划指标"。第15条规定"矿山企业在开采中必须加强对矿石损失、贫化的管理，建立定期检查制度，分析造成非正常损失、贫化的原因，制定措施，提高资源的回采率，降低贫化率"。第18条规定"矿山企业应当加强对滞销矿石、粉矿、中矿、尾矿、废石和煤矸石的管理，积极研究其利用途径；暂时不能利用的，应当在节约土地的原则下，妥善堆放保存，防止其流失及污染环境"。这些不多的条款大都对采矿相关的资源效率提高和防止污染有原则性的规定，而立法整体主要关注的是矿产资源所有权制度、矿业权制度和相关矿业管理制度，当然这其中也对煤炭资源所有权制度、煤炭开发利用相关管理监督制度的建立提供了法律依据。

1994年国务院又先后颁布了《矿产资源法实施细则》、《矿产资源补偿费征收管理规定》（1997年7月又将第10条第1款修改为："征收的矿产资源补偿费，应当及时全额上缴，并按照下款规定的中央与省、自治区、直辖市的分成比例分别入库，年终不再结算。"）、《煤炭生产许可证管理办法》、《乡镇煤矿管理条例》。其中《矿产资源补偿费征收管理规定》第12条和第13条对采矿权人有从废石(矸石)中回收矿产品的、从尾矿中回收矿产品的分别给予免缴或减缴矿产资源补偿费的规定;《乡镇煤矿管理条例》第 9 条通过对未经国务院煤炭工业主管部门批准,乡镇煤矿不得开采的煤炭资源进行规定,第 12 条第 5 款要求开办乡镇煤矿需有符合国家规定的安全生产措施和环境保护措施等进行规定,仅有零星条款对能源开发中的环境保护有原则性要求,但总体来说都以确保煤炭资源的有效供应为核心目标,能源法律制度生态目标缺位。这一阶段持续至 1996 年专门的煤炭资源立法《煤炭法》诞生。

2. 以确保为经济发展提供有效供应为核心目标的早期电力立法

电力作为生产生活中最重要的二次能源依其来源不同,主要可分为煤电、水电和风电,其中我国早期(直至今日也是)主要运用的是煤电和水电。鉴于煤炭作为重要能源的相关法律规制前已述及,在此主要以水电为例。新中国成立初期并没有发达的水电系统,①与这种短缺经济相适应的能源状态伴生的即是当时极其有限的电业管理相关的低层级规范性文件,相应的法律规范极度缺乏。

进入 20 世纪 80 年代后,政府部门先后颁布了有关电业生产、安全、电网管理、调度防护、供用电、集资办电、电价用电控制等方面的行政规范。主要行政文件有:1980 年原电力工业部颁发的《电力工业技术管理法规(试行)》,1982 年原水利电力部颁发的《电业安全工作规程》、《电能计量装置管理规程(试行)》、1983 年原水利电力部颁发的《电力生产调度工作条例(试行)》、《全国供用电规则》,1985 年国务院批转原国家经委、国家计委、水利电力部、国家物价局《关于鼓励集资办电和实行多种电价的暂时规定》,1987 年国务院颁布的《电力设施保护条例》、1989 年原能源部颁布的《〈节约能源管理暂行条例〉电力工业实施细则(试行)》,原能源部和财政部颁发的《关于实行电费、电度表保证金制度的通知》、1993 年国务院颁布的《电网调度管理条例》等。此外,《经济合同法》中关于供用电合同的规定亦属电业法律规范。② 这一阶段的电力法律制度多为技术规范上升为法律规范后形成,主要致力于电力之于生产生活和经济发展的充分供给之保障,生态目标缺位。这一阶段持续至 1995 年《电力法》诞生。

总的来说,这一阶段关于能源的制度性规定多以国务院及其有关部门和

① 朱成章:《水力发电概况》,水利电力出版社 1994 年版,第 23 页。

② 肖乾刚、肖国兴:《能源法》,法律出版社 1995 年版,第 176 页。

地方的政令、办法、意见等规范性文件形式颁发，部门计划管理的政令特色明显，层次低，效力差。这一时期，能源相关立法的重点是“确保充足的能源供应，而不是提供一个重在最大限度提高效率、尊重生态或确保所有使用者平等使用的体系”。① 此外，此一阶段的其他如风能、太阳能等新型能源的使用尚处于萌芽阶段，没有相关专门立法加以有效关注，相应的生态目标的追求无从谈起。

（二）能源法律制度变革肇端：单行能源立法出现——在关注有效供给的同时开始对新型能源及能源效率给予关注

这一阶段主要从1995年、1996年《电力法》、《煤炭法》的诞生至2007年能源发展“十一五”规划制定之前。这一阶段我国开始出现专门的能源问题立法。我国已有的《电力法》、《煤炭法》、《可再生能源法》、《节约能源法》四部重要的单行能源法律都在这一阶段出台，在这一阶段能源法律体系的雏形得以初步构建起来，相关立法内容涉及能源资源开发、加工转换、输配与供应、能源利用、能源节约、能源管理等众多重大法律制度安排，四部重要的单行能源法律都开始注重对能源结构和效率的调整。

1.《电力法》和《煤炭法》在关注有效供给的同时开始对能源效率给予关注

首先是1995年《电力法》的诞生。随之，在1996年，专门的煤炭资源立法《煤炭法》诞生了(1996年虽对1986年的《矿产资源法》进行了修改，惜此次修改主要是为了确定矿业权有偿取得制度，并有条件地允许矿业权的流转，而与生态化进程无多少关联，在此不作详述)。

(1)1995年《电力法》对能源结构和效率的关注

我国现行《电力法》是1995年12月28日由八届全国人大常委会第十七次会议通过，并于1996年4月1日起施行的。这一法律共10章75条，对电力建设、电力生产与电网管理、电力供应与使用、电价与电费、农村电力建设和农业用电、电力设施保护以及相关的法律责任等作出了具体规定。其立法目的是为了保障和促进电力事业的发展，维护电力投资者、经营者和使用者的合法权益，保障电力安全运行。该法是我国改革开放15年后，通过总结新中国成立以来电力事业发展正反两方面的经验教训，并借鉴发达国家经验，制定的首部电力法律，是具有中国特色的电力建设和管理的母法，为我国电力体制改

① [美]艾德里安·J.布拉德布鲁克：《能源法与可持续发展》，曹明德等译，法律出版社2005年版，第2页。

革、创新和电力经营管理规定了最基本的原则。是我国电力工业法制建设史上的里程碑,标志着电力法制建设进入了一个新的历史阶段。

《电力法》在总则第 5 条即明示“电力建设、生产、供应和使用应当依法保护环境,采取新技术,减少有害物质排放,防治污染和其他公害。国家鼓励和支持利用可再生能源和清洁能源发电”。在总计 10 章 75 条的条款中,直接对能源效率和环境保护进行规范的有九条之多,主要有第 10 条、第 14 条、第 15 条、第 16 条、第 17 条、第 24 条、第 34 条、第 48 条等。首先,其初步建立了电力发展规划制度,规定电力发展规划应当根据国民经济和社会发展的需要制定,并纳入国民经济和社会发展计划。电力发展规划,应当体现合理利用能源、电源与电网配套发展、提高经济效益和有利于环境保护的原则。并且规定城市电网的建设与改造规划,应当纳入城市总体规划;其次,该法确立了国家明令淘汰的电力设备和技术禁用原则,并在输变电工程、调度通信自动化工程等电网配套工程中明确了与相应环境保护工程实行“同时设计、同时建设、同时验收和投入使用”的“三同时制度”;再次,明确规定在电力建设对于土地、水等资源实行保护、节约利用的原则,对于电力供应和使用则实行“安全用电、节约用电、计划用电”的原则;最后,在对农村电力建设和农业用电的专章规定中,明确国家在对农村电气化实行优惠政策,对少数民族地区、边远地区和贫困地区的农村电力建设给予重点扶持的同时,提倡农村开发水能资源,建设中、小型水电站,促进农村电气化。国家鼓励和支持农村利用太阳能、风能、地热能、生物质能和其他能源进行农村电源建设,增加农村电力供应,这在客观上对农村用能结构的改进和可再生清洁能源比重的提高起到了积极的促进作用。

总之,《电力法》上述的一系列规定在一定程度上体现了对环境保护和鼓励、支持可再生、清洁能源发展的原则,难能可贵地迈开了能源相关立法关注效率、能源生态保护的步伐。虽然随后颁行了一些配套实施细则,但相当多的环保理念缺乏落实和可操作性。

(2)1996 年《煤炭法》对能源结构和效率的关注

1996 年的《煤炭法》共 8 章 81 条,以保障“合理开发利用和保护煤炭资源,规范煤炭生产、经营活动,促进和保障煤炭行业的发展”为立法日的。确立了国家对煤炭开发实行统一规划、合理布局、综合利用的方针。总则第 9 条和第 11 条以基本准则的方式宣示了国家鼓励和支持在开发利用煤炭资源过程中采用先进的科学技术和管理方法;并且要求在开发利用煤炭资源的活动中,应当遵守有关环境保护的法律、法规,防治污染和其他公害,保护生态环境。

在该法总数为 81 条的条款中关系到对能源生产经营活动中涉及能源清洁、能效提高和环境保护的条款计 14 项，主要包括第 15 条、第 16 条、第 18 条、第 19 条、第 20 条、第 21 条、第 23 条、第 28 条、第 29 条、第 31 条、第 32 条、第 33 条、第 35 条和第 36 条。其一，建立了煤炭生产开发规划和准入制度，规定由国务院煤炭管理部门根据全国矿产资源规划规定的煤炭资源，组织编制和实施煤炭生产开发规划。省、自治区、直辖市人民政府煤炭管理部门根据全国矿产资源规划规定的煤炭资源，组织编制和实施本地区煤炭生产开发规划，并报国务院煤炭管理部门备案。煤炭生产开发规划应当根据国民经济和社会发展的需要制定，并纳入国民经济和社会发展计划。开办煤矿企业，应当具有符合煤矿安全生产和环境保护要求的矿山设计；审查批准煤矿企业，须由地质矿产主管部门对其开采范围和资源综合利用方案进行复核并签署意见。其二，规定了煤矿建设中的保护耕地、合理利用土地的原则和“三同时”制度，要求煤矿建设应当坚持煤炭开发与环境治理同步进行。煤矿建设项目的环境保护设施必须与主体工程同时设计、同时施工、同时验收和投入使用。其三，回采率的特别规定和对稀缺煤种的保护性开采制度，即对国民经济具有重要价值的特殊煤种或者稀缺煤种，国家实行保护性开采；开采煤炭资源必须符合煤矿开采规程，遵守合理的开采顺序，达到规定的煤炭资源回采率。煤炭资源回采率由国务院煤炭管理部门根据不同的资源和开采条件确定。国家鼓励煤矿企业进行复采或者开采边角残煤和极薄煤。其四，洁净煤技术促进制度，国家发展和推广洁净煤技术。国家采取措施取缔土法炼焦。禁止新建土法炼焦窑炉；现有的土法炼焦限期改造。国家提倡和支持煤矿企业和其他企业发展煤电联产、炼焦、煤化工、煤建材等，进行煤炭的深加工和精加工。国家鼓励煤矿企业发展煤炭洗选加工，综合开发利用煤层气、煤矸石、煤泥、石煤和泥炭。其五，对于煤炭开采造成的煤矿周边地区的生态破坏，《煤炭法》开始尝试有所原则性规定，如规定因开采煤炭压占土地或者造成地表土地塌陷、挖损，由采矿者负责进行复垦，恢复到可供利用的状态；造成他人损失的，应当依法给予补偿；关闭煤矿和报废矿井，应当依照有关法律、法规和国务院煤炭管理部门的规定办理。但现实中沉陷区开发或复田的有关问题尚未真正解决。实践中有些地方把沉陷区开发成鱼塘或废弃不顾。

1995 年的《电力法》与 1996 年的《煤炭法》虽开始对能源结构、能源效率问题加以关注，但现已远远落后于形势发展的需要。目前，《电力法》和《煤炭法》的修订都正在紧锣密鼓地进行之中。

2.1997 年《节约能源法》和 2005 年《可再生能源法》对能源结构和效率的关注

(1)《节约能源法》对能源结构和效率的关注与不足

1997 年制定的《节能法》一共有 6 章 50 条，虽然篇幅不多，但其作为我国首部专门就节约能源问题而作出的高层级立法，意义十分重大。该法以“推进全社会节约能源，提高能源利用效率和经济效益，保护环境，保障国民经济和社会的发展，满足人民生活需要”为立法目的，分别对节能管理、合理使用能源、鼓励节能技术进步和相关法律责任，作出了具体规定。并首次明确将节能界定为“加强用能管理，采取技术上可行、经济上合理以及环境和社会可以承受的措施，减少从能源生产到消费各个环节中的损失和浪费，更加有效、合理地利用能源”。

该法首次以立法形式将节能确立为国家发展经济的一项长远战略方针，明确国家鼓励开发、利用新能源和可再生能源。该法首先原则性地确立了各级政府在节能工作中的主要职责：应当加强节能工作，合理调整产业结构、企业结构、产品结构和能源消费结构，推进节能技术进步，降低单位产值能耗和单位产品能耗，改善能源的开发、加工转换、输送和供应，逐步提高能源利用效率，促进国民经济向节能型发展；编制节能计划，并纳入国民经济和社会发展计划，保障能源的合理利用，并与经济发展、环境保护相协调。初步确立了节能计划制度和节能技术推广制度。

该法专章对节能管理进行了规定，首先，对于各级人民政府在节能管理工作中的领导、部署、协调、监督、检查、推动职责进行了明示，要求政府应当根据能源节约与能源开发并举，把能源节约放在首位的方针，在对能源节约与能源开发进行技术、经济和环境比较论证的基础上，择优选定能源节约、能源开发投资项目，制订能源投资计划；在基本建设、技术改造资金中安排节能资金，用于支持能源的合理利用以及新能源和可再生能源的开发；由国务院标准化行政主管部门制定有关节能的国家标准，制定有关节能的标准应当做到技术上先进，经济上合理，并不断加以完善和改进。其次，对于生产者生产过程中的涉能行为进行规范，要求固定资产投资工程项目的可行性研究报告，应当包括合理用能的专题论证；固定资产投资工程项目的设计和建设，应当遵守合理用能标准和节能设计规范；禁止新建技术落后、耗能过高、严重浪费能源的工业项目。禁止新建的耗能过高的工业项目的名录和具体实施办法，由国务院管理节能工作的部门会同国务院有关部门和地方政府有关部门，对生产过程中耗能较高的产品制定单位产品能耗限额。同时，原则性确立了落后的高耗能产品、设备淘汰制度；节能质量认证证书和节能质量认证标志制度，能源消费和利用状况统计及定期公报制度，并在专款明确重点用能单位范畴的前提下，尝试建立了重点用能单位节能特别管理制度。

该法同时专章规范了能源的合理使用，规定用能单位应当加强能源计量管理，健全能源消费统计和能源利用状况分析制度；建立节能工作责任制，对节能工作取得成绩的集体、个人给予奖励；生产耗能较高的产品的单位，应当遵守依法制定的单位产品能耗限额，超过单位产品能耗限额用能，情节严重的，限期治理；原则性地规定了能效标识制度，要求生产用能产品的单位和个人，应当在产品说明书和产品标识上如实注明能耗指标；重点用能单位应当按照国家有关规定定期报送能源利用状况报告。能源利用状况包括能源消费情况、用能效率和节能效益分析、节能措施等内容；禁止免费或变相免费的能源福利。

最后，该法在第四章专章规定了节能技术进步制度，其中第37条特别对建筑节能进行了规定，要求建筑物的设计和建造应当依照有关法律、行政法规的规定采用节能型的建筑结构、材料、器具和产品，提高保温隔热性能，减少采暖、制冷、照明的能耗，并对综合用能、可再生能源和新能源的开发利用的促进工作进行原则性规定，要求各级人民政府应当按照因地制宜、多能互补、综合利用、讲求效益的方针，加强农村能源建设，开发、利用沼气、太阳能、风能、水能、地热等可再生能源和新能源，同时还对国家鼓励发展的通用节能技术进行了罗列。

1997年制定的《节约能源法》虽然在我国节能立法历史上有划时代意义的进步，但仍有不少问题有待改进，其主要问题是执法主体不明确，过于原则，倡导性条款多而约束惩戒性条款少，缺乏强制力和可操作性。还可考虑从完善节能的基本制度、注重体现市场引导与政府管理的有机结合，以及增强法的针对性和可操作性三方面着力，突出可操作的市场激励手段和强制处罚，解决“要钱没有钱，要机构没有机构，要人没有人，要权没有权”的状况，将让虚的、弱的、粗的《节能法》变得更科学、更可操作、更有强制性。

(2)《可再生能源法》对能源结构和效率的关注与不足

《中华人民共和国可再生能源法》共有总则、资源调查与发展规划、产业指导与技术支持、推广与应用、价格管理与费用分摊、经济激励与监督措施、法律责任和附则8章33条。《可再生能源法》在第1条即十分明确地将其立法目的定位为“促进可再生能源的开发利用，增加能源供应，改善能源结构，保障能源安全，保护环境，实现经济社会的可持续发展”。

总则共有5条，主要规定了立法的目的、适用范围、企业和公民的权利和义务、政府的责任和义务。改变了过去较长时间里，我国可再生能源开发利用中多头惯例，政出多门，严重影响其开发利用的速度和规模等现象。国务院能源主管部门对可再生能源工作统一管理；县级以上地方人民政府负责本行政区可再生能源开发工作；县级以上地方人民政府在各自职责范围内负责可再生能源的管理工作。这样体现了统一管理、有机分工和协调机制，有统一规划和发展目标，也有分工负责的发展方向，促进了可再生能源开发利用工作的规范发展。

关于资源调查与发展规划的规定共有4条，主要规定了政府在资源普查、发展规划、项目建设与管理方面的责任。这一系列规定改变了过去我国对可再生能源的调查信息比较粗糙，并且对有关数据保密，不利于促进项目投资和项目的合理决策的状况。保障了相关普查和数据的公布，为项目投资科学决策提供了依据。该法规定国家负有调查可再生能源资源普查并将普查信息与社会共享的责任。国家还将制定普查可再生能源资源的发放和标准，保证普查的质量。保证了可再生能源资源信息的真实性和可靠性以及信息的使用效率，有效降低计划投资可再生能源的企业风险。同时还注意使相关总量目标和规划更加透明化、科学化。其中第7条还规定：“国务院能源主管部门根据前款规定的总量目标和各省、自治区、直辖市经济发展与可再生能源资源实际状况，会同省、自治区、直辖市人民政府确定各行政区域可再生能源开发利用中长期目标。”这首先确立了可再生能源总量目标制度，规定了能源生产和消费中可再生能源的总量目标，具有强制性和指导性，是促进可再生能源开发利用，引导可再生能源市场发展的有效措施。在可再生能源开发利用比较先进的国家，通常都根据可再生能源发展目标，制定详细的、具有法律效力的规划，指导和规范可再生能源开发利用。同时，也明确了要根据可再生能源中长期目标，编制有关可再生能源开发利用的规划。先有目标，后有规划，使规划成为总量目标制度的组成部分。

关于产业指导与技术支持的规定共有3条，主要对总则中关于政府责任予以细化。相关条款十分注重促进可再生能源技术进步，将可再生能源开发利用的科研和产业化发展列为国家科技发展与高技术产业发展的优先发展领域。国家相关部门（如科技部、发改委等）多次发布的产业指导目录中，“973”

和“863”等主要科技计划中均包括有可再生能源内容，也在《可再生能源法》中以法律形式将政府的这些工作固定下来。

关于推广与应用的规定则共有 6 条，主要明确了国家支持可再生能源的优先领域。这一系列规定首先明确要促进可再生能源商业化利用技术尽快发展。通过立法，积极推动并网风电、燃气、热力、生物燃料和太阳能建筑等技术的发展，使之尽快形成规模，并在能源服务方面发挥较大作用；针对我国太阳能热利用技术的在建筑节能技术中较普遍地被利用的特点，可再生能源法对有关技术规范作了强制性要求，并希望有关部门在制定太阳能利用技术的经济政策中要落实和体现。其中还特别提到房地产企业应当根据太阳能技术规范在建筑设计和施工中为太阳能利用提供必要条件。其次规定了并网发电和边远地区的可再生能源独立发电属于强制发展范围。该法规定国家对边远地区居民提供电力服务有普遍义务的责任。独立的可再生能源发电技术将是我国发展分布式电源系统技术的雏形。通过强制性发展可再生能源独立发电将为我国大规模应用分布式电源技术奠定基础。最后该法规定应对农村能源开发给予积极支持。我国农村在长期实践中，发展了一整套开发利用可再生能源的政策体系和技术路线。可再生能源法对这一成就和现状给予了积极评价。其特别强调了县级以上人民政府对农村能源开发和利用提供财政支持（资金保障）。

此外，该法第 13 条、第 14 条、第 19 条、第 20 条等还明确了可再生能源的定价机制，试图消除可再生能源产品进入市场的价格障碍。明确了建立可再生能源专项资金、优惠信贷和税收优惠等实质性激励措施，规定了政府和特许经营企业的相关责任。

（三）能源法律制度对能源变革的回应加速——能源法律制度生态化变革的全面展开

2007 年是能源法律制度史上具有划时代意义的一年。2007 年党的十七大报告首次明确提出了“建设生态文明”、“生态文明观念在全社会牢固树立”。能源法律制度生态化变革的帷幕全面拉开。多个重要的体现生态化变革的能源规范化文件颁布。

2007 年中国政府对外发布了《中国的能源状况与政策》白皮书，这是中国政府近 10 年来，在能源领域首次对外发布的白皮书，（中国政府曾在 1995 年、1997 年发布过《中国能源》（白皮书），但均类似于年度发展报告，而且是以部门名义发布的）。《中国的能源状况与政策》是实施能源规划的政策保障，也是国际社会全面了解中国能源政策的重要途径。主要内容包括能源战略目标、能源供给、能源节约、能源科技、能源国际合作等方面的内容。此外，自2007年以来，我国还发布了多部能源规划和产业政策，如《能源发展“十一五”规划》、《煤炭工业发展“十一五”规划》、《可再生能源中长期发展规划》、《核电中长期发展规划》以及《天然气利用政策》、《煤炭产业政策》、《可再生能源与新能源国际科技合作计划》等，还修订颁布了新的《节约能源法》；2008年能源法律制度生态化工作继续推进，《能源法》草案的意见征集工作全面展开，《民用建筑节能条例》(2008)、《公共机构节能条例》(2008)等近10项《可再生能源法》的配套规章由国务院有关部门迅速制定。与此同时，2007年以来，我国推出一系列“铁腕”措施推动节能减排：成立了由国务院总理温家宝任组长的国务院节能减排工作领导小组，出台《节能减排综合性工作方案》。尽管实现“十一五”节能减排的目标存在困难和挑战，但可以看出我国正在从行政、法律和经济调节等各方面多管齐下，坚定地推进实现节能减排目标。这一阶段，体现能源广义安全(生态环境安全)与可持续发展目标，构建中国特色可持续发展能源法律体系的工作全面展开。

1.《能源发展“十一五”规划》对能源生态安全与可持续发展的关注

国民经济和社会发展规划是国家加强和改善宏观调控的重要手段，而国家能源规划就是其重要组成部分。国家能源发展“十一五”规划(包括煤炭、电力、可再生能源规划)依据国民经济和社会发展规划制定，主要提出“十一五”我国能源发展的指导思想、总体目标、重点布局、重大项目等，是能源工业发展的重要依据。规划于2007年4月出台，共六章，分别是能源形势、方针和目标、建设重点、节能和环保、科技进步和保障措施。“十一五”规划纲要确定，2010年单位GDP能耗比2005年降低20%。这是新中国成立以来第一次以法律文件的形式，将节能确立为必须完成的约束性目标，是具有远见卓识的重大决策。规划提出五年内单位GDP能耗下降20%，意味着万元GDP能耗由“十五”时期末的1.22吨标准煤下降到“十一五”时期末的0.98吨标准煤(按2005年价格和统计口径)；按照“十一五”期间每年经济增长7.5%的预期目标测算，年均能源消费弹性系数为0.37；即使经济增长实际达到10%，年均能源消费弹性系数也要保持在0.5左右。虽然完成这一目标具有较大的艰巨性，但其对实现能源可持续发展的促进意义重大，政府走能源可持续发展道路的决心可见一斑。

2.《能源法》草案对能源生态安全与可持续发展的关注

针对新世纪我国面临的能源安全、环境保护以及应对气候变化问题，2005年12月国务院审时度势，作出了制定综合性《能源法》的决定。这对于有效解决能源领域发展、改革和管理等重大问题，保障能源与经济社会协调发展具有重要的战略意义和现实意义。《能源法》在立法过程中充分体现能源立法的公众参与原则，在专家进行研究起草的基础上广泛开展调研和征求意见，以保障最大限度地体现了能源立法的科学性和民主性。草案共15章140条，第1条即明确了“推动资源节约型和环境友好型社会建设，促进能源与经济社会的协调发展”的立法目的；第5条专设了“能源与生态环境协调发展”条款，明确规定：“国家积极优化能源结构，鼓励发展新能源和可再生能源，支持清洁、低碳能源开发利用，推进能源替代，促进能源清洁利用，有效应对气候变化，促进能源开发利用与生态环境保护协调发展。”该法作为能源领域的基本法，初步建立了能源综合管理制度、能源战略与规划制度、能源开发与加工转换制度、能源供应与服务制度、能源节约制度、能源储备制度、能源应急制度、农村能源制度、能源价格与财税制度、能源科技促进制度和能源国际合作促进制度等多项能源基本制度，其中能源综合管理制度、能源战略与规划制度、能源开发与加工转换制度、能源节约制度、能源科技促进制度中的相当部分条款，皆对能源生态安全和能源可持续发展有专门的关注，如能源开发与加工转换制度中的第30条即明确规定“能源开发与加工转换应当遵循合理布局、优化结构、节约高效和保护环境的原则”，等等。总的说来，草案对能源生态安全与可持续发展有了较为醒目的关注。

3.2007年新修订《节约能源法》对能源生态安全与可持续发展的关注

能源消费增长快、能耗高、能效较低问题突出，节能工作形势严峻。2007年10月28日十届全国人大常委会第三十次会议28日表决通过了节约能源法修订草案，自2008年4月1日起施行。为我国科学发展再添法律利器，将有助于解决当前我国经济发展与能源资源及环境之间日益尖锐的矛盾。

新的《节能法》由原来的6章50条增加为7章87条。修订后的《节能法》第4条明确规定：国家实行节约资源的基本国策，实施节约与开发并举、把节约放在首位的能源发展战略，从而在法律上明确了节能在我国经济社会发展中的战略地位，在法律层面将节约资源确定为我国的基本国策。较之于原来《节能法》“节能是国家发展经济的一项长远战略方针”的定位是个巨大的进步。此外，与1998年1月1日开始施行的《节能法》相比，新的《节能法》进一步明确了节能执法主体，强化了节能法律责任。其中第6条明确规定：“国家实行节能目标责任制和节能考核评价制度，将节能目标完成情况作为对地方人民政府及其负责人考核评价的内容。”修改后的节能法强调，国务院和县级以上地方各级人民政府应当将节能工作纳入国民经济和社会发展规划、年度计划，并组织编制和实施节能中长期专项规划、年度节能计划。规定了一系列节能管理的基本制度，如实行节能目标责任制和节能考核评价等制度，国务院和县级以上地方各级人民政府每年向本级人民代表大会或者其常务委员会报告节能工作，省、自治区、直辖市人民政府每年向国务院报告节能目标责任的履行情况；实行固定资产投资项目节能评估和审查制度等。

政府机构被列入节能法监管重点。修改后的节能法专设“公共机构节能”一节，“公共机构应当厉行节约，杜绝浪费，带头使用节能产品、设备，提高能源利用效率”。并明确规定“公共机构是指全部或者部分使用财政性资金的国家机关、事业单位和团体组织”。法律规定，公共机构应当制定年度节能目标和实施方案，加强能源消费计量和监测管理。国务院和县级以上地方各级人民政府管理机关事务工作的机构会同同级有关部门按照管理权限，制定本级公共机构的能源消耗定额，财政部门根据该定额制定能源消耗支出标准。公共机构应当按照规定进行能源审计，并根据能源审计结果采取提高能源利用效率的措施。

同时，新的节能法在法律调整范围和可操作性上有较大变化，进一步规范了工业领域的节能管理规定，并针对当前节能工作的薄弱环节，对建筑、交通运输和公共机构等领域新增了有关节能管理规定。修订后的节能法还专门新增“激励政策”一章，明确国家实行财政、税收、价格、信贷和政府采购等政策促进企业节能和产业升级，引导金融机构增加对节能项目的信贷支持，实行有利于节能的价格政策。鼓励先进节能技术、设备的进口，并明确了一系列强制性措施限制发展高耗能、高污染行业，控制在生产过程中耗能高、污染重的产品的出口，包括制定强制性能效标识和实行淘汰制度等，以体现市场调节和政府管理的有机结合，发挥经济手段和市场经济规律在节能管理中的作用。此外，修改后的节能法加强了对重点用能单位节能的监管，在对重点用能单位明确界定的基础上，进一步明确了重点用能单位的节能义务，强化了监督和管理。

4.《应对气候变化国家方案》对能源生态安全与可持续发展的关注

2007年6月4日正式发布的《中国应对气候变化国家方案》(以下简称《方案》)是国家发改委和17个政府部门，集中多领域几十位专家，历时两年研究制定的。《方案》共分五部分：(1)中国气候变化的现状和应对气候变化的努力;(2)气候变化对中国的影响和挑战;(3)中国应对气候变化的指导思想、原则与目标;(4)中国应对气候变化的相关政策和措施;(5)中国对若干问题的基本立场及国际合作需求。在《方案》中,中国政府提出,到 2010 年实现单位国内生产总值能源消耗比 2005 年降低 20%左右,同时还要调整能源结构,尽可能少用化石燃料,多生产一些可再生能源。力争到 2010 年使我国可再生能源的比重提高到 10%,到 2020 年提高到 16%。通过这些措施可相应减少二氧化碳的排放。《方案》的颁布实施清楚地表明,我国将进一步促进国内应对气候变化工作,也必将为减缓和适应全球气候变化作出新的贡献。

2008 年 10 月 29 日,中国政府又发布了《中国应对气候变化政策与行动》白皮书,专门介绍了中国应对气候变化的政策与努力,以及落实《应对气候变化国家方案》所取得的进展和成果。白皮书共八章,即气候变化与中国国情、气候变化对中国的影响、应对气候变化的战略和目标、减缓气候变化的政策与行动、适应气候变化的政策与行动、提高全社会参与意识和能力、加强气候变化领域国际合作,以及应对气候变化机制体制建设。白皮书表明,中国政府本着对中华民族和全人类长远发展高度负责的精神,坚定不移地走可持续发展道路,不断加强应对气候变化能力建设,为保护全球气候作出不懈努力。①《应对气候变化国家方案》及其行动白皮书的发布,表明中国政府始终高度重视应对能源使用引起的气候变化问题,对能源生态安全与可持续发展展开了持续关注并已付诸行动。

5.2007 年《国家环境保护“十一五”规划》等其他规范性文件

2007 年出台的《国家环境保护“十一五”规划》专节对控制温室气体排放进行了规定:其在“重点领域和主要任务”中明确提出,要强化能源节约和高效利用的政策导向,加大依法实施节能管理的力度,加快节能技术开发、示范和推广,充分发挥以市场为基础的节能新机制,努力减缓温室气体排放。大力发展可再生能源,积极推进核电建设,加快煤层气开发利用,优化能源消费结构。强化冶金、建材、化工等产业政策,提高资源利用率,控制工业生产过程中的温室气体排放。加强农村沼气建设和城市垃圾填埋气②回收利用,努力控制甲

① 解振华:《中国应对气候变化政策与行动》,白皮书新闻发布会上的讲话,2008 年 10 月 29 日。

② 城市生活垃圾填埋后,在厌氧环境下会分解产生甲烷、二氧化碳等气体,被称为垃圾填埋气。它是一种可回收利用的能源。

烷排放增长速度。继续实施植树造林、天然林资源保护等重点生态建设工程，提高森林资源覆盖率，增加碳汇和增强适应气候变化能力。加强温室气体排放的监测与统计分析。

2008 年 8 月 19 日，由国家能源局委托制定的《煤炭法规体系架构方案（征求意见稿）》公布。按照规划，该项立法预期在 2008—2015 年期间完成。《征求意见稿》共分煤炭规划、煤炭资源、煤炭建设、煤炭生产、煤矿安全、煤炭经营、煤层气、煤炭综合利用、煤矿矿区和环境保护、煤炭从业人员及其他等 11 大类 79 条。有针对性地提出了我国“十一五”后三年和“十二五”期间的煤炭立法架构方案，指出了我国近期煤炭立法重点，旨在建立分类齐全、层次合理、配套衔接、有机统一、体系完整，具有中国特色的煤炭法规体系，保障煤炭工业的可持续发展。其中对煤炭工业节能降耗实施办法（包括节能降耗管理体制、发展目标、考核机制、监测机制、技术支持和保障措施等）、煤炭工业部节约能源监测管理办法（煤炭工业部，1996 年 4 月 17 日）、煤炭加工与转化管理办法（包括煤炭加工和转化分类、技术要求、科技创新、奖励措施、监督检查、罚则等）、煤矿资源综合利用管理办法（包括粉煤灰、煤泥、煤矸石等资源综合利用的认定、优惠政策、监督检查、罚则等）、粉煤灰综合利用管理办法（经贸委，1994 年 1 月 11 日）、煤炭工业粉煤灰综合利用管理办法实施细则（煤炭工业部，1996 年 9 月 27 日）、煤矸石综合利用管理办法（经贸委等，1998 年 2 月 12 日）等都有专门立法或立法规划。

受篇幅所限，《可再生能源中长期发展规划》、《核电中长期发展规划》、《民用建筑节能条例》、《公共机构节能条例》等相关立法对能源可持续发展的关注在此不再一一讨论。

总的来说，自 2007 年至今这一时期是能源法律制度生态化变革进程的全面展开的时期，在这一阶段，能源广义安全（生态环境安全）与可持续发展的理念得以全面确立并在立法、行政等各项能源工作中努力体现。具体地说，人们已认识到可持续发展的核心，必须要改变过去人与自然的对立关系为和谐关系，强调经济、社会的发展必须同资源开发利用和环境保护相协调；而能源安全也绝不仅限于能源在量上的安全有效供给，应同时包含能源活动中的生态安全。一言概之，广义的能源可持续发展并不仅仅指能源的持续供应，而是意味着能源的生产和利用能够长远地增进——或者至少与人类福祉及生态平衡相协调。这一概念至少包含以下两层意思：其一，能源的生产和使用不会破坏地球生态系统的完整性；其二，能源的生产和利用不会危及未来世代对能源的需求。[1] 我们完全有理由这样认为，与社会经济生活中能源变革相适应的能源法律制度变革进程已全面展开！

第二节 我国现有能源法律制度变革面临的新挑战

一、能源领域存在着生存权、发展权与环境权的冲突

（一）生存权、发展权、环境权释义及三权之间的关系

生存权、发展权与环境权都是基本人权的重要内容。我国学者一般认为，人权具有三种存在形态，它们是人的应有权利、法定权利、实有权利。[2] 在西方人权学说中，应有权利被认为是一种道德权利。例如英国政论家克兰斯顿(M. Cranston)认为："这里的问题是：自然权利或人权或人的权利，是什么意义的权利，回答是：自然权利是一种道德权利而且仅仅是一种道德权利，除非它由法律强制执行。只有在这种情况下，它才成为一种实在的权利。"[3]法定权利不过是人们应用法律这一工具使人的"应有权利"法律化、制度化，使其实现能得到最有效的保障。实有权利则是指人们在现实生活中实际能够享受到的权利。"应有"的人权通过法律的规范转化为实有权利。承认在实有权利之外尚有人权的应有状态，人们才会有进一步追求的目标，法制建设乃至革新始得以推进。

1. 生存权、发展权与环境权释义

生存权作为明确的法权概念，最早见于奥地利具有空想社会主义思想倾向的法学家安东·门格尔于1886年写成的《全部劳动权史论》，该书认为：劳动权、劳动收益权、生存权是造成新一代人权群——经济基本权的基础。生存

① 陈勇、杨薇：《推进我国可持续能源发展的法律思考》，载《电力环境保护》2007年第23卷第2期。

② 李步云：《论人权的三种存在形态》，载《法学研究》1991年第4期。

③ 克兰斯顿著：《人权》(1995年)第21页，转引自沈宗灵：《人权是什么意义上的权利》，载《中国法学》1991年第5期。

权被揭示为：在人的所有欲望中，生存的欲望具有优先地位。① 生存权作为法律概念通常不仅是指人的生命不受非法剥夺的权利，而且包括每一个生命得以延续的权利。② 在生存权中生命延续权是首要的，因为人只有首先活下来，才可能有尊严地活着。在发达国家，由于社会经济水平的普遍提高，国家建立了完善的社会保障制度，保证人们的生命得以延续的物质条件已很充裕，维持人们生存的物质条件已不是问题。但在发展中国家，尤其是经济落后国家，社会保障制度尚不健全，有相当多的人还面临生存危机。如何保障这些人的生存条件是发展中国家面临的十分重要的问题。

发展权"是从基于满足人类物质和非物质需要之上的发展政策中获益并且参与发展过程的个人权利，又是发展中国家成功地建立一种新的国际经济秩序，亦即清除妨碍它们发展的现代国际经济关系中固有的结构障碍的集体权利"。③ 联合国曾几次通过决议，强调发展权是一项人权：④1979 年联合国大会以第 34/36 号决议通过《关于发展权的决议》，1986 年联合国大会以第 41/128 号决议通过《发展权利宣言》，1993 年第二届世界人权大会通过的《维也纳宣言和行动纲领》再度确立了发展权。其中 1986 年通过的《发展权利宣言》在第 1 条宣布"发展权是一项不可剥夺的人权，由于这种权利，每个人和所有各国人民均有权参与、促进并享受经济、社会、文化和政治发展，在这种发展中，所有人权和基本自由都能获得充分实现"。该宣言是联合国将发展权确认为一项不可剥夺的人权的重要国际文件。1993 年世界人权大会通过的《维也纳宣言和行动纲领》则指出："各个国家，不论其政治、经济和文化体系如何，都有义务促进和保护所有人权和基本自由。"该宣言重申发展权是一项普遍的、不可分割的权利，也是基本人权的一个组成部分；所有民族都拥有自决的权利，以此自由决定自己的政治地位，自由地追求自己的经济、社会和文化发展。此外，《非洲人权和民族宪章》也在第 22 条规定："一切民族在适当顾及本身的自由和个性并且平等分享人类共同遗产的条件下，均享有经济、社会和文化的

---

① 转引自徐显明：《生存权论》，载《中国社会科学》1992 年第 5 期。

② 李艳芳：《论环境权及其与生存权和发展权的关系》，载《中国人民大学学报》2000 年第 5 期。

③ [美]斯蒂芬·P. 马克斯：《正在出现的人权：八十年代的新一代人权?》，赵红野译，载《法学译丛》1987 年第 2 期。

④ 联合国大会第 34/46 号决议(1979)和 41/128 号决议(1986)：详见联合国官方网站：http://www.un.org。

发展权。"①

20 世纪 60 年代末，美国密歇根州立大学的教授约瑟斯·萨克斯以法学中的"共有财产"和"公共委托"理论为根据，提出了系统的环境权理论。随后日本学者又提出了环境权的两条基本原则："环境共有原则"和"环境权为集体性权利的原则"，进一步发展了环境权理论。一言概之，"环境权"的主张即是每个人能够在清洁的空气、水、天然的风景、安静的环境环绕之下健康而安全的生活。环境权首次得到国际上的承认是在 1972 年 6 月联合国召开的人类环境会议，会议通过了《人类环境宣言》。该宣言宣布："人类有权在一种能够过尊严和福利的生活环境中，享有自由、平等和充足的生活条件的基本权利，并且负有保护和改善这一代和将来的世世代代的环境的庄严责任。"后代人不是现实的法律主体，而是潜在的必然的法律主体，考虑潜在主体的生存环境与条件而倡导后代人的环境权是必要的，也是现实的。欧洲人权委员会经过 10 多年的讨论，也接受了环境权的主张。1973 年在维也纳欧洲环境部长会议上制定的《欧洲自然资源人权草案》将环境权作为一项新的人权加以肯定，并将其作为《世界人权宣言》的补充。

2. 生存权、发展权与环境权三权的关系

环境权与生存权具有密切联系。在西方发达国家环境正义论即起源于关怀少数族群与弱势群体的土地与资源被侵占以及他们被迫承受主流社会的各种废弃物毒害之问题。弱势群体对干净的土地、空气、水和其他自然环境的平等享用权往往更容易受到伤害，进而直接影响到他们的生存权的实现。大工业生产导致的日益严重的环境问题正威胁、剥夺当代人的生存权，特别是其中的弱势群体会更多地面临因环境问题而导致的生存危机，这在发展中国家体现得更为明显，环境权与生存权的关系更加密切：由于严重的环境问题制约经济的发展会进一步导致贫困，使相当多的人口生活在温饱线以下。同时，发展权与生存权亦具有密切关系。② 一方面，生存权是发展权的前提，因为没有生存无所谓发展。另一方面，发展权是生存权的必然要求，因为只有实施发展

---

① 《非洲人权和民族权宪章》，又称《班珠尔人权和民族权宪章》，中国人权网官方网站：http://www.humanrights-china.org/china/rqfg/R220011029143026.htm，访问日期：2012 年 1 月 5 日。

② 李艳芳：《论环境权及其与生存权和发展权的关系》，载《中国人民大学学报》2000 年第 5 期。

权，生存权的实现才能获得持续的、可靠的保障，并进一步改善和提高生存权的质量。环境权与发展权也具有十分密切的关系。有些人认为发展权与环境权是对立的，强调发展权，必然会牺牲环境权；强调环境权，必然牺牲发展权。因此主张要么以牺牲环境作为代价，去谋求经济的发展，要么为保护环境而停止发展经济。这种观点虽过于偏激，但由于能源作为经济发展的根本动力，绝大多数能源（犹以当前经济发展中国家最广为使用的化石能源为甚）在其生产、使用过程中都难以避免地给生态环境带来负面影响，三权的冲突在所难免。当然，不同国家在不同的时期依据其面对的主要矛盾的不同，对生存权、发展权与环境权所强调侧重点会有所不同。

（二）生存权、发展权与环境权在能源领域冲突的实证考察

能源作为人类社会发展不可或缺的要素资源，无论从一定区域还是从全球范围来看，其分配的不平等都是加剧贫富差距与社会不公的根源。生存权、发展权与环境权在能源领域的冲突集中表现为发展中国家的能源贫困和发达国家的用能奢侈。

所谓“能源贫困”，就是指发展中国家缺乏电力等现代清洁能源和高度依赖生物质能的传统落后的能源态势。其主要表现为：(1)收集燃料耗费时间，从事其他生产活动的时间减少；(2)用生物质做燃料，造成了供应短缺和生态破坏；(3)影响妇女和儿童身体健康，据 WHO（世界卫生组织）估算，发展中国家每年因呼吸室内生物质燃料炉灶的烟气而过早死亡的妇女和儿童多达 250 万人；(4)能源使用效率低下，用秸秆的烹饪热效率要比使用煤油和液化石油气低 3/4；(5)使用生物质能源减少了农业生产所需的肥料，影响农业生产率的提高。① 能源利用中电力的缺乏和高度依赖传统的生物质燃料使得大多数工业活动无法大规模开展，相应使就业机会缺乏，从而使国民贫困加剧和长久难以改变，同时，以传统和低效方式大量使用生物质燃料，还会极大地限制经济社会的发展。

国际能源署（IEA）编著的“世界能源展望”从 2002 年初，专门开辟了“能源贫困”一章。② 2004 年出版的《世界能源展望》强调，“缓解能源贫困迫在眉睫”，并指出，“在预测分析期内，非 OECD（经济合作发展组织）国家能源建设

---

① 朱成章：《关注能源贫困》，载《能源思考》2007 年第 12 期。

② 国际能源署编：《世界能源展望 2002》，朱起煌等译，中国石化出版社 2004 年版，第 2 页。

将取得一些令人鼓舞的进展，但是，能源发展水平最高的国家，现代能源的使用和各类能源人均消费，仍远远低于OECD国家的水平。在减少不通电人口方面，难以取得什么进展，而且，使用传统能源做饭和取暖是不可持续的，效率又低，问题会更为严重。因此，不普及使用现代能源，发展中国家人民的收入和生活水平就不可能提高”。① 世界银行贫困问题调查小组发现，“穷人居住的地方大多缺少能源”。联合国可持续发展委员会第9/1号决议《能源与可持续发展》提出，使生活在每天1美元以下的人口脱贫，获得负担得起的能源服务是先决条件；在农村能源计划中考虑到妇女儿童的卫生和安全问题；促进使穷人负担得起的能源服务的财政安排。联合国开发计划署等发布的《世界能源评估》(2000)提出，“便利和负担得起的能源服务能显著改善生活标准，并给人们提供更多机会。当今的不平等是不可持续的……极端不平等与不公正的社会将无法稳定，大量人口处于贫困线以下提供了社会动荡的肥沃土壤”②。

与发展中国家相对应的是，多数发达国家已经在能源基础设施和经济社会增长方面建立了一个良性循环的系统，OECD国家已基本不再使用传统的生物质能，并且普及了电力；转型经济国家的能源基础设施比较完善，只使用少量传统的生物质能，电力普及程度与OECD国家也不相上下。根据2000年的统计，OECD国家电力普及已达99.2%(只有土耳其和墨西哥的电力普及程度为95%，其他OECD成员电力普及率均为100%)，缺电人口仅8.5万人；转型经济国家(苏联及东欧诸国)，电力普及率达到99.5%，缺电人口仅1.8万人；而发展中国家电力普及率仅为64.2%，缺电人口达1634.2万人，占全世界缺电总人口的99.4%。③ 而发展中国家中生物质能利用数量最多的国家是印度、中国、巴西和印度尼西亚。中国的使用量与印度不相上下，是利用生物质能人口最多的国家，IEA预测，到2030年，中国仍然是世界上利用生物质能做饭、取暖人口最多的国家。综之，转型经济国家的生物质能消费量不大，而发展中国家不仅数量大，而且随时间推移而不断上升，所以能源贫困问题主要存在于广大发展中国家。《可持续发展可再生能源北京宣言》就明确指出：“我们关注到目前在发展中国家还有20多亿人口无法使用现代能源，24

① 国际能源署编：《世界能源展望2004》，朱起煌等译，中国石化出版社2006年版，第12页。

② 转引自马俊驹、龚向前：《论能源法的变革》，载《中国法学》2007年第3期。

③ 国际能源署(IEA)：《世界能源展望2002》，中国石化出版社2004年版，第229页。

亿人口依赖于传统的生物质能来满足基本能源需求，由此限制了他们，尤其是妇女和儿童，获得信息、接受教育、发展经济的机会以及获得更健康生活环境的机会，这种情况加剧了贫困，并且在本地、本国以及全球范围内破坏了环境的可持续性。”①

实际上，已经实现了工业化、现代化的西方发达国家，也普遍经历了高消耗、高污染、高浪费的历史发展阶段。奢侈的能源消耗和现在仍然奢侈的用能习惯一直是西方发达国家成长和发展的温床。从人类已经走过的历史过程看，工业化是社会财富积累快、能源资源消耗大的历史阶段。20 世纪及之前的 100 年时间里，占世界人口 15％的发达国家相继完成了工业化，但其能源和矿产资源消费量占同期全球的 60％和 50％，并造成了严重的环境污染和生态危机。② 世界著名的“八大公害事件”都发生在这些国家。然而，当今每当油价飙升，或粮食价格上涨，或对碳排放和气候变化的担忧重新抬头之时，西方学者、专家和媒体便立刻将矛头指向印度和中国的能源高消耗。可是人们不太容易意识到的是，尽管按比例计算经合组织（OECD）成员国的经济增长有所放缓，但美国经济的绝对增量一向高于中国，而欧盟（EU）的绝对增量更高，而能源消耗与经济增长又一直相互关联。随着人口和经济不断增长，中印两国消耗资源占全球的比重无疑会不断增加，但当前它们消耗的石油分别仅占全球石油消耗总量的 9％和 3％。而全球领军者美国消耗了近四分之一。③鉴于能源的历史消耗已转化为经济实力和人类发展，还存在一个能源历史公平问题。对石油累计消耗量的研究表明，1965—2007 年间，美国和经合组织成员国的消耗量分别是中国的 6 倍和 15 倍，是印度的 15 倍和 35 倍。④ 科学家估计，二氧化碳的半衰期可能接近于 100 年，因此考虑历史亦是出于科学原因。“今天空气中的二氧化碳不仅来自今天早上的烤面包，还来自近一个世纪

① 《可持续发展可再生能源北京宣言》，中华人民共和国外交部官方网站 http://www.fmprc.gov.cn/chn/linshiwj/P020081025667478448597.pdf，访问日期：2011 年 8 月 5 日。

② 李铁映：《发展必须节约　节约才能发展——对节约节能问题的几点思考》，载《求是》2007 年第 4 期。

③ 美国卡内基梅隆大学教授拉胡尔·通加（Rahul Tongia）：《能源危机：不应一味指责中印》，英国《金融时报》2008 年 11 月 14 日。

④ 美国卡内基梅隆大学教授拉胡尔·通加（Rahul Tongia）：《能源危机：不应一味指责中印》，载英国《金融时报》2008 年 11 月 14 日。

前美国马路上跑的福特 T 型车。"①发达国家以奢侈用能供养的增长模式、发展道路、发展理论,在现当代遭到了普遍的质疑和反思。

从全球来看,能源活动领域生存权、发展权与环境权三权冲突的实质可解读为发达国家用能奢侈与发展中国家能源贫困的矛盾;一国之内,能源活动领域依然存在着生存权、发展权与环境权三权冲突,这在发展中国家内甚至表现得尤为突出:大力发展经济是解决发展中国家生存权、发展权的根本途径,但由于生产力及用能方式的落后,这类发展往往存在着环境污染严重、能源的利用效率低下、能源结构不合理、过于倚重的传统化石能源日益枯竭、新型可再生能源推进乏力、应对气候变化的制度建设落后等诸多问题。

概总起来说,能源活动领域生存权、发展权与环境权三权冲突投射到制度实践层面,可以分解为能源法律制度变革面临的国际压力和国内压力两个方面分别进行解读,以下在二、三两点分别展开:

二、能源法律制度变革面临的国际压力

根据 UNEP(联合国环境规划署)的统计,目前全球有 200 多项有关环境问题的协议(多边环境协议:Multilateral Environmental Agreement,以下简称 MEAs),著名的如《保护臭氧层维也纳公约》、《关于消耗臭氧层物质的蒙特利尔议定书》、《濒危野生动植物物种国际贸易公约》、《联合国气候变化框架公约》、《生物多样性公约》等,与环境问题的多元性相对应的是,大部分的 MEAs 只能处理某一特定类型的环境问题。同时,除了以特定环境议题为主体的多边环境协议外,国际间还有其他依据不同目的而成立的国际组织,其相关运作中也会有关注环境保护的条款和制度存在。以下将就以应对气候变化为侧重的 MEAs 对能源法律制度变革的挑战展开讨论。

在应对气候变化国际法律制度下,目前主要针对人为活动排放的以下六种主要温室气体采取行动,即:二氧化碳(CO_2)、甲烷(CH_4)、氧化亚氮(N_2O)、氢氟碳化物(HFC_S)、全氟碳化物(PFCS)、六氟化硫(SF_6)。尽管水汽是最主要的温室气体,但由于水汽与自然界的活动联系密切,所以在以人为温室气体排放引起的气候变化为对象的国际法律制度中,并未包括水汽。②

① 美国卡内基梅隆大学教授拉胡尔·通加(Rahul Tongia):《能源危机:不应一味指责中印》,载英国《金融时报》2008 年 11 月 14 日。

② 参见《京都议定书》附件 A,http://www.unfccc.int,访问日期:2009 年 10 月 4 日。

(一)《联合国气候变化框架公约》与《京都议定书》及其对能源法律制度变革提出的挑战

1992年6月3—14日,联合国环境与发展大会在巴西的里约热内卢召开,会议通过了《环境与发展里约宣言》(以下简称《里约宣言》)、《21世纪议程》和《关于森林问题的原则声明》三项无法律约束力的文件和1992年联合国《气候变化框架公约》和1992年《生物多样性公约》两项供各国开放签署的公约。《里约宣言》宣布了关于环境与发展问题的27条原则,《21世纪议程》是实施《里约宣言》的行动计划。《21世纪议程》明确指出,“如果能源的消费总量需求不断增长,而能源开发利用水平得不到提高,那么世界将不可能持续下去”。这是较早关注能源问题的国际法文件。

对全球气候变化应对具划时代意义的《气候变化框架公约》是里约大会的核心成果之一。1990年,第二次世界气候大会的部长宣言和科学技术会议声明,首倡制定气候公约。联合国环境与发展大会第45届大会于1990年12月21日通过了第45/212号决议,决定设立“气候变化框架公约政府间谈判委员会”。自1991年2月始,历经15个月共五轮谈判,在里约联合国环境与发展大会召开在即的大背景下,政府间谈判委员会于1992年5月9日形成了《联合国气候变化框架公约》,并于当年6月在巴西召开的联合国环境与发展大会上开放签署了《联合国气候变化框架公约》(简称《气候变化公约》),截至2009年12月,公约已有192个缔约方。[①]

《气候变化公约》原则规定国际社会采取相应行动,其中附件一缔约方(发达缔约方与经济转轨国家缔约方)应率先采取温室气体减排行动,但是,《气候变化公约》未给附件一缔约方规定量化减排义务,无法保证实施效果。1995年在柏林举行的公约第一次缔约方会议上,各方通过了第I/CP.1号决定(又称“柏林授权”),决定成立不限名额特设工作组,谈判制定一项议定书,为附件一缔约方设定量化减排义务及时间表,同时重申不为发展中国家引入除公约义务以外的任何新义务。1997年12月,在日本京都举行的公约第三次缔约方会议上,终于通过了《〈联合国气候变化框架公约〉京都议定书》,专门为附件一国家规定了有法律约束力的量化减排指标。《京都议定书》于1997年12月

① 参见《气候变化公约》秘书处网站 http://unfccc.int/essential_background/convention/status_of_ratification/items/261,访问日期:2009年12月14日。

11日在日本东京通过，于2005年2月16日生效。[①] 目前已有180多个国家批准了该议定书。[②]（继美国2001年宣布拒绝批准《京都议定书》之后，加拿大于2011年12月亦宣布正式退出《京都议定书》）

引起温室气体排放的人类活动范围十分广泛，但以《京都议定书》为核心的应对气候变化的国际法律制度只针对主要的排放源，这些源分别是：(1)化石能源（包括煤炭、石油、天然气）的燃烧活动（包括制造业、建筑业和交通运输行业），主要的温室气体排放都源于这一类活动；(2)燃料的飞逸性排放，主要指化石能源开采过程中的煤炭瓦斯和天然气泄露；(3)工业生产过程（如钢铁、制铝、水泥、石灰、化工等）；(4)农业（水稻种植、牛羊等反刍动物消化过程排放的甲烷、粪肥管理、农业土壤、热带草原烧荒、农作物残留物的田间燃烧）；(5)废弃物（包括固体废弃物处置和焚化、废水的处理）；(6)土地利用变化（森林、草原等用地的变化）等。其中第一、二两项是产生温室气体排放的最主要的源，皆与人类的能源活动关系密切。

《京都议定书》第6条、第12条和第17条分别确定了“联合履行机制”(Joint Implementation，简称JI)、“清洁发展机制(Clean Development Mechanism，简称CDM)”和“国际排放交易 (International Emission Trading，IET)”三种帮助发达国家实现减排目标的灵活机制，以较低的成本实现减排目标。其中，联合履行机制即允许部分发达国家从其在其他工业化国家的投资项目产生的减排量中获取减排信用，实际结果相当于工业化国家之间转让了同等量的“减排单位”。清洁发展机制，即允许部分发达国家的投资者从其在发展中国家实施的、并有利于发展中国家可持续发展的减排项目中获取“经核证的减排量”(Certified Emission Reductions，简称CERs)。国际排放交易，即允许部分发达国家之间相互转让它们的部分“容许的排放量”（排放配额单位）。在上述三种机制中，联合履约和国际排放交易属于附件一缔约国之间的合作机制，不承担减排义务的发展中国家则主要只参与清洁发展机制。

上述以公约加议定书模式为主的国际条约为能源法律制度的生态化变革提供了路线方向，目前主要可概括为以下三种方向和选择：一是通过能源法律

---

① 参见赵军：《京都议定书》，载钱其琛主编《世界外交大辞典》，世界知识出版社2005年版，第1176页。

② 参见《气候变化公约》，秘书处网站 http://unfccc.int/essential_background/kyoto_ptotocol/status_of_ratification/items/2613.php，访问日期：2011年12月15日。

制度的生态化促进化石能源的替代技术的采用，主要包括清洁能源替代技术、可再生能源技术、新能源技术；二是通过能源法律制度的生态化提高能效，进而通过减少能耗实现削减 CO_2 排放；三是通过能源法律制度的生态化促进碳埋存及生物碳汇技术的推进应用。此外，税收等财政金融政策可以起到加速技术改造进程，优化资源配置，降低全社会减排成本的作用。

在《京都议定书》于 1997 年 12 月通过至 2005 年 2 月开始生效这一阶段，国际社会在用能相关环境问题上的其他磋商协调也一直在进行，除《京都议定书》外还有其他一些国际行动计划达成了共识。如在 2002 年约翰内斯堡世界可持续发展大会上，能源问题即成为会议五个主要议题之一，并在大会通过的《执行计划》中得到充分体现，相关条款强调提高能源效率、减少污染有助于推动能源可持续发展。①

(二)后京都时代的国际多边协作对能源法律制度变革提出的挑战

《京都议定书》生效以来在协调全球应对气候变化方面起到了积极的作用。随着其规定的第一期约定到期的逼近，国际社会加快了后续协调工作的进程。联合国气候变化会议于 2007 年 12 月 3—14 日在印尼巴厘岛举行，全球 180 多个国家的代表，以及国际政府间机构、非政府机构和媒体的观察员将出席这次会议。为期两周的联合国气候变化会议在延长一天会期之后于星期六在印尼巴厘岛闭幕。会议在经过激烈的谈判后通过了巴厘岛路线图，决定启动至关重要的有关加强应对气候变化问题的谈判。

巴厘岛会议包括《联合国气候变化框架公约》缔约方会议第十三届会议、作为《京都议定书》缔约方会议的《公约》缔约方会议第三届会议、附属科学技术咨询机构第二十七届会议、附属履行机构第二十七届会议、附件一缔约方在《京都议定书》之下的进一步承诺问题特设工作组第四届会议续会以及《公约》缔约方会议和《议定书》/《公约》缔约方会议的联席会议。第二周的议程则以部长级会议结束。② 会议的重点是要就具体步骤达成国际公约，以考虑到《京都议定书》2012 年第一期约定到期后的行动框架，启动《京都议定书》到期后温室气体新的减排方案的谈判，并明确规定了谈判应该在 2009 年年底之前完

① 详见联合国官方网站：http://www.un.org/chinese/events/wssd/documents.html，访问日期：2009 年 12 月 15 日。

② 详见联合国官方网站：http://www.un.org/chinese/climatechange/bali/，访问日期：2009 年 12 月 15 日。

成。这一路线图确认的议程包括：为适应气候变化所应采取的措施、减少温室气体的排放、推广有利于减少气候变暖的新科技以及为减缓和适应气候变化提供更多资金支持。不过，这份路线图未能包含欧盟一直坚持的发达国家在2020年前将温室气体减排在1990年的基础上减少25％～40％的目标。

巴厘岛路线图是在国际社会共同艰苦努力下得以达成的。以美国为首的部分西方发达国家（美国、日本、加拿大、澳大利亚）顾及自身利益，尽量推卸自己的责任，不愿意承担进一步的减排指标。在气候变化会议进入最后一天的时候，美国由于文件草案对于发展中国家提出的一项要求作出了妥协，所以不愿对文件表示支持。然而，在最后一刻，美国代表波拉·多布里扬斯基（Paula Doriansky）终于宣布美国放弃坚持，从而使巴厘岛路线图峰回路转，以达成共识的方式获得通过。但路线图最终未能坚持将排放指标纳入。尽管如此，潘基文秘书长仍然表示，对巴厘岛会议达到了预期的目标并对会议取得突破表示欢迎。联合国气候变化问题专门机构气候变化框架公约秘书处负责人德布尔表示，巴厘岛会议完成了它应该完成的工作。会议所通过的行动计划设定了一个向前推进的雄心勃勃的议程，为减缓气候变化作出了重要的贡献；这一计划同时也平衡了各方在气候变化问题上的直接需要。虽然气候变化相关适应的问题、减缓的问题、清洁技术转让的问题、资金的问题等都还有待于国际社会进一步的协商共识，但作为第一步来讲，巴厘岛路线图能够启动这样的进程已是非常重要的了。

在印度尼西亚巴厘会议结束两个月之后，即2008年2月22日，近140个国家政府的环境部长于摩纳哥举行的第十届联合国环境规划署特别理事会/全球部长级环境论坛（GC/GMEF）上表示，将大力支持帮助联合国环境规划署成为一个更为高效、更有成果的国际组织的行动，以更好地应对21世纪的一系列环境挑战。同时授权联合国环境规划署执行主任利用中期战略来制定环境署的工作方案。此中期战略将使环境署的工作重点放在六个互相交错的领域，旨在加强环境署在气候变化、灾难和冲突应对、生态系统管理、环境管理、有害物质和危险废物管理及能源效率——可持续消费和生产方面的能力。各国通过这一授权要求联合国环境规划署负责可持续发展的总体规划，表明了各国应对日益严重的气候变化和环境问题的决心。①

---

① 环境保护部国际合作司：《2008年2月22日摩纳哥消息》，载《国际环境动态》2008年第2期。

2008年12月1—12日在波兰波兹南举行的气候变化会议则标志着一个新的全球气候变化协议的谈判正进入高速轨道，有192个成员国的联合国气候变化公约期望2009年在哥本哈根达成最终的理想协议。此外，他们对进一步加强执行该公约和京都议定书所面临的若干问题上取得重大进展，其中包括对发展中国家的能力建设，减少毁林所致排放量，技术转让和改造等。[①] 波兹南气候谈判由于处在后京都气候协议谈判的中点，曾被寄予厚望，然而由于全球经济危机，各国政治家忙于恢复经济，为期两周的谈判成果寥寥，本次缔约方大会评估了全球2008年在气候变化方面取得的成果，并制订详细计划，目标是2009年年底在丹麦哥本哈根气候变化大会上就2012年后应对气候变化达成新协议。

2009年12月7—18日，第15次缔约方会议暨《京都议定书》第5次缔约方会议在丹麦哥本哈根举行。12月11日上午，联合国气候变化大会《京都议定书》特设工作组和《联合国气候变化框架公约》长期合作特设工作组分别提交的官方草案获得了192个缔约国的广泛认同，为以后的谈判确立了"双轨制"模式：即气候变化谈判同时在两个"轨道"进行，由两个特设工作组负责具体谈判：第一个轨道，《京都议定书》不涉及美国，因为美国并非《京都议定书》成员国，因此《京都议定书》的谈判部分不包括美国。但过去的协议要继续保持，《京都议定书》附件一的发达国家在第二承诺期的减排义务，将以《京都议定书》升级版的形式规定。第二个轨道，包括类似美国等非《京都议定书》缔约方等国家在内的全部192个《公约》的缔约国，则将在气候变化框架公约框架下给予规定。积极务实的"双轨制"一方面可以使《京都议定书》的成果继续保持；另一方面，通过《公约》长期合作行动计划，可最大限度地使美国加入到应对气候变化的行列中来，为未来进一步达成有法律约束力的统一协议奠定下良好的基础。会议最后达成不具法律约束力的《哥本哈根协议》。《哥本哈根协议》维护了《联合国气候变化框架公约》及《京都议定书》确立的"共同但有区别的责任"原则，就发达国家实行强制减排和发展中国家采取自主减缓行动作出了安排，并就全球长期目标、资金和技术支持、透明度等焦点问题达成广泛共识。但参加大会的各方代表并没有就2012年后的全球减排行动、资金技术支持等方面达成具体共识。

2010年坎昆联合国气候大会于12月11日凌晨通过"坎昆协议"(Cancun Agreement)。马拉松会议完成各项议程后终于落下帷幕。大会下设《联合国

① http://unfccc.int/meetings/cop_14/items/4481.php，访问日期：2011年12月15日。

气候变化框架公约》(《公约》)缔约方会议及《京都议定书》(《议定书》)缔约方会议通过应对气候变化的两份重要决议。2011年11月28日,气候变化框架公约第17次全体缔约方会议缔约方大会在南非东部海滨城市德班正式召开。《京都议定书》第一承诺期将会在2012年年底失效,2012年后各国之间就温室气体减排问题将作何安排,将成为此次德班会议的焦点。会议在延期一天半后,于当地时间12月11日在南非德班闭幕。会议通过了四个决议,包括批准《京都议定书》工作组和《联合国气候变化框架公约》下"长期合作行动特设工作组"、实施《京都议定书》第二承诺期、启动绿色气候基金、建立德班增强行动平台特设工作组等。当然我们也应看到,虽然在2011年底的德班气候变化大会上通过决议从2013年起执行减排温室气体的第二承诺期,但由于内容不具体、措辞留有漏洞,会导致某些国家逃避减排责任。

进入后京都时代以来,历次气候变化的国际谈判中减缓、适应、资金、技术依然一直是发达国家和发展中国家在多方博弈中的核心问题。这同时也会对我国能源法律制度的变革产生影响:能源法律制度建设需要进一步关注能源环境问题的解决,对能源可持续发展的伦理学、法哲学和经济学基础的反思及其在能源法律制度建设中的贯彻和体现已经迫在眉睫,如何通过制度建设促进市场机制推进减少能耗、提高能源效率来实现节能减排、如何通过法律制度建设推进新型可再生能源的利用与推广,以及气候变化应对背景下的能源衍生法律制度创新的探索、促进气候公平、解决能源贫困的相关法律制度的探讨等,都是相关能源法律制度在国际社会应对气候变化视域下必须做出的思考与探索。

此外还需要指出的是,除专门推动《京都议定书》后续工作机制建设的国际协作外,还有不少其他的国际合作进程亦对能源法律制度的生态化建设起着巨大的推动作用,比如国际可再生能源大会。国际可再生能源大会迄今为止已举行三届,前后跨越了《京都议定书》时代。(1)2004年6月在德国波恩召开了第一届国际可再生能源大会,全球150多个国家和地区的政府、企业以及民间代表聚集商讨全球可再生能源开发和利用大计,这是迄今世界范围内在可再生能源领域召开的最大规模的政府间会议。大会通过的《共同宣言》提出了包含165个具体行动方案的《国际行动计划》,该计划将致力于让全球使用可再生能源的人口到2015年达到10亿。① (2)第二次会议于2005年在北

---

① 详见中国气候变化信息网(政府官方网站):http://www.ccchina.gov.cn,访问日期:2011年12月15日。

京举行，会议通过《北京宣言》，进一步深化和扩大了各国对支持可再生能源发展的共识。《北京宣言》强调，开发利用可再生能源具有实现能源多样性、增加能源供应、提高能源安全、保护生态环境、增加就业、消除贫困和减缓气候变化等多种效益；要加强国际合作，发达国家要在资金和技术方面支持发展中国家，特别是要进行技术转移，支持发展中国家建立可再生能源产业体系。(3) 2008 年 3 月 4—6 日，第三次国际可再生能源大会在华盛顿召开。与波恩和北京国际可再生能源大会相比，此次会议规模大、人数多、内容广泛，但没有发表部长宣言，倡议各国自愿提出发展可再生能源的具体承诺：其中德国、澳大利亚、加拿大、新西兰等 9 个国家的部长级代表在大会上作了承诺发言，承诺的内容主要是可再生能源发展目标、减排指标、资金投入和政策措施等，尤其美国表示今后要更多地参加促进可再生能源发展和应对气候变化的国际共同行动。① 国际可再生能源大会亦对能源法律制度的变革起着巨大的推动作用。

三、能源法律制度变革面临的国内压力

(一)我国能源利用中的反生态化现状严重

中国能源在经济加速发展的过程中存在能源利用率低和浪费突出等严重问题。主要表现为资源约束与经济发展的矛盾比较明显，能源效率偏低、能源结构不够合理、能源科技水平相对落后、地区发展不均衡等，这些都使得能源环境问题压力加大。具体体现为以下几点：

1. 消费需求增长压力下资源约束的矛盾日益加剧

我国能源资源总量比较丰富，但人均占有量较低，特别是石油、天然气人均资源量仅为世界平均水平的 7.7% 和 7.1%。② 随着近年来中国经济持续加速，同时能源资源消耗也明显上升，甚至超过了经济增长速度，资源约束矛盾日益突出。根据中国环境与发展国际合作委员会经济增长与环境课题组报告对我国能源需求的回顾与预测，2001—2005 年，中国国内生产总值年均增

① 详见中国气候变化信息网(政府官方网站)：http://www.ccchina.gov.cn，访问日期：2011 年 12 月 15 日。

② 《能源发展“十一五”规划》，中华人民共和国国家发展和改革委员会官方网站：http://www.sdpc.gov.cn/，访问日期：2011 年 12 月 15 日。

长 9.54%，而能源消费年均增长 10.50%，能源消费弹性系数达到 1.1，[①]这是改革开放以来能源弹性系数最高的时期之一。中国单位产出能源消耗大大高于发达国家和世界平均水平。未来的能源需求受诸多因素的共同作用虽有相当的不确定性，但根据模型中方案预测显示，2010 年，能源需求量将达到 29 亿吨标煤左右，2006—2010 年年均增长 5.4%。随着我国经济社会的快速发展，综合国力日益提高，能源供需矛盾日益显现。[②]

未来的能源需求在对国内能源供应能力提出严峻挑战的同时，也给能源环境问题敲响了警钟。虽然煤炭消耗占一次能源的比例从 2002 年的 70%左右下降到 2010 年的 66%左右，但以煤为主的能源消耗结构仍将在我国长期存在。从煤炭需求的行业构成看，电力、黑色金属冶炼、石油加工、水泥制造等行业依然是煤炭消耗的主要行业。2010 年，这四大行业的煤炭需求量将近 20.6 亿吨，占整个煤炭需求量的 77%左右。其中电力行业 2010 年煤炭需求量达到 14.9 亿吨，约占整个行业煤炭消耗量的 55.7%。到 2015 年全国煤炭需求量将高达约 43 亿吨。[③] 以煤炭为主的能源消耗结构将使未来中长期内中国大气污染防治任务更加艰巨。同时石油消费量增长更快。又由于中国开始进入汽车社会，汽车快速进入家庭已经成为未来石油消费增长的重要因素，据中国工业和信息化部 2012 年 2 月公布的《石化和化学工业"十二五"发展规划》预计，2015 年我国成品油的年需求量将达到 3.2 亿吨且"十二五"期间年需求量将以 5.5%的速度递增。[④] 根据经济发展趋势，以及能源消耗预测和燃料质量分析，同时运用 3E 模型综合预测得到的主要污染物排放量的相关分析结果显示，与能源的生产、利用最为密切的相关活动给环境保护带来的压力

① 中国环境与发展国际合作委员会 2006 年度政策报告：详见中国环境与发展国际合作委员会网站：http://www.cciced.org/2008-02/19/content_10189628_3.htm，访问日期：2009 年 2 月 20 日。

② 中方组长：李剑阁、外方组长：彼得·巴特尔穆斯：《中国环境与发展国际合作委员会经济增长与环境课题组报告》，http://www.cciced.org/2008-02/29/content_11148770.htm，访问日期：2009 年 2 月 20 日。

③ 详见中华人民共和国国家发展和改革委员会官方网站：http://www.sdpc.gov.cn/。

④ 详见中华人民共和国工业和信息化部官方网站：http://www.miit.gov.cn，访问日期：2012 年 2 月 20 日。

空前巨大。[①]

2. 能源结构矛盾突出，可持续发展面临挑战

中国是一个缺油、少气、富煤的国家。已探明煤炭资源量1万亿吨，居世界第三位。在化石能源探明储量中，煤炭、石油、天然气分别占94%、5.4%和0.6%。[②] 目前，煤炭仍是我国重要的基础能源，煤炭消费占我国一次能源消费的69%，比世界平均水平高42个百分点。[③] “煤为基础、多元发展”，仍是我国能源问题的基本方略。以煤为主的能源消费结构和比较粗放的经济增长方式，带来了许多环境和社会问题。考虑到我国电力工业以燃煤发电为主，火电机组占总装机容量的75%左右，[④]发展洁净煤技术、促进洁净煤技术的产业化、调整优化煤炭产业结构的需要十分迫切。学习借鉴国外成熟技术，大力发展煤炭洗选加工，推广具有自主知识产权的重介选煤、干法选煤等技术，提高煤炭洗选加工程度，推进煤炭气化、液化的示范工程，已成为当务之急。以煤为主的用能结构使能源可持续发展面临严重挑战。

3. 能源效率亟待提高，能源浪费严重

由于高能耗、高污染、高投入、低产出的产业结构和经济发展模式在我国工业生产中占的比例较大，我国能源的利用效率极为低下。我国能源利用效率只有30%，比发达国家平均低10多个的百分比，[⑤]与国际先进水平比较差距更大。由于我国尚处在工业化、城镇化加快发展的历史阶段，高耗能产业在经济增长中仍将占有较大比重，转变能源生产和消费模式，提高能源效率，减少能源消耗，是一项长期而艰巨的任务。2004年，我国火电供电煤耗每千瓦

① 中方组长李剑阁、外方组长彼得·巴特尔穆斯：《中国环境与发展国际合作委员会经济增长与环境课题组报告》，http://www.cciced.org/2008-02/29/content_11148770.htm，访问日期：2009年2月20日。

② 王显政：《煤矿安全和煤炭工业的可持续发展》，在北京第九届科博会“2006中国能源战略高层论坛”的讲话，中国煤矿安全网：http://www.mkaq.cn，访问日期：2006年7月11日。

③ 《能源发展“十一五”规划》，中华人民共和国国家发展和改革委员会官方网站：http://www.sdpc.gov.cn/，访问日期：2012年5月11日。

④ 国家发改委副主任、能源局局长张国宝2009年2月3日在全国能源工作会议上的讲话，http://xmecc.smexm.gov.cn/2009-2/2009211112515.htm，访问日期：2009年11月5日。

⑤ 李铁映：《发展必须节约　节约才能发展——对节约节能问题的几点思考》，载《求是》2007年第4期。

时为 379 克标准煤，比国际先进水平高 67 克；大中型企业吨钢可比能耗为 705 千克标准煤，比国际先进水平高 95 千克；电解铝交流电耗为每吨 15080 千瓦时，比国际先进水平高 980 千瓦时；单位建筑面积采暖能耗相当于气候相近发达国家的 2～3 倍；载货汽车每吨百公里油耗比国际先进水平高出 1 倍以上；我国现有各类电动机总功率约 4.2 亿千瓦，运行效率比国际先进水平低 10 个百分点以上，相当于每年多消耗电能约 1500 亿千瓦时。① 总的来说我国能源浪费现象严重，能源效率亟待提高。

4. 能源科技水平相对落后，地区发展不均衡，农村能源问题突出

能源科技的发展是解决能源问题的根本途径之一。与世界先进国家比较，我国在能源高新技术和前沿技术领域还有相当差距，能源科技自主创新任重道远。目前我国的节能技术组织、研究、推广工作比较薄弱，明显落后于发达国家平均水平，更不适应我国节能形势的需要。同时，产品用能标准制定工作滞后，国家对节能技术的研发推广缺乏有效组织，企业自主创新能力不足，具有自主知识产权的技术和产品很少。从结果看，我国主要产品的用能水平与国际先进水平相比，存在明显差距。节能技术在很大程度上具有公共产品的性质，投入主体与收益主体不一致。因此，这种公共产品要由国家和政府来组织实施，所需资金可主要考虑通过税收等手段获取。在节能技术推广领域，可以利用征收能源税、消费税的收入，组织实施节能产品研发、节能技术进步和节能信息宣传，降低节能产品技术与用能单位信息沟通的成本。此外，农村能源存在的主要问题，一是生活用能商品化程度偏低，二是地区发展不平衡。西部农村普遍存在能源不足问题，东中部山区和贫困地区用能状况也需要进一步改善，全国尚有 1000 多万无电人口。②

（二）我国能源现有法律制度面临适应能源变革的生态化改进挑战③

新中国成立以来，我国能源法制建设虽然取得了巨大成绩和重大进展，但现有能源法律制度仍存在诸多不足，难以协调减排任务与能源需求的尖锐矛盾。目前我国的能源相关立法在实现能源环境外部不经济性内部化方面仍存

① 李铁映：《发展必须节约　节约才能发展——对节约节能问题的几点思考》，载《求是》2007 年第 4 期。

② 《能源发展“十一五”规划》，中华人民共和国国家发展和改革委员会官方网站：http://www.sdpc.gov.cn/，访问日期：2011 年 5 月 11 日。

③ 陈勇、杨微：《推进我国可持续能源发展的法律思考》，载《电力环境保护》2007 年第 23 卷第 02 期。

在以下主要问题：

1. 能源相关立法与环境保护立法截然分离，相关能源立法中能源生态安全与可持续发展目标模糊。其结果必然导致环境保护立法对给生态环境和气候变化造成重大影响的能源活动缺乏全过程管理，同时亦易导致能源活动中出现环境保护的真空。已有能源立法缺乏对如何能够更好地对能源开发过程承担经济或生态责任作出明确规定。例如，对能源开发利用过程中产生的经济“外部性”，如包括“酸雨”在内的空气污染、水电大坝建设导致的生境损失、对于矿物燃料引起的二氧化碳浓度标准控制等都缺乏法制规范，而这些恰恰是导致能源成为环境恶化尤其是气候变化的最大根源。“而能源开发利用造成环境污染又与法律制度安排不合理有关：规范能源开发利用的制度不规范环境保护，规范环境保护的制度不规范能源开发利用。环境保护并未成为能源开发利用的有机组成部分，其结果是能源开发利用继续造成环境污染，而环境保护也只能是防治污染结果，而不是防治污染原因，即不能从根本上解决能源开发利用造成的环境污染和破坏。”①因此，我们要设法控制环境恶化与气候变化，应把环境目标融入到所有的能源活动相关立法中去。能源法律制度的生态化变革离不开能源法与环境法的整合。“基本的环境法原则必须适用于能源法”，②或者说体现环境法基本精神的、生态化语境下的能源法基本原则应当被确立，并在能源相关立法中加以全面体现。如何通过立法促进以更有效率和更有利于气候的方式利用能源必须同时真正进入能源法和环境法的视野。1992 年里约联合国环境与发展会议上就首次明确了可持续发展目标，并间接地涉及能源和气候的关系问题，承认现行的化石燃料循环对人类健康与环境具有长期的危险后果。2002 年在联合国可持续发展世界峰会上通过的约翰内斯堡实施计划中，将能源效率与能源选择（结构）问题作为可持续发展的一项关键因素。能源可持续发展的核心，必须要改变过去人与自然的对立关系为和谐关系，强调经济、社会的发展必须同资源开发利用和环境保护相协调；而能源安全也绝不仅限于能源在量上的安全有效供给，应同时包含能源活动中的生态安全，然而相关能源立法中对上述目标的实现却缺乏应有的规范。

2. 现有能源法律制度对于能源变革带来的新趋势缺乏足够的关注。具

---

① 马俊驹、龚向前：《论能源法的变革》，载《中国法学》2007 年第 3 期。

② 马俊驹、龚向前：《论能源法的变革》，载《中国法学》2007 年第 3 期。

体来说，就是缺乏基于能源法律制度生态化的视角，未对传统化石能源和新兴可再生能源相关法律制度的建设与改进进行充分考量。这主要体现在：其一，能源变革的流变趋势重点之一即是传统化石能源的终将耗尽，而当今社会的经济发展依然与传统化石能源的开发利用息息相关。这就要求制度建设主要作出以下适应性变革：传统能源的应急贮备制度建设；创新提高能源效率的法律制度建设。传统能源中国际化程度最高、目前需求缺口较突出、同时也是对国民经济影响重大的莫过于石油，探讨相关法律制度的建设对于解决传统能源如何可持续利用将极具典型性；其二，能源变革的流变趋势重点之二即是新型可再生清洁能源从崭露头角到进一步的推广应用，并必将渐行转变为主流能源。法律制度的建设也应当适应这一流变并作出促进、激励性的制度回应。目前应用比较成熟、推广度较高的新型可再生清洁能源主要有风能、太阳能和生物质能，而恰恰也是与它们相关的新能源促进的相关法律制度建设依然缺乏有效推进。此外，对于能源变革过程中显现出来的一些新问题缺乏创新性的制度回应，如气候变化应对背景下的能源衍生法律制度创新的探索、促进气候公平、解决能源贫困的相关法律制度的探讨等，都亟待进行相关能源法律制度变革的研究与探索。

3. 市场机制在节能减排法律制度中的运用十分缺乏，相对而言命令控制手段运用较多，但效果亦差强人意。首先是对节能减排的含义理解存在局限，这直接导致以节能减排为目标的大量政策目标和施行效果也同时出现了偏差。应对节能减排的含义加以完善拓展：传统意义上的节能减排主要局限于减少工业生产中的三废（废固、废液、废气）的排放（其中的废气又其实多指SO_2等工业生产尾气），而应对气候变化视野下的节能减排含义绝非仅限于此，针对当前存在的对节能减排的片面理解，我们应特别强调在节能减排中注入碳减排的理念，使减排的概念真正完整清晰；其次，节能减排法律制度中不能过度依赖命令控制手段的运用，这是由命令控制手段相对于经济调节手段而言本身所具有的局限性决定的（前章已述，不赘）。考虑到经济刺激的市场机制针对上述缺陷的特殊效用，我们应在进一步规范命令控制手段、使其更具可操作性的同时，特别加强市场机制对能源环境外部不经济性的内部化调整，进而实现节能减排市场手段的法制化和规范化。通过市场机制促进能源节约的法律制度建设可供发挥的空间巨大。

综上，能源法律制度亟待展开与能源变革相适应的制度创新与变革，相关讨论本书将在后面的章节中尝试一一展开。

第三章 能源法律制度变革相关理论基础

第一节 能源法律制度变革的伦理学、法哲学和经济学理论基础简述

一、能源法律制度变革的伦理学基础

由于所有后续相关理论的讨论都必须建立在基本伦理观之上，正如霍恩所言："最高法律原则需建立在所有正确的法律基础——道德价值之上。"①在此有必要首先对能源法律制度变革的伦理学基础进行简述。

(一)生态伦理学的基本理论

1. 生态伦理学研究的基本问题

生态伦理学，又称环境伦理学，是关于被人与人的关系中介着的人与自然关系的道德学说。当代生态伦理学从两个方面拓展了伦理学的视野，其一是使伦理学的关注领域从共时性的人际义务扩展到了历时性的代与代之间的人际义务，其二是把对非人类存在物的义务纳入了伦理学的视野。②

西方的生态伦理学学者对生态伦理学较具代表性的定义大致有两种：一是关系说，一是义务说。关系说认为人对自然存在物的行为包含着伦理意蕴，并把人与自然的关系确立为环境伦理学关注的对象。关系说的代表人物是德斯查丁斯和泰勒。德斯查丁斯在其所著的《环境伦理学：环境哲学导论》一书

---

① [德]霍恩：《法律科学与法哲学导论》，罗莉译，法律出版社2005年版，第253页。

② 李慧青：《生态伦理的文化底蕴》，东北师范大学伦理学硕士论文，2003年，第2页。

中指出:“一般来说,环境伦理学是系统而全面地说明和论证人与自然环境之间的道德关系的学说。环境伦理学认为,人对自然界的行为是能够、且可以用道德规范来调节的。因而,一种环境伦理学理论必须要:①说明这些规范是什么,②说明人对何人何物负有责任,③证明这些责任的合理性。”[①]泰勒则认为,“环境伦理学关心的是存在于人与自然之间的道德关系。支配着这些关系的伦理原则决定着我们对自然环境和栖息于其中的所有动物和植物的义务、职责和责任”[②]。

义务说则揭示了生态伦理学的“规范性”品格,认为人类对非人类存在物负有伦理责任和义务。义务说的代表人物是罗尔斯顿以及阿姆斯特朗和波兹勒。罗尔斯顿认为:“从终极的意义上说,环境伦理学既不是关于资源使用的伦理学,也不是关于利益和代价以及它们的公正分配的伦理学;也不是关于危险、污染程度、权利与侵权,后代的需要以及其他问题——尽管它们在环境伦理学中占有重要的地位。孤立地看,这些问题都属于那种认为环境从属于人的利益的伦理学。在这种伦理学看来,环境是工具性和辅助性的,尽管它同时也是根本的和必要的。只要当人们不只是提出对自然的合理使用、而是提出对它的恰当的尊重和义务问题时,人们才会接近自然主义意义上的原发型环境伦理学。”[③]阿姆斯特朗和波兹勒在《环境伦理学:分歧与共识》中也认为,环境伦理学研究的是“人类对自然环境的伦理责任。它与价值问题有关:大自然是否具有超出其满足人的需要的明显功能之外的价值?大自然的某些部分比别的部分更有价值吗?人对大自然和自然实体负有哪些义务”[④]?

无论何种流派及其发展走向如何,人与自然的关系问题已成为当代生态伦理学研究的基本问题。生态伦理学在观察世界、解释世界和改造世界时,不是单纯以人为尺度,也不是单纯以自然为尺度,而是以人与自然的关系为尺度。虽然在分析人与自然的关系时,也常常把现实世界分为人的世界和自然

---

① J. R. Desjardins, Environmental Ethics Wadsworth Publishing Company, 1992, *An Introduction to Environmental Philosophy*, p. 13.

② P. W Talor, *Respect for Nature: A Theory of Environmental Ethics*, Princeton University Press, 1986, p. 3.

③ H. Rolston, *Environmental Ethics: Duties to and Values in Nature World*, Temple University Press, 1988, p. 1.

④ S. Amstrong and R. Botzlereds: *Environmental Ethics: Divergence and Convergence*, N. Y.: McGraw-Hill, 1993, p. 15.

界，但是不能把它们割裂开来，而是作为统一世界的一部分进行研究。既从人考察自然界，又从自然界考察人。而人又是处于一定社会关系下的、作为实在而又具体的人，因此，生态伦理学不能脱离现实的人与人的关系而单纯地研究人与自然的关系。由于人对自然环境的破坏是由处于一定社会关系下的、作为具体而又实在的人类活动所引起的，因此，生态伦理学要求必须具体研究以人类相互的社会关系为中介的人与自然的关系问题。

2. 生态伦理学视角下对人与自然关系和自然的价值的厘定

(1)关于人与自然的关系

生态伦理学强调人与自然的同一性：一方面，人直接地是自然存在物，人从自然界中脱胎出来，属于自然的一部分，人与自然有着血肉相连的“母子”关系。自然不仅是人类生存的物质环境，同时，也是人类生活的精神家园。另一方面，人是自然又不仅仅是自然：与自然物只是一种“自在”的存在、物与物的关系只是一种自在的关系不同，人不仅仅是自在的，同时也是“自为”的。人的自为性也就是人的主体性、创造性，能够制造和利用工具改造世界，创造文化。“人把自身与动物分开，使自身第一次超出生物学物种的规定而成为真正意义的人，就是依靠人自身的建立在主客分离基础上的创造性实践活动。”①一方面，人作为自然界的存在物，必须依赖于自然环境，离开自然界，人类就不能生存。另一方面，“人也反作用于自然界，改变自然界，为自己创造新的生存条件”。② 同时，人对自然的能动的反作用不能违背客观的自然规律，否则必然遭到自然界的报复。生态伦理学所倡导的价值论十分注重人与自然间的相互影响，主体尺度和客体尺度的共同作用，主体与客体间展开“对话”。

与之相反，传统的价值论则更多地强调了主体与客体间的对立，主体对客体的压制与征服，把价值评价看成是主体自身的一种“独白”而不是主客体之间的“对话”，把人的需要看成是对客体的攫取而不是对客体的依赖，过分强调主体尺度的绝对性和唯一性，最终出现主体尺度不受限制的僭越的情形，具体到人和自然的关系上即是无限制地征服自然和改造自然，终尝恶果。

---

① 王灿斌：《人类中心主义与生态伦理——生态环境危机面前人类的两难选择》，载《湘潭大学学报》(哲学社会科学版)1999 年第 3 期。

② 《马克思恩格斯选集》第 4 卷，人民出版社 1995 年版，第 15 页。

(2)关于自然的价值[①]

“自然价值”这一概念并不是生态伦理学中的独有概念，在人的一般认识中，自然价值无非就是指自然物的有用性，而且这种有用性当然是对人而言的。然而，生态伦理学的产生对这一经验意识提出了质疑。

在自然的价值这一问题上，生态伦理学重新建立起了一种新的价值论模式：人们爱护大自然绝不能只是出于自然物对人的有用性这一浅显认识，更重要的应该是出于对大自然内在性、独立性的敬畏——大自然的价值绝非只是对人而言的工具价值。这一模式改变了人们对价值问题的习惯性、偏颇性理解。在生态伦理学的道德评价体系中，希望既承认人的尺度，同时又承认物的尺度；既看到价值主观性的一面，同时又看到价值的客观性的一面；既承认自然物对人所具有的使用价值，又承认自然物所具有的不以人的意志为转移的内在价值。生态伦理学提出了“自然具有内在价值”的核心观点。这种观点认为，所有的生物都是生命的核心，都具有自身的利益，都具有平等的内在价值。人作为生物中的一员，与其他生物没有什么两样，满足人的需要与满足其他生物的需要都具有同等重要的意义。大卫·格里芬认为自然与人一样具有主体性、经验和感觉。[②] E.温克勒则更为明确地说：“人类就其本质来说优于其他物种这一观点是毫无根据的，这不过是人类为自己谋利益的一种荒谬偏见，应该予以摈弃。”[③]

3. 对人类中心主义伦理观的摈弃

(1)对人类中心主义伦理观的质疑

人类中心主义伦理形态由来已久，从其来源来说是一个舶来品，其内涵是流变的。从人类中心主义历史上看，它伴随着人类对自身在宇宙中的地位及人与自然关系的思考而产生和发展，其根本的共同点即“一切以人为中心，或一切以人为尺度，为人的利益服务，一切从人的利益出发”。该伦理观认为人类是唯一的伦理主体和道德代理人，其他存在物都无内在价值，仅具有工具价

① 李慧青：《生态伦理的文化底蕴》，东北师范大学伦理学硕士论文，2003年，第7页。

② [美]大卫·格里芬：《后现代科学——科学魅力的再现》，马季芳译，中央编译出版社1998年版，第17页。

③ [加]E.温克勒：《环境伦理学观点综述》，载《加拿大哲学评论·对话》1991(1—2)，转引自陈金美：《析后现代哲学的三大特征》，载《外国哲学》2000年第3期。

值。人类中心主义伦理的发展可大致划分为以下四个阶段[①]:第一,古代的人类中心主义:这是最早的人类中心主义形态,其核心论点就是主张人类在空间方位上居于宇宙的中心位置,16 世纪哥白尼的"日心说"宣告了它的破产。第二,神学人类中心主义:流行于中世纪的欧洲,其核心要义认为人类不仅具有空间方位上的中心意义,而且在"目的"意义上也处于宇宙的中心位置,上帝创造世间的万物就是为了供人类享用。19 世纪达尔文的生物进化论对其给予了彻底否定。第三,文艺复兴主义的人类中心主义:文艺复兴主张彻底摆脱神的束缚,导致了人性的解放。第四,近代人类中心主义:这是随着近代资本主义生产方式统治地位的确立而形成的一种观念,其核心论点就是征服自然、主宰自然,这种人类中心主义在实践中的结果就是自然资源的日益枯竭和环境的濒临危机,人类陷入不可持续的环境。

人类中心主义伦理观以狭隘的人类中心论哲学为其思想基础[②],并催生了以人类的短期利益为元价值的近代工业文明,导致人同环境建立起一种直接的、片面的物质关系,从而也引发了功利层面"人类中心论"的困境。人类为了自身的功利目的,无限度地攫取自然,破坏了人与自然之间的平衡关系。人类的需要和利益被认为是决定其他自然物是否有存在价值的尺度,生态系统、自然界乃至世界的一切皆为人而存在,从而人可以任意支配和统治自然界;这种伦理思想只看到人的利益和需求,无视自然生态系统的平衡与规律性以及人对自然生态系统的依存与不可分离性,不懂自然界的命运与人类命运休戚相关性。这些思想体现在行动上,即是为了自身的需要和利益而不断强化干预自然生态系统的过程,在看待人类与大自然其他部分之间的关系时,始终有着这样的信念:"人类应放置在一个支配自然界其他部分的位置上,自然界的其他部分从属于人类。"后工业革命时期不断发展起来的科学,无论是自然科学还是经济学,都延续甚至强化了这种思想。这种"人类中心主义"最终在人与自然的关系上表现为人类"沙文主义"、"统治主义"和"控制主义"。[③]

总的来说,人类中心主义的伦理观的核心在于认为作为理性存在物的人

---

① 苏婕:《生态中心论中的伦理学思想及其发展体现》,武汉理工大学科学技术哲学硕士论文,2006 年,第 23 页。

② [英]A. J. 汤因比、[日]池田大作:《展望二十一世纪——汤因比与池田大作对话录》,荀春生等译,国际文化出版社 1985 年版,第 32 页。

③ 李慧青:《生态伦理的文化底蕴》,东北师范大学伦理学硕士论文,2003 年,第4 页。

类具有内在价值和目的，大自然是为了人类的目的而存在，其他生物无内在价值，它们不能成为道德共同体的成员，人类对自然环境不负有道德义务，人们保护环境资源的义务是对他人所负的间接义务，环境本身没有价值、利益，环境价值、利益是人的价值、利益的折射。人类中心主义的理论局限主要体现在：人类中心论的哲学基础是理性主义，一切均以人为中心，片面地张扬理性、主体性，片面强调主、客二分，片面强调人与自然的分离和对立，极力倡导人类征服自然、主宰自然，无视自然界其他生命的存在价值，沿袭了割裂人与自然关系的二元论思维模式。这一片面强调人类主体地位的分析方法，把人类的发展建立在对自然资源的掠夺性的开发利用基础上，这种价值观被认为具有明显的"反自然"性质，它已将人与自然的关系引入了绝境。

（2）非人类中心主义伦理观念的确立

非人类中心主义生态伦理学是在对人类中心主义伦理学范式的质疑、反思和批判基础上生成的一种新的生态伦理形态。工业文明对生态环境造成了深度的危机，促使现代西方学者进行全面深刻的反思，形成了批判人类中心主义伦理观念的"绿色"思潮，人类中心主义生态伦理观被当代生态主义者批评为人类沙文主义和物种歧视主义（Speciesism）——环境伦理学创始人罗尔斯顿称其为"主体癖"（subjective bias）。当代哲学家纳什指出："传统的道德哲学很少关注人与自然的关系问题。那些认真思考了动物和自然客体的道德地位的哲学家，往往采取笛卡尔的方式，目的在于把它们排除在伦理学的范围之外。"①从历史的角度看，道德进步的过程同时也是一个道德共同体范围不断拓展的过程。在原始社会，人们只关心本部落的成员。在奴隶社会，奴隶不具有道德上的人格；直到 18、19 世纪，白人还认为黑人不具有道德权利。但是，人类进入 20 世纪以来，道德共同体的范围已扩展到人类的所有成员，而不论其年龄、性别、种族、民族、智力和健康状况。② 人们在对狭隘的人类中心主义伦理观的批判中实现了道德关系的扩展，把道德关系从人与人之间扩展到人与自然之间。总的说来，非人类中心主义伦理学流派纷呈、主张各异，单就非人类中心主义生态伦理学而言，就有辛格（P. Singer）的动物解放论、雷根（T. Regan）的动物权利论、施韦泽的敬畏生命理念、泰勒的尊重大自然理念、莱奥波尔德（A. Leopold）的大地伦理学、纳什（A. Naess）的深层生态学、罗尔斯顿

① 纳什：《大自然的权利》，青岛出版社 1999 年版，第 147 页。

② 曹明德：《生态法的理论基础》，载《法学研究》2002 年第 5 期。

(H. Rolston)的自然价值论等。

20世纪50年代以来,由于新技术革命的发生,生产力的急剧发展和扩张对人类生存的生态环境造成了更大的破坏,人类大规模地干预地球自然生态的演进过程,引发了更为严重的自然生态后果,加剧了生态危机。到60年代末70年代初,生态危机已成为人类生活中最引人注目的现象之一。1962年,美国海洋生物学家卡逊发表了她的名著《寂静的春天》,该书以大量的事实论证了工业污染对地球上的生命形式包括人类自身的损害,就环境问题的严重性向全世界敲响了警钟。卡逊的这部书代表了人类绿色生态意识在20世纪的觉醒,拉开了"生态学时代"的序幕。罗马俱乐部的诞生,则是人类生态意识从觉醒走向成熟的里程碑。罗马俱乐部于1968年4月成立于意大利首都罗马,是一个国际性的、非政府性的、非意识形态的、结构松散的学术研究团体和社会团体。它是人类有史以来第一个对全球生态危机作出激烈反应的社会团体,它首创对当代威胁人类生存的全球问题的研究。1972年,罗马俱乐部著名的研究报告《增长的极限》,清醒地提出了"全球性问题",即人口问题、工业化的资金问题、粮食问题、不可再生的资源问题、环境污染问题。尽管罗马俱乐部早期的未来预测有悲观主义的倾向,但是罗马俱乐部在唤醒人类的生态意识、激发当代人类对全球生态危机的社会责任感、敦促人类共同行动等方面具有深远影响,它同时还直接触发了西方世界20世纪70年代大规模的新社会运动——生态保护运动。以动物权利/解放论(Animal Liberation/Right Theory)、生物中心论(Biocentrism)、生态中心论(Ecocentrism)和深层生态学(Deep Ecology)等为代表的非人类中心主义(Anti-Anthropocentric)伦理学在对人类中心主义进行的猛烈抨击中不断发展和进化,作为这些运动的成果,权利主体和道德共同体的范围从人类扩展到动物、再从动物扩展到植物和所有生命共同体,进而扩展至大地、岩石、河流乃至整个生态系统。非人类中心主义所主张的"道德应包括人和自然之间的关系",把人与自然的关系视为一种由伦理原则来调节和制约的关系,认为大自然拥有权利,从思想史的角度实现了一次从人际伦理学到生态伦理学的革命。这场革命把人类由大自然的主宰变为大自然的普通公民,摒弃了狭隘的人类中心论和把人与自然对立起来的二元论的陈旧观念,确立了非人类中心主义的伦理观念。

(二)可持续发展能源伦理观的确立

从人类发展的历史来看,人类能源的转换在早期是无意识的、不自觉的、被动的。在后石油时代,人类对能源的选择则应是自觉的主动的。对人类能源的利用史略加考查，可以发现人类对能源的利用主要有三大转换：(1)第一次能源转换是从天然能源的直接利用进化到煤炭时代：18 世纪前，人类只限于对风力、水力、畜力、木材等天然能源的直接利用，直到 19 世纪下半叶，蒸汽机的出现加速了 18 世纪开始的产业革命，促进了煤炭的大规模开采，煤炭取代木材等成为主要能源；(2)第二次能源转换是石油取代煤炭而居主导地位。19 世纪 70 年代，电力代替了蒸汽机，电器工业迅速发展，煤炭在世界能源消费结构中的比重逐渐下降，石油取代煤炭占据能源利用量的首位，世界进入了“石油时代”。(3)第三次能源转换是 20 世纪后半叶开始出现的向多能源结构的过渡转换。由于地球上石油的储量有限，石油的大量消费使得能源供应日趋短缺，世界能源向石油以外的能源物质转移已势在必行。世界能源开始从以石油为主要能源逐步向多元能源结构过渡。新能源包括地热、低品位放射性矿物、地磁等地下能源；还包括潮汐、海浪、海流、海水温差、海水盐差、海水重氢等海洋能和风能、生物能等地面能源；以及太阳能、宇宙射线等太空能源。可持续发展能源伦理学即是伴随人类用能史的演进而逐步确立的。

这里我们试将第三次能源转换之前的人类能源伦理观称为早期的能源伦理观。早期的能源伦理观在人与能源、人与自然的关系问题上，只重视能源对人类需要和利益的满足，更多地强调了主体与客体间的对立，主体对客体的压制与征服，主体尺度的绝对性和唯一性；在对能源资源自身价值的认知上，忽视甚至无视能源作为地球有机整体的一部分所具有的内在价值。能源资源作为自然生态这一活的有机整体的一部分，亦有其自身结构与功能价值，而且这种价值的存在是不以人的主观意志为转移的。如前所述，化石燃料以碳贮存库的形式作为自然界的一部分存在，并通过碳循环与自然界的其他碳库进行着生生不息的能流物复的循环，在其生态阈值不被打破之前遵从着自身的生态规律，保有着自身的结构与功能价值。正如自然价值是在人类没有产生以前就存在于地球上，人类即使没有意识它也依然存在的客观价值一样，能源资源亦是如此。

与第三次能源转换相伴随的是科学生态伦理观的确立，这同时导致了传统能源伦理观的转向，可持续发展能源伦理观得以逐步确立：可持续发展能源伦理观在人与能源、人与自然的关系问题上，认识到人对能源的开发利用和由此带来的人对自然的能动的反作用不能违背客观的能源规律和自然生态规律，否则必然遭到自然界的报复(环境污染和气候变化)。可持续发展能源伦理观所倡导的价值论开始注重人与用能、人与自然间的相互影响，主体尺度和客体尺度的共同作用被纳入视野；在对能源资源自身价值的认知上，既承认能源对人所具有的使用价值，又承认能源资源所具有的不以人的意志为转移的内在价值。在对能源的开发利用过程中注意反思由此引起的能源资源自身结构与功能价值的变化，并通过改变用能结构、提高用能效率等减少对能源资源与自然界之间能流物复循环的打扰，努力遵从其自身的生态规律。

二、能源法律制度变革的法哲学理论基础简述

哲学是研究探索物质世界和人类社会发展变化规律的学说，是对自然知识、社会知识和思维知识的概括和总结。哲学理论基础的三个要素是：社会存在、方法论、世界观。世界观是人们对世界的根本看法。哲学是理论化系统化的世界观，哲学是一门科学，又是一种社会意识形态，是世界观和方法论的统一。哲学的研究对象就是物质世界和人类社会之存在。普通哲学在康德和黑格尔时代后开始裂变，各种学科哲学逐渐出现，1821 年，G. W. F. 黑格尔的《法哲学原理》一书出版。至 19 世纪末，法哲学完成了从普通哲学中的分离，成为一个独立的、主要由法学家们推动的学科。[①] 或者也可以这样说，从 19 世纪中期起，随着资本主义立法和司法的广泛发展，法学逐步与哲学、政治学相分离而成为一门独立的学科，与此同时，原来专属于哲学家或政治学家的法哲学也逐渐成为主要是法学家的法哲学，法哲学也就相应地成为法学的一个分科。法哲学作为法学和普通哲学的融合，开始作为一个独立的学科得以存在。

（一）当代法哲学关注的基本问题

“在哲学中，同样，在法哲学中，不可能存在无疑的东西，它们自身的本质也概莫能外。”[②]当代哲学将人和人类的生存与发展作为关怀的主要对象，思考与人类生存式样息息相关的制度、法律、道德及社会问题，并试图为人类现实的精神处境寻求新的诠释话语。较有代表性的法哲学论题主要有以下几个方面[③]：(1)法与存在的问题，其主要反映存在主义法学家们试图从具体的生存意义上的存在诠释角度来阐述当代的自然法思想。(2)法的“实在”与“应

---

① 亓光、王晓冬：《能源法哲学之思：内涵、学科属性及主题》，载《学术交流》2006 年第 12 期。

② 阿图尔·考夫曼、温弗里德·哈斯默尔共同主编：《当代法哲学与法律理论导论》，德国海德堡 C. F. 米勒出版社 1994 年第 6 版，中文版，法律出版社出版，第 2 页（导言）。

③ 舒国滢：《战后德国法哲学的发展路向》，载《比较法研究》1995 年第 4 期。

在"问题,包括法的"应在"(义务、规范性、法律效力)与"实在"(法律行为、事实性、法律实效)以及与此相关联的法与实力、正义、法律价值诸方面的问题。(3)法与道德的关系问题。(4)合理性与合法性的问题:"合理性意味着对一种政治制度的公认",①是政治制度存在的内在基础。合法性在最广义上则是指法律的存在及行为者对法律的服从和遵守。法只有在合法性体系(制度)中才得以实现。在此意义上,"合法性是一种形式,通过这种形式法得以显现,并向法律人指呈"。② (5)法与人类形象的问题:"人类形象",是整个人类、人类的群体或个体在社会生活中所呈现出来的总体映像。自从20世纪初发生所谓"泛人类学倾向"以来,人类形象一直是人类学、哲学、社会学、民族学、政治学、心理学和法学诸学科探讨的课题。学者们面对19世纪以来科学主义思潮的入侵和实证主义分割世界图景的形势,面对20世纪各种政治、经济、文化思想的危机,强烈感受到需要站在"第三者"的角度反观我们人类自身的存在、人类在整个宇宙中的位置、人与自然的关系、人类的困境与未来的命运。于是,人类形象的再审视,成为一切学问的中心问题。③

(二)能源法哲学初探

"能源法哲学的命题对于大多数人并不是一个清晰的命题","一般而言,能源法哲学应该是能源法理论的基础,也是能源法思想中最具普遍性的命题(能源法价值④)","但最具大众认可的观点是能源法哲学是关于能源法系统内普遍本质与规律的学说,它不仅关涉到事实的认识,而且关系到价值的认识"。"在能源法哲学研究中首要的问题就是确立和厘清应然的法律所确认的能源与人的关系是什么。"⑤然而,为数不多的相关能源法哲学研究进展却十分有限。

---

① Jürgen Habermas, Zur Rekonstruktion des Historischen Materialismus, 3. Aufl. 1982, S. 9. 转引自舒国滢:《战后德国法哲学的发展路向》,载《比较法研究》1995年第4期。

② Luis Legazy Lacambra, Rechtsphicosophie(1961), dt. Ausg. 1965, S. 563-564. 转引自舒国滢:《战后德国法哲学的发展路向》,载《比较法研究》1995年第4期。

③ 德国哲学人类学创始人M.舍勒(Max Scheler)在《论人的观点》一文中指出:"在某种意义上,所有哲学的中心问题应追溯到人是什么这个问题。"引自[德]蓝德曼:《哲学人类学》,彭富春译,工人出版社1988年版。

④ 原文如此。

⑤ 丌光,王晓冬:《能源法哲学之思:内涵、学科属性及主题》,载《学术交流》2006年第12期。

笔者认为，能源法哲学首先应当突破普通哲学和传统部门法哲学将研究对象仅体现为绝对的人与人的社会关系的局限，树立生态本位主义的能源法律观。所谓生态本位的能源法律观应指承认自然界及其全部生物和资源所构成的整个生态系统具有内在价值，主张人与自然和谐共存的法律观念，生态本位法律观"要求法律制度应围绕人与自然的和谐相处而精心设计，既要体现人的权利，也要反映生态自然的权利"。① 在能源法与人类共同体形象这一基本问题上，生态本位主义的能源法律观要求承认能源作为生态有机整体的一部分所具有的内在价值，主张实现用能过程中人类与自然的和谐共存而非相互对立。这必须成为衡量能源法律制度合理性的基本依据，而现存的制度和政权怎样以上述根本的价值来维护社会的认同、维护这一法律制度的存在及行为者对法律的服从和遵守则是合法性的问题。体现生态本位主义能源法律观的能源法律制度的合理性是该制度合法存在的内在基础。因为"合法性，就其本质而言，是与合理性问题紧密相关的：合理性通过合法性表现，合法性应以合理性作为实质内容"。② 能源法哲学通过对上述问题的探讨，实现其应然价值：它通过制定人在能源活动中的行为模式，规定人们可以做什么，应当或不应当做什么，并由此树立理想的人类共同体形象，导引人类生活秩序以及人与能源、人与自然的关系趋于和谐与稳定，并最终实现人类共同体与生态自然之间的共存共荣。

三、能源法律制度变革的经济学理论基础

能源资源是有限的，而且与人类多项活动有密切联系。资源的稀缺性与人类能源需求的无止境是一对基本矛盾，这一矛盾正是经济学产生的基础，由此而引起的种种选择问题是经济学研究的对象。西方主流经济学派认为，经济学是一门研究人类经济行为和经济现象以及如何进行权衡取舍以解决稀缺性资源配置问题的学问。英国经济学家哈维在《现代经济学》中给经济学下了直接的定义："经济学是研究人们如何分配其有限资源来满足人们的需要的科学。"③克莱夫·庞廷则对充当现代西方工业化社会基本理论支柱的古典经济学及其现代体系进行了批评，指出它们有一个重大的缺陷："忽略了资源损耗

① 曹明德：《生态法的理论基础》，载《法学研究》2002 年第 5 期。

② 舒国滢：《战后德国法哲学的发展路向》，载《比较法研究》1995 年第 4 期。

③ ［英］J. 哈维著：《现代经济学》，王钦译，上海译文出版社 1985 年版，第 8 页。

的问题，而仅仅是在处理不同的竞争力之间的资源分配这个第二位的问题”，这是不够的，“总量供应事实上有限，现在它们的消费有着一种真实的代价——未来的子孙后代就得不到它们了”。①

(一)能源经济学与外部性理论概述

1. 能源经济学的发展

能源资源相对于人类现代化生活的重要性和总量上的不足，是人类社会与资源关系的核心问题。能源经济学正是以主流经济学为主线，结合运用其他学科，来探索人类如何面对有限的能源资源，并作出权衡取舍的选择的科学。人类对能源资源的稀缺性的认识有一个历史过程，而能源经济学也是随着这一认识的逐步加深而建立和发展起来的。

历史上对能源经济研究的认识、形成和发展大致经历了以下四个阶段：(1)从 18 世纪中叶的第一次工业革命开始的经济迅速增长以大量利用和消耗化石能源为前提。此间的西方经济学经历了从古典主义到新古典主义的发展，古典主义着重经济总量研究，以供给为分析的核心，新古典主义则建立在“边际效用论”和“均衡价格论”的基础上以需求分析为核心。这一阶段孕育了能源经济学的萌发和基本思想，相关初步研究侧重于煤炭的开发利用。英国经济学家威廉·杰文斯 1865 年出版的《煤的问题》一书，是文献中最早从经济学角度全面分析能源问题的专著。(2)从第一次工业革命开始到 19 世纪 30 年代，生产力得到更加高速的发展，经济迅速增长，导致对资源需求的大幅增长。结束于 20 世纪初的第二次工业革命，开辟了人类电气化的新纪元，其在促进能源产业形成和发展的同时也导致了资源短缺、环境污染和生态破坏等问题。在经济学领域出现了建立资源经济学的需要，资源经济学于 20 世纪 20、30 年代应运而生。一般认为，哈罗德·霍特林(Hotelling)1931 年发表的《可耗尽资源的经济学》是资源经济学产生的标志，也为能源经济学研究奠定了基本的理论分析框架。(3)到 20 世纪 70 年代之前，世界范围内的能源生产和供给充裕，能源资源被看作是原材料的一部分，被当作是一种取之不尽、可有效保障需求的资源，低能源价格似乎表示能源资源的稀缺性不是问题。此时的能源经济学研究主要是如何充分和最大效率地开发利用能源来满足经济发展的需要，重点是单一的能源资源开发利用政策。(4)20 世纪 80 年代以

① [英]克莱夫·庞廷著：《绿色世界史》，王毅、张学广译，上海人民出版社 2002 年版，第 347 页。

后，由于人口、资源、环境和发展等可持续发展的四大问题都与能源资源及其开发利用密切相关，能源、环境与经济增长持续协调发展目标的实现逐渐成为现代经济学研究的热点与前沿问题。此外，人们意识到必须讨论能源危机的另一个方面，即气候变化政策等因素对能源消费可能会存在一个限制。[①]

此外，现代生态经济学的出现也为生态法的产生提供了经济学理论基础。生态经济学作为生态学和经济学融合而成的一门交叉学科，要求从自然和社会的双重角度来观察和研究客观世界，充分考虑资源利用过程中的“外部不经济性”，以回应传统的经济学理论已经不能很好回答的环境污染和资源枯竭问题。综上，顺应能源经济学的发展潮流，虑及现代生态经济学的核心议题，能源法律制度的生态化必须在能源经济学和生态经济学的相关基础理论的支撑之上，考量能源外部不经济性的内部化问题。

2. 外部性一般理论简述

自从马歇尔 1890 年在其巨著《经济学原理》中提出外部经济这个概念以来，经济学家们对外部性问题很感兴趣。自马歇尔以后，越来越多的经济学家从不同的角度对外部性问题进行了研究。其中比较著名的有庇古、奥尔森、科斯、诺斯和一些博弈论专家：庇古从“公共产品”入手，奥尔森从“集体行动”入手，科斯从“外部侵害”入手，诺斯从“搭便车”入手，博弈论专家们则从“囚徒困境”入手。其中福利经济学的创始人庇古，在接受马歇尔内部经济和外部经济概念的基础上，用边际私人纯产值和边际社会纯产值两个概念来研究外部性问题。[②] 他在生产上论证国民收入量增大时，提出社会资源适度配置的理论：如果生产要素在生产中的边际私人纯产值与边际社会纯产值相等，并且生产要素在各生产用途中边际社会纯产值都相等，而产品价格等于“边际成本”时，就意味着资源的利用达到最适宜的程度。[③] 对外部性的定义也因学者研究的角度和侧重的不同而不同，但其含义的核心可通俗地表达为：当一个(或一些)人没有全部承担他的行动引起的成本或收益时，反过来说，有人承担了他人的行动引起的成本或收益时，就存在着外部性。

外部性(externality)理论是生态经济学和环境经济学的基础理论之一，也是生态环境经济政策的重要理论依据。自然资源作为生态资本是具有价值

① 林伯强：《能源经济学的历史与方向》，载《中国石油石化》2008 年第 16 期。

② 庇古：《福利经济学》，中国社会科学出版社 1999 年版，第 133 页。

③ 庇古：《福利经济学》，中国社会科学出版社 1999 年版，第 237 页。

的，但是自然资源和环境具有经济学上的"公共物品"属性。由于人与人、人与自然之间的关系没有实现合作，致使人与自然的关系遭到破坏，这反过来也会影响到人类的生存和发展，其最后往往表现为各种全球环境问题。这类问题被认为是典型的外部性问题，即：由于人与人在成本和收益承担上的交叉，导致人生活其中的自然状态比假如不存在外部性问题时要差，亦即人类可能从自然界中获取的潜在利益外部于整个人类。例如，由于公海中的鱼没有产权界定，会导致人们过度捕捞，从而使某些鱼类濒临灭绝。① 从这个意义上讲，环境资源的生产和消费过程中亦存在着外部性。

（二）能源外部性及其分类

外部性可以分为外部经济（或称正外部经济效应、正外部性）和外部不经济（或称负外部经济效应、负外部性）。外部经济就是一些人的生产或消费使另一些人受益而又无法向后者收费的现象；外部不经济就是一些人的生产或消费使另一些人受损而前者无法补偿后者的现象。具体到能源问题上，能源外部不经济性即在石油等化石能源为主的能源开采、炼制、贮运、使用过程中，能源的生产者、使用者等特定群体为获取其自身利益，没有全部承担他们的行动所引起的经济成本和生态成本，反过来说，其他人承担了他们的上述行动引起的成本。基于能源法律制度生态化的研究视角，本文主要关注之焦点在能源外部不经济性的内部化问题，鉴于此将主要考察能源外部不经济性的分类。

1. 能源生产的外部不经济性与能源消费的外部不经济性

能源生产的外部性即由能源开发生产活动所导致的外部性，能源消费的外部性即由能源使用消耗所带来的外部性。以往经济理论重视的是生产领域的经济外部性问题。20 世纪 70 年代以后，关于外部性理论的研究范围扩展至消费领域，并在环境污染的动因研究中广泛引入了负外部性相关理论的探究。对于能源外部性可进一步细分为能源生产的正外部性、能源消费的正外部性、能源生产的负外部性和能源消费的负外部性四种类型，其中后两种即是能源法律制度生态化变革所追求解决的问题，也是本文关注的重点所在。如化石能源的开采冶炼过程往往导致生态的破坏和环境污染；能源消费排放会引起生态的破坏和环境污染，其中犹以能源消费过程中产生的大气环境污染以及对气候变化产生的影响更为严重等。能源生产者和消费者并没有全部承担他的上述行动所引起的生态成本。

---

① 盛洪：《外部性问题和制度创新》，载《管理世界》1995 年第 3 期。

2. 能源代内外部不经济性与代际外部不经济性

通常的外部性是一种空间概念，主要是从即期考虑资源是否合理配置，即代内的外部性问题；而代际外部性问题更强调一种时间概念，主要是解决人类代际之间行为的相互影响，尤其是要消除前代对后代的不利影响，这种外部性被称为“当前向未来延伸的外部性”。能源外部性亦可源于这种可持续发展理念进行分类，可将其分为能源代内外部不经济性与代际外部不经济性，前者主要表现为能源权益在同一世代内的分配不公，后者则主要表现为当代人为了自身利益的需要对能源进行的破坏性的、违反能源生态系统客观规律的开发利用，并由此剥夺或削减了后代人对于能源开发利用和所继受的能源生态环境的选择权。

3. 能源制度外部性与能源科技外部性①

新制度经济学丰富和发展了外部性理论，并把外部性、产权以及制度变迁联系起来，从而把外部性引入制度分析之中。参考其他学者对制度外部性的定义，本书试将能源制度外部性亦参定为包括以下含义：其一，能源制度亦是一种公共物品，本身极易产生外部性；其二，在一种能源制度下存在、在另一种能源制度下无法获得的利益(或反之)是能源制度变迁所带来的外部经济或外部不经济；其三，在一定的能源制度安排下，能源活动参加者得到的收益与其付出的成本不一致，从而存在着外部收益或外部成本。能源制度外部性实质上就是能源社会责任与能源权利的不对称。

同时，基于经济学界对于科技外部性的认识，能源科技外部性也是普遍存在的，它大致包含如下几个方面：第一，能源科技成果是一种外部性很强的公共物品，如果没有有效的激励机制，就会导致这种产品的供给不足；第二，能源科技进步成果相互之间亦存有较强关联性，可能互为条件或前提，一项成果的推广应用能够为其他成果的研究、开发和应用开辟道路。此外能源外部性还可分为能源单向的外部不经济性与交互的外部不经济性等，在此不赘。

(三)能源外部性的内部化

1. 外部不经济性的内部化传统模式借鉴

外部性的内部化即是将外部于社会的潜在利益内部化而使社会有效财富增加。所谓环境外部不经济性内部化，就是使生产者或消费者产生的外部成

① 沈满洪、何灵巧:《外部性的分类及外部性理论的演化》，载《浙江大学学报》(人文社会科学版)2002 年第 1 期。

本，进入它们的生产和消费决策，由它们自己承担或“内部消化”，即环境政策领域中普遍接受的“污染者负担”或“污染者付费”原则的施行。环境外部不经济性内部化可分为两大类：命令控制型方法和经济刺激型方法。命令控制型方法是指有关行政当局根据相关的法律、规章条例和标准等，直接规定活动者产生外部不经济性的允许数量及其方式，即运用行政和法律手段，直接作用于政策对象，强制其执行环境标准的方法。它又可以分为直接管制和间接管制两种。而经济刺激型方法则是主要通过对相关经济杠杆的调控和改变以促使能源活动参与者承担其活动对环境造成的不利影响，此种方法更有利于调动能源活动参与者的积极性，使其主动选择低成本且更适合自己的方法，内化环境成本，减少能源活动带来的环境伤害。西方传统经济理论中关于环境外部性问题内部化的经典路径主要表现为“庇古手段”和“科斯手段”两种路径。

解决外部性的庇古手段主张存在外部不经济效应时，向企业征税；存在外部经济效应时，给企业以补贴以实现外部效应的内部化。这种政策建议被称为“庇古税”，并成为解决环境问题的“庇古思路”。庇古税在经济活动中得到广泛的应用。环境保护领域采用的“谁污染，谁治理”的政策，即是庇古理论的具体应用。目前，排污收费制度已经成为世界各国环境保护的重要经济手段，其理论基础也是庇古税。庇古手段也存在局限性：第一，政府本身存在价值偏好，其决策存在很大的局限性；第二，政府的环境信息不可能绝对充分，如政府很难对新技术、新工艺的采用作出及时反应，很难考虑成千上万个中小型分散的污染源企业间的技术差异或污染物处理边际费用差异等；第三，政府干预本身也是要花费成本的；第四，庇古税使用过程中可能出现寻租活动，从而导致资源的浪费和资源配置的扭曲。

科斯理论则是在批判庇古理论的过程中形成的。科斯认为，如果交易费用为零，无论权利如何界定，都可以通过市场交易和自愿协商达到资源的最优配置；如果交易费用不为零，制度安排与选择则是重要的。解决外部性问题可以用市场交易形式即自愿协商替代庇古税手段，因为“市场是美好的”。在纠正环境外部性方面，庇古途径认为，应该通过政府出面，以税收和补贴的方式解决；科斯途径则从产权界定和交易出发，提出应以市场的方式解决。在环境保护领域排污权交易制度就是科斯思路的一个具体运用。科斯思路也有局限性：第一，在市场化程度不高的经济中，科斯理论不能发挥作用。第二，自愿协商方式需要考虑交易费用问题，如果交易费用高于社会净收益，自愿协商就失去意义。第三，像环境资源这样的公共物品产权往往难以界定或者界定成本很高，从而使得自愿协商失去前提。如果通过政府调节的边际交易费用低于企业之间协调的边际交易费用，采用庇古思路较好；如果通过政府调节的边际交易费用高于企业之间协调的边际交易费用，采用科斯的思路较好；如果二者相等（包括在所谓零交易费用条件下），庇古思路与科斯思路具有等价性。

总的来说，世界各国在外部性内部化的途径上都采取命令控制型方法和经济刺激型方法等多种手段并用的方法，只倚重某一种手段处置的方式极为罕见。

2. 能源外部不经济性内部化的基本手段

能源外部不经济性内部化的基本手段亦可分为能源命令控制手段（能源政府法规、能源质量标准、能源生态补偿等）和能源经济或准经济手段（能源税收、能源补贴、碳排放交易等）。其中能源命令控制手段就是指政府根据相关的能源法律、规章条例和标准等，直接规定能源活动者产生负外部性的允许数量及其方式。能源命令控制手段是建立在能源环境质量标准制度基础之上的，由政府以非市场的管制途径对能源资源利用进行直接干预，是传统的、占主导地位的能源环境管理手段。这种以管制为主的手段直接对活动者的行为进行控制，在确保能源环境质量标准的贯彻执行方面具有较大的确定性，并构成能源、经济、环境协调发展的基本制度基础，但其同样也存在缺乏效率等局限性。与能源控制命令的手段相比，以碳税和碳排放交易为代表的能源经济或准经济手段存在如下主要优势：①第一，以课征碳税和碳排放交易为代表的能源经济或准经济手段可使污染者自由选择低廉且适合自己的方法，以减少排污量。第二，以碳税和碳排放交易为代表的能源经济或准经济手段可通过改变比价以保证污染者承担其活动对环境造成的影响，弹性更大，污染者可以以最有效的方式对市场信号做出反应。第三，碳税还提高了那些在环境管制手段下不会筹集到的收入。由于环境管制的管理成本通常都高于碳税的管理成本，政府必须通过其他税收来筹集资金来支付这些成本，碳税的一些收入可于能源环境外部性内部化的管理和执行成本。从这个意义上讲，经济或者准经济手段对能源外部不经济性的内部化也起着不可替代的重要作用。

曾担任过克林顿总统时期经济顾问委员会主席的斯蒂格里茨认为，“行政管理和税收二者的重要区别在于，管理倾向于非黑色即白色，而税收和津贴则

① 于娟：《碳税循环政策在农村能源结构调整中的作用》，复旦大学博士学位论文，2007年，第79页。

对其间的灰色区域处理得更好些”。他还认为,“管理对超过某个特定水平的污染所施加的惩罚非常高,但是对于维持在污染线以下的行为却没有任何奖励。税收体制提供了较为一致和分等级的奖励。污染减少得越多,所付的税就越低。因此,它们为工厂提供了减少污染的边际激励,而不仅仅是把污染保持在合法的标准之下。同时,政府也可以为它们提供津贴,这还可以采取允许厂商用污染设备的支出抵扣税收的形式”。这番话对于能源外部不经济性的内部化同样有效。要应对能源外部性问题向人类和经济学不断提出挑战,“以往用于克服外部性问题的制度安排,是在多次重复的人与人之间的互动过程中形成的;这仍是今天和未来制度创新的主要途径”。[①] 能源外部不经济性的内部化问题应在借鉴、积累已经和正在发生的外部不经济性内部化制度创新知识的基础上,针对不同的能源外部不经济性的类型综合采用多种手段来加以解决。

第二节　能源法律制度变革的基本方面
——能源可持续发展观下的能源立法理念和基本原则变革

一、能源法律制度的生态化变革与可持续发展的能源生态文明愿景

(一)生态化释义[②]

根据我国《辞海》的解释,“化”有变、改和转移人心风俗之意;在《古汉语常用字字典》中对“化”的解释有一条是:教化,用教育感化的方法改变人心风俗;《说文》中称,“化,教行也。”《荀子·七法篇》对“化”的诠释是:“渐也,顺也,靡也,久也,服也,羽也,谓之化。”虽然“生态化”(Ecologization)在中外的辞书上还未见专门的辞条解释,但 21 世纪以来“生态化”这个新词却频频出现在人们

① 盛洪:《外部性问题和制度创新》,载《管理世界》1995 年第 3 期。

② 蔡亚娜、缪绅裕、李冬梅:《关于“生态化”》,中国环境生态网,http://www.eedu.org.cn/Article/ecology/ecology/200404/765.html,访问日期:2008 年 11 月 1 日。特别致谢广州大学生化学院从事生物学、环境科学相关研究的蔡亚娜、缪绅裕教授的这篇文章对于笔者环境科学领域相关匮乏知识提供的巨大借鉴作用!

生产、生活的各个领域。基于不同的学科视野，生态化有其不同的释义，较常见的如：经济生态化、产业生态化、技术生态化、贸易生态化、消费生态化、道德生态化、政治生态化、社会生态化、法律生态化等。人们不仅有了生态化的意识、生态化的需求，而且有了生态化的规划、生态化的行动。生态化大潮已经突破单纯的生物科学、环境科学，开始全方位地席卷自然科学、人文科学，成为社会主流文明的核心观念。

近期我国文献和传媒上出现的涉及生态化的理解虽各有不同，但大致可概括为：(1)生态化是绿化；(2)生态化是可持续发展；(3)生态化是借用生态学的基本观点、基本概念和基本方法，移植和延伸到其他领域，研究和解决有关问题。各种学科既积极为解决生态问题作出贡献，同时也以生态学的观点来丰富本学科的理论；(4)生态化不是简单意义的对自然生态、自然资源的保护，而是体现人对自然的改造；(5)生态化是做到将自然环境与人工环境融为一体；(6)生态化即节约能源、资源；(7)生态化是无害化、无污染、可循环；(8)生态化是生态环境的建设、生态系统的优化；(9)生态化是将生态学原则和原理渗透到人类的全部活动范围内，用人和自然协调发展的理念去思考和认识经济、社会、文化等问题，根据社会和自然的具体情况，最优地处理人和自然的关系；等等。

中国人民大学教授欧阳志远认为：生态化实际上是生态学化，简称生态化。从社会学的角度看，生态化是指将生态学原则和原理渗透到人类的全部活动范围内，用人与自然协调发展的理念去思考和认识经济、社会、文化等问题，根据社会和自然的具体情况，最优地处理人与自然的关系。也有学者认为生态化是人类社会—经济—自然复合生态系统整体协调、稳定有序的演进过程。生态化发展模式是兼顾人口、社会、经济、环境与资源的可持续发展模式，注重复合生态整体效益。① 尽管现在对“生态化”还没有一个统一的原则或共同的标准，现有的解释可能还不够全面和准确，但生态化的基本含义已不言而喻：生态化是将生态学的原则渗透到人类的全部活动范围内，用人和自然协调发展的观点去思考和认识问题，同时借用生态学的基本观点、基本概念和基本方法，将其移植和延伸到其他领域，根据社会和自然的具体可能性，最优地处理人和自然的关系，研究和解决有关问题。各种学科既积极为解决生态问题作出贡献，同时也以生态学的观点来丰富本学科的理论。

---

① 黄光宇、陈勇：《论城市生态化与生态城市》，载《城市环境与城市生态》1999 年第 6 期。

(二)能源生态文明愿景

1. 生态文明

对于生态文明的定义所见各异，有学者认为生态文明是指人类在社会生产和社会生活中，以人与自然和谐相处为核心目标，按照自然规律科学地开发环境和合理地利用自然资源，从而使人类赖以生存繁衍的空间阳光明媚，空气清新，水质洁净，土地肥沃，草木茂盛，环境优美，物种和谐，自然生态再生产与经济再生产步入良性循环和协调发展的轨道。[①] 也有学者认为生态文明是指人们在改造客观物质世界的同时，不断克服改造过程中的负面效应，积极改善人与自然、人与人的关系，建立有序的生态运行机制和良好的生态环境所取得的物质、精神、制度方面成果的总和。[②] 此外还有认为生态文明是人类社会与自然环境的和谐统一，它由生态系统生产成果的总和构成。生态文明是整个社会文明的最高形式，它不仅包括各种社会文明(物质文明、精神文明、制度文明等)，而且包括人所引起的自然环境的变化，它是整个社会文明与自然环境的统一，因而也是一种综合性、整体性文明，等等。[③]

我们认为，生态文明是指人类遵循人、自然、社会和谐发展这一客观规律而取得的物质与精神成果的总和，是指以人与自然、人与人、人与社会和谐共生、良性循环、全面发展、持续繁荣为基本宗旨的文化伦理形态。[④] 生态文明既是物质文明发展到一定阶段的产物，又是精神文明的组成部分。它的产生和发展，既是对传统文明的批判性反思，又要以传统文明的发展作为基础。生态文明第一次把尊重自然，与自然和谐相处，明确为人类文明发展的前提和基础，强调人—自然—社会整个系统的协调发展。生态文明的含义可以从广义和狭义两个角度来理解。从广义角度来看，生态文明是人类社会继原始文明、农业文明、工业文明后的新型文明形态。它以人与自然协调发展作为行为准则，建立健康有序的生态机制，实现经济、社会、自然环境的可持续发展。这种文明形态表现在物质、精神、政治等各个领域，体现人类取得的物质、精神、制

---

① 蓝红:《生态文明论》，广东高等教育出版社 1999 年版，第 28 页。

② 刘俊伟:《马克思主义生态文明理论初探》，载《中国特色社会主义研究》1998 年第 6 期。

③ 常绍舜:《生态文明是社会文明的最高形式》，载《社会科学报》2000 年 8 月 17 日，第 3 版。

④ 潘岳:《社会主义生态文明》，载《学习时报》，http://www.china.com.cn/xxsb/txt/2006-09/26/content_7193158.htm，访问日期:2006 年 9 月 26 日。

度成果的总和。从狭义角度来看，生态文明是与物质文明、政治文明和精神文明相并列的现实文明形式之一，着重强调人类在处理与自然关系时所达到的文明程度。生态文明是在人类历史发展过程中形成的人与自然、人与社会环境和谐统一、可持续发展的文化成果的总和，是人与自然交流融通的状态。它不仅说明人类应该用更为文明而非野蛮的方式来对待大自然，而且在文化价值观、生产方式、生活方式、社会结构上都体现出一种人与自然关系的崭新视角。无论是马克思主义的人道主义，还是中国传统文化的天人合一，还是西方的可持续发展，都说明生态文明是一个人性与生态性全面统一的社会形态。这种统一不是人性服从于生态性，也不是生态性服从于人性，①而应是以人为本的生态和谐原则下人的全面发展的实现。

2. 能源生态文明建设

所谓现代能源生态系统，是以生产、消费活动链条为主题的人类能源生态体系。作为人类社会生产系统的一个重要组成部分，现代能源生产和消费活动不仅涉及一次能源资源的开发利用，而且涉及土地、水、大气、环境等公共资源的占用和再分配。与传统概念相比，现代能源生态系统不仅强调开发和利用系统自身的平衡状态，而且更强调资源开发和利用与生态环境的和谐平衡。② 自 1936 年，英国学者坦斯利(A. G. Tansley)提出生态系统的概念，强调在一定自然地域中生物与生物之间、生物有机体与非生物环境之间形成一定的生物链，存在物质循环和能量循环，在功能上形成一个有机整体并构成生态系统以来，人们越来越清晰地认识到能源生态系统的客观存在。

能源在生态文明的大图景中是至关重要的一环，节约能源资源的产业结构、增长方式、消费模式，以及可再生能源的比重显著上升，既是生态文明建设的目标，也是生态文明建设的手段、措施和途径。能源生态文明即是基本形成节约能源资源和保护生态环境的产业结构、增长方式、消费模式；通过发展清洁能源和可再生能源，保护土地和水资源，建设科学合理的能源资源利用体系，提高能源资源利用效率，最终实现能源、经济、环境的共同可持续发展。

能源生态文明不但是全社会生态文明建设的重要组成部分，而且是全社会生态文明建设的基本前提条件。从 2002 年党的十六大提出物质文明、精神

---

① 潘岳:《生态文明:“延续人类生存的新文明”》，载《新闻周刊》2006 年第 37 期。

② 徐锭明:《建设能源生态体系，促进能源生态文明》，国家能源专家咨询委员会主任徐锭明在第十一届北京科博会能源战略高层论坛的主题发言，2008 年 5 月 24 日。

文明和政治文明"三个文明",到2007年党的十七大将"三个文明"进一步发展为物质文明、精神文明、政治文明和生态文明的"四个文明","建设生态文明"、"生态文明观念在全社会牢固树立",生态文明建设在我国得以全面展开。十七大精神解读生态文明观的核心是从"人统治自然"过渡到"人与自然协调发展"。社会主义生态文明首先强调以人为本原则,同时反对极端人类中心主义与极端生态中心主义。极端人类中心主义制造了严重的人类生存危机;极端生态中心主义却过分强调人类社会必须停止改造自然的活动。生态文明则认为人是价值的中心,但不是自然的主宰,人的全面发展必须促进人与自然和谐。社会主义的物质文明、政治文明和精神文明离不开生态文明,没有良好的生态条件,人不可能有高度的物质享受、政治享受和精神享受。没有生态安全,人类自身就会陷入不可逆转的生存危机。生态文明是物质文明、政治文明和精神文明的前提,能源生态文明则是全社会生态文明的重要组成部分。半个多世纪以来,国内外社会经济发展正反两个方面的经验证明,建设能源生态体系,促进能源生态文明,要求我们遵循生态发展客观规律,根据生态文明建设目标,对我国能源发展提出新的目标和要求,即"加快发展现代能源产业"、"建设科学合理的能源资源利用体系"、"提高能源资源利用效率"、"发展清洁能源和可再生能源"、"可再生能源比重显著上升"、"积极开展国际能源资源互利合作"、"建设生态文明,基本形成节约能源资源和保护生态环境的产业结构、增长方式、消费模式","使生态文明观念在全社会牢固树立"。①

二、能源法律制度立法理念之生态化变革

传统立法往往要求我们站在人类自身的立场上,从人类追求与发展自身利益的本性出发,将法律作为平衡人与人之间利益、进而协调整个社会利益关系的一种必要手段。生态化语境下的能源法立法终极价值目标则应定位于在倡导人类能源生态文明信仰的基础上,指引人们理性处理人与资源的关系、人与生态的关系,使人类在科学而有尊严的发展的同时,实现人的自由和理性与生态和谐的共赢。面对能源问题引起的日益严重的生态危机,人类共同体理智的做法是在尽可能统一价值观与行动的基础上,加强协作,对自己与他人、个人与全人类、当代人与后代人的利益以及相互之间的平衡,作出客观而全面

① 胡锦涛:《高举中国特色社会主义伟大旗帜为夺取全面建设小康社会新胜利而奋斗》,在中国共产党第十七次全国代表大会上的报告,2007年10月15日。

的评价，并依此为共同行为。可持续发展能源伦理观应当被确立：注重人与用能、人与自然间相互影响的主、客体尺度的共同作用的伦理观必须被纳入视野；生态本位主义的能源法律观和能源法哲学基本理念应当被体现。人类的价值应该建立在自觉维护世界整体的价值和促进自然进化的基础之上来实现自身的发展。① 生态化语境下的能源法立法旨趣亦必须体现此种变革。

受功利主义的经济观支配，传统能源法反映的是高碳经济的时代特征：即"石油和煤炭工业被看做是经济进步的关键而并非威胁到我们未来的时代"，以巨额补贴促进化石能源的发展。传统的能源法错失了对能源需求的调节，或对能源生产和利用效率的管理。直到今天，各国能源法仍大多认定"能源的安全、有效和持续供给是法律合理安排和实施效果的评价标准"，"能源的唯一法律关注是解决如何确保供应的问题，而不是如何抑制浪费利用或管理其外部性"。② 能源相关立法与环境保护立法截然分离，其结果必然导致环境保护立法对给生态环境和气候变化造成重大影响的能源活动缺乏全过程管理，同时亦易导致能源活动中出现环境保护的真空。尽管由于各国紧密地依存于化石能源的经济利益，但如何通过立法促进以更有效率和更有利于气候的方式利用能源必须同时真正进入能源法和环境法的视野。应把环境目标融入到所有的能源活动相关立法中去。能源法律制度的生态化变革需要通过能源法与环境保护法的精神融合来加以实现。"基本的环境法原则必须适用于能源法"，③或者说体现环境法基本精神的、生态化语境下的能源法基本原则应当被确立，并在能源相关立法中加以全面体现，笔者认为主要应包括以下几点：(1)经济、能源、环境协调发展原则；(2)能源安全与可持续发展原则(能源权益的"代内公平"和"代际公平"的实现)；(3)体现和遵从能源生态规律原则；(4)促进能源结构合理原则(鼓励研究开发、利用新能源和可再生能源并逐步提高其在能源结构中的比重)；(5)能源效率原则(节能减排、节能降耗、节能增效、综合利用)；(6)能源环境责任原则(能源生态补偿原则)；(7)能源公众参与原则；等等。上述原则对于能源代际公平、代内公平、对能源的可持续利用、环境与发展的一体化的实现都十分重要。以下试分述之。

① 杨荫冲、刘湘武：《历史唯物主义与可持续发展理论》，载《衡阳师范学院学报》2006年第4期。

② 马俊驹、龚向前：《论能源法的变革》，载《中国法学》2007年第3期。

③ 马俊驹、龚向前：《论能源法的变革》，载《中国法学》2007年第3期。

三、能源可持续发展观下的能源法基本原则

(一)经济、能源、生态协调发展原则

能源(Energy)、经济(Economy)与生态(Ecology)或环境(Environment)系统(以下简称3E系统)的各个子系统之间不停地进行物质、能量和信息的交换。首先,资源环境系统为能源供应系统提供能源生产所必需的资源条件,即能源供应系统通过开采活动从资源环境系统获得煤炭、原油、天然气等一次能源。能源供应系统为社会经济系统提供所需的能源,而将能源的开采、加工、转换过程中产生的废物排入资源环境系统。社会经济系统通过利用能源供应系统提供的能源而获得发展,同时在能源的使用过程中产生的废物同样排入资源环境系统中,产生环境问题。能源与经济、环境之间存在相互推动而又相互制约的关系。一方面,人类通过获得和利用能源推动社会经济的发展;另一方面,也改变了原有的自然环境或产生大量的废弃物。①

能源(Energy)、经济(Economy)与生态(Ecology)或环境(Environment)协调发展又被称为3E协调发展原则,其实质是要求人们在追求经济成长的同时通过能源的合理使用而尽量减少对生态环境的负面影响,从而实现三者共赢。

生态效益、经济效益、社会效益都是客观存在的,并且三者之间是相互联系的整体。② 三个效益的统一来自于生态经济系统内部结构的统一性,而能源是联系这三个环节的重要媒介和纽带。经济效益和社会效益的获得离不开能源为经济提供的驱动力,而能源的生产和消费又极易带来生态效益的减损。我们的发展只有体现经济、社会、能源资源、生态环境自身规律的客观要求,才能实现能源、经济、生态利益的国内公平、国际公平和代际公平,进而实现人类社会的全面进步。

经济、能源、生态协调发展原则下的生态效益、经济效益、社会效益辩证统一于可持续发展:即实现生态持续、经济持续和社会持续和能源可持续,可持续发展的核心思想是健康的经济发展应建立在生态可持续能力、社会公正和人民积极参与自身发展决策的基础上;它所追求的目标是:既要使人类的各种

---

① 徐国泉:《中国能源效率问题研究》,大连理工大学博士学位论文,2007年,第59页。

② 曹明德:《生态法的理论基础》,载《法学研究》2002年第5期。

需要得到满足，个人得到充分发展；又要保护资源和生态环境，不对后代人的生存和发展构成威胁；它特别关注包含各种能源活动在内的经济活动的生态合理性。协调发展的贯彻要求我们必须将其适用于整个能源法体系的确立和能源法制的创建过程，对能源的开发利用进行综合决策，并适用于各项政策的执行过程，正确处理经济发展过程中的局部利益和全局利益、目前利益和长远利益之间的矛盾，克服“本位主义”和“短期行为”，坚持可持续的经济发展模式。可持续发展以经济可持续发展为基础。它鼓励经济增长而不是取消经济增长，但可持续发展更要追求经济增长的质量；可持续发展同时又以能源资源和生态环境的可持续发展为条件，它要求经济建设和社会发展与自然承载力相协调。重农经济学派的创始人法国人魁奈(Quesnay)在其名著《经济表》一书中就曾指出，人们可以从自然中拿走那些他们还会归还的东西。我们在探讨能源开发利用和经济发展的同时必须把生态因素纳入其理论的视野。从这个意义上讲，生态循环必须被纳入人们思考的范畴。

(二)能源安全与可持续发展原则

能源法生态化语境下的能源安全是广义的能源安全，绝不仅限于能源在量上的安全有效供给，应同时包含能源活动中的生态安全；能源可持续发展亦并不仅仅指能源的持续供应，而是意味着能源的生产和利用能够长远地增进——或者至少与人类福祉及生态平衡相协调。这一概念至少包含两层意思：其一，能源的生产和使用不会破坏地球生态系统的完整性；其二，能源的生产和利用不会危及未来世代对能源的需求，后者即要求实现能源权益的“代内公平”和“代际公平”。从上述阐释中我们不难看出，广义的能源安全与能源可持续发展二者之间在概念上存在相当程度的重合，两者在一定程度上互为包含，为避免人们对能源安全和能源可持续发展基于传统法理视角的偏见(如有人在去掉能源安全中的生态安全之意后认为能源安全与能源可持续发展是完全不同的两个原则)，在此特将该原则表述为“能源安全与可持续发展”，并试将该原则定义为：在保障能源在量上为经济的发展提供持续、安全有效供给的同时，相关能源活动不得破坏地球生态系统的平衡和完整性，并不会危及未来世代对能源的需求和使用的正当权益。

人们对能源安全与可持续发展原则的认识亦有一个渐进的过程。就能源可持续发展而言，朴素的可持续发展观念古来有之，但现代意义上的可持续发展概念则是挪威首相布伦特兰夫人在《我们共同的未来》报告中首次提出的。所谓可持续发展是指：“既满足当代人的需要，又不对后代人满足其需要的能力构成危害的发展”。这一定义得到广泛的接受,并在1992年联合国环境与发展大会上取得共识。自20世纪70年代以来,能源领域出现了一些新的变化,人们对于能源安全的理解也发生了深刻的变化。以供应安全为主要出发点的传统的能源安全观逐渐向着所谓“综合能源安全”的方向发展,能源安全被不断赋予很多新内涵。能源安全问题包含着两个方面,一是损害程度,二是可持续发展。正如法国Paris-Dauphine大学能源经济学的教授Jean Marie Chevalier所言,“能源供应安全意味着为了满足日益增长的能源需求而采取的措施不能以破坏社会经济和环境的可持续发展为代价”。在欧盟看来能源供应安全,不仅是简单的能源供应保障,其本身就包含了环境的可持续性,而环境保护在维护能源安全中也起到越来越重要的作用。“能源供应安全就意味着风险管理必须贯穿能源供应的整个过程,因此在制定能源政策时要考虑方方面面的因素:如生产阶段涉及的地缘政治因素、技术因素;运输过程中的安全和技术性问题;能源分配的规律性问题;能源消费价格问题以及环境的承受能力;在废物处理环节如何确保定期性;等等。”由此可见,欧盟的能源安全,既包括能源供应地缘政治上的安全、经济上的安全,也包括了环境上的安全。①

我国学者对可持续发展的理解通说为:不断提高人群生活质量和环境承载能力的、满足当代人需求又不损害子孙后代满足其需求能力的、满足一个地区或一个国家人群需求又不损害别的地区或国家人群满足其需求能力的发展。《中国可持续发展总纲(国家卷)》总结了中国可持续发展面临的六项工作任务和挑战,其中两项即是中国能源和资源的超常规利用和中国生态环境问题的严重性;同时,总纲认为中国可持续发展战略应当遵循七个原则,其中“始终保持经济的理性增长和维持”、“扩大和保护自然资源基础和生态服务能力”这两个原则又与能源可持续发展密切相关。越来越多的人认识到保护环境是我国的基本国策,节约能源也是我国的基本国策,可持续发展就是要促进人与自然的和谐,中国已将能源战略的基本内容确立为:坚持节约优先、立足国内、多元发展、依靠科技、保护环境、加强国际互利合作,努力构筑稳定、经济、清洁、安全的能源供应体系,以能源的可持续发展支持经济社会的可持续发展。能源安全与可持续发展原则已得到较好体现。

---

① 郭志俊:《欧盟能源政策的环境因素及其对中国的启示》,载《环境保护》2007年第12期。

(三)体现和遵从能源生态规律原则

1936年,英国学者坦斯利(A. G. Tansley)提出生态系统的概念,强调在一定自然地域中生物与生物之间、生物有机体与非生物环境之间形成一定的生物链,存在物质循环和能量循环,在功能上形成一个有机整体,构成生态系统。关于生态系统,目前一般认为有四个基本规律:其一,整体协同,动态平衡。生物从环境中摄取物质与能量的同时,还需要不断向自然排泄废物、残渣。这样循环往复相互影响构成一个和谐的统一体。其二,相克相生,相互依存。其三,生生不息,循环演进。其四,自我调节,创造再生。生态系统具有自我调节和自我修复能力,在受到外来影响后,通过自身调节可以维持相对稳定的状态。但生态系统的这种自我调节能力是有限度的。正是由于生态系统具有上述规律,人类才有可能根据生态规律,合理利用再生资源,并在一定条件下实现物质代谢和循环。

事实上,客观存在的能源生态系统亦有其自身的生态规律:太阳能给生物圈中的生命提供燃料;它历经数百年循环于化石燃料,或经过数十载再生于树木;光合作用的过程将能源转换为支撑地球上所有生命的资源。能源立法中必须对这些自然法则表示出应有的尊重,将环境与生态评估纳入其中。从生态学的角度出发,任何生态系统的发育环境均取决于当地的自然资源环境(生态)及其演进状态。根据这一原理,能源生态系统的发育环境主要取决于两个方面:一是当地自然资源基础;二是自然资源基础的开发状态,或者说人文生态系统发育状态。就两者的关系而言,前者决定着能源生态系统发育的可能性,后者决定的是能源生态系统发育程度(规模和方式)。现代能源生态系统的发育必须是以国家或地区的社会发展为基本前提,通过科学规划、合理安排能源勘探开发、能源生产、能源加工转化、能源消费、废物的消纳与利用等环节,形成一个循环经济的生态有机体。

人地系统理论亦为"体现和遵从能源生态规律原则"提供了理论依据。人地系统理论是指人类社会仅仅是地球系统的一个组成部分,是生物圈中的一个组成部分,是地球系统的一个子系统;同时,人类社会活动系统又与地球系统及各个子系统之间存在相互联系、相互制约、相互影响的密切关系。生态阈限原理是指生态经济系统的耐受限度。当生态因子或经济因子的变化作用于生态系统而没有超过生态经济系统的耐受限度(生态阈限)时,生态系统便会在各因子的相互反馈调节下自动得到补偿,恢复自组织能力,恢复各子系统的平衡运动;而一旦人类的经济、社会活动超过了这个阈限,系统将失去补偿功能，环境破坏、生态失衡等一系列问题就会接踵而来。[①] 又由于任何生态系统都有自己的结构和功能，其结构是功能的载体。生态系统在其各种生物要素和环境要素所组成的生态系统结构得以保持的条件下，其生态功能也可以得到保持，生态系统的运行就可以保持平衡，其作为经济发展基础的作用也能得到有效的发挥。相反，一旦生态系统的结构由于某种原因遭到破坏，则其系统的功能就不能保持，生态系统的运行就不能维持平衡，其作为经济发展基础的作用也就不能有效地发挥，甚至会引起严重的生态问题。[②] 因此，在规范能源开发利用的各种活动的立法过程中，我们必须体现和遵从能源生态规律，重视生态安全。

(四)促进能源结构合理原则

地理学家史密尔说过，现代社会最根本的特性是：我们拥有高度能源文明，仰赖大规模燃烧化石燃料。[③] 而促进能源结构合理原则就是要调整能源结构，逐步减少化石能源的比例，优先发展新能源与可再生能源，鼓励研究开发、利用新能源和可再生能源，并逐步提高其在能源结构中的比重。

以欧盟为例，20 世纪 90 年代初，欧盟各主要能源在其总的能源消费中的比例分别为：核能占 12.7％，固体燃料占 27.8％，液体燃料占 38.3％，天然气占 16.7％，可再生能源占 4.4％。到 2000 年，欧盟各主要能源在其总的能源消费中的比例分别变为：核能占 14.4％，固体燃料占 18.5％，液体燃料占 38.4％，天然气占 22.8％，可再生能源占 5.8％。2010 年，欧盟各主要能源在其总能源消费中所占的比重分别为：固体燃料占 15.8％，液体燃料占 36.9％，天然气占 25.5％，可再生能源占 7.9％。[④] 从这组数据可以看出，固体燃料(主要指煤)的消费比例呈下降趋势，可再生能源的消费比例呈上升趋势。由此可见，欧盟充分重视风能、太阳能和生物质能等可再生能源的使用，逐步提高了可再生能源和清洁能源在能源结构中的比重。我国的能源结构比例相比则不很合理。与发达国家相比，我国历年能源消费结构中一个明显的特点是

---

① 廖才茂：《生态文明的内涵与理论依据》，载《中共浙江省委党校学报》2004 年第 6 期。

② 曹明德：《生态法的理论基础》，载《法学研究》2002 年第 5 期。

③ Vaclav Smil：*Energy at the Crossroads*：*Global Perspectives and Uncertainties* & *Cambridge*，MA：MIT Press，2003，I.

④ 郭志俊：《欧盟能源政策的环境因素及其对中国的启示》，载《环境保护》2007 年第 12 期。

煤炭占较大比重，1953年，煤炭甚至达到能源消费总量的94.33%，随着经济的发展，煤炭消费所占比重稳中有降，1990年在能源消费总量的比重为76.2%，到2003年年底则降为67.1%，仍然是能源消费的主体。石油、天然气、水电等其他能源品种在能源消费总量中的结构则呈逐步上升的势头，其中石油消费比重由1990年的16.6%上升到2003年的22.7%，天然气所占比重由1990年的2.1%上升到2003年的2.8%，水电由1990年的5.1%上升到7.3%。①

可再生能源丰富、清洁，可永续利用，加强可再生能源开发利用，是应对日益严重的能源和环境问题的必由之路。可再生能源是重要的战略替代能源，对增加能源供应，改善能源结构，保障能源安全，保护环境有重要的作用。中国温室气体效应80%来自化石能源。② 未来中国能源的发展方向是要以新能源代替传统能源，以优势能源代替稀缺能源，以可再生能源代替化石能源，逐步提高替代能源在能源结构中的比重，努力为经济社会发展提供清洁、经济、安全的能源保障。同时，要把车用燃料和替代石油产品作为发展的重点。未来能源发展方向应是清洁、高效、多元、可持续。因能制宜、各尽其用；因需制宜、各得其所；因地制宜、多元开发；因时制宜、梯级利用。促进可再生能源开发利用水平的提高，扩大可再生能源在现实能源系统中的比重是保证国际能源安全，满足未来社会经济发展需求的重要措施。在我国能源的获得与利用中，必须坚持生态原则，减少环境污染，通过市场发展优化产业结构，用可再生能源代替不可再生能源，才能够同时解决现在所面对的能源紧缺与环境问题。

能源立法必须体现促进能源结构合理原则，应该建立适应可持续发展要求的生产方式和消费方式，推进产业升级，发展低碳经济，进而使优化能源结构现实可行。要特别注重增强自主创新能力，大力发展新能源、可再生能源技术，并最终实现能源发展转换的规律：从高碳到低碳，最后走向无碳，真正做到能源利用从低效到高效，从不清洁到清洁，从不可持续到可持续，最终促进能源结构合理化的实现。

(五)能源效率原则

节能是能源效率原则的核心。节能就是追求能源的资源效益最大化。世

---

① 苗俊杰，黄蕙，邹昌钦：《中国能源战略走向》，载《瞭望新闻周刊》2004年第15期。

② 徐锭明：《能源发展方向：从高碳到低碳，最后走向无碳》，http://www.oilblogs.com.cn，访问日期：2008年5月23日。

界能源委员会将节能定义为：采取技术上可行、经济上合理、环境和社会可以接受的一切措施，来提高能源资源的利用效率。我们所需要的节能，就是在能源开采、加工、转换、贮运、分配和使用的全过程，利用经济、技术、法律、行政、宣传和教育等一切手段，消除不必要的能源浪费，提高能源利用效率和效益，以实现经济社会的可持续发展。节能应当包括所有能源的利用与节约，既包括可再生能源，也包括不可再生能源。节能是对不可再生能源消耗的减少，像矿物燃料和矿物这样不可再生资源，其消耗的速率应考虑资源的有限性，以确保在得到可接受的替代物之前资源不会枯竭，当然，其他的任何能源也都应节约。我国目前要大力开发可再生能源，以提高能源供给，替代和节约不可再生能源。同时还要注重节能技术的开发，这不仅有利于降低能源消费、提高能源效率，还能促进能源和环保技术设备的出口与推广，有助于长期缓解能源供应的压力，而且有利于改善与能源相关的环境问题，促进社会经济的可持续发展。

“节能减排、节能降耗、节能增效、综合利用”须是能源效率原则的应有之意。首先，要对节能减排的含义加以完善拓展，传统意义上的节能减排主要局限于减少工业生产中的三废（废固、废液、废气）的排放（其中的废气又其实多指的 SO_2 等工业生产尾气），而应对气候变化视野下的节能减排含义绝非仅限于此，针对当前存在的对节能减排的片面理解，我们应特别强调在节能减排中注入碳减排的理念，使减排的概念真正完整清晰；其次，能源效率原则必然要求节能降耗、节能增效，即在工业生产和其他能源活动中，注重节约能源、降低能源消耗、以相同的能耗产生更多的经济效益和社会效益；最后，综合利用即要求生产者提高三废的综合利用率，紧紧围绕节能、降耗、减污、增效目标，积极实施清洁生产，由传统、落后、粗放的生产方式逐步向高科技、高品位、高效益的方向提升和发展。如可考虑设立配套厂以形成完整的循环经济体系，实行工业用水闭路循环，做到废水、废气、废渣综合利用不外排，产品回收增值，使再生资源被充分利用，以最大限度地实现物质能量梯次和闭路的循环。

当前我国能源效率提高的工作的攻坚点在“四个重点”：即重点行业、重点企业、重点城市、重点设施。重点行业，如建筑、交通、有色、钢铁等，占到了全国用能总量的一半以上。重点企业，指那些高耗能的企业，如年耗能 1 万吨标准煤以上的企业。重点城市，主要是 50 万人口以上的城市。重点设施，如政府机构办公楼、商场、宾馆、写字楼、影剧院等大型公共建筑。如果这些重点行业、企业、城市、设施能够做到节约节能，那么“十一五”规划节能目标就有可能完成,也可以为今后全国的节约节能提供有益经验。以重点城市为例,这些城市应每年向全社会公布其能源报告,包括能耗情况以及为降低能耗采取的措施,接受社会监督,同时也向全社会宣传依法节能。再如重点设施,法律可以对其设计、建设和运行提出明确的强制性节能要求,新建建筑必须符合节能强制性要求,既有建筑要逐步改造,以达到节能标准。①

(六)能源环境责任原则及能源生态补偿原则

环境责任原则最先是由联合国经济合作与发展组织环境委员会在1972年初提出的。源于将生态问题的外部不经济性内部化。1972年西方24个国家组成的经济合作与发展组织环境委员会,提出了“污染者负担原则”或者说是“污染者付费原则”,明确了环境责任。显然该原则有利于实现社会的公平和防治环境污染和破坏,因而迅速得到国际社会的广泛认可和接受,并被确定为国家环境保护的一项基本原则,并在不断的完善和发展中将核心内容拓展为:“污染者付费、利用者补偿、开发者保护、破坏者恢复。”

能源环境责任原则是指能源法律关系主体在能源生产和其他能源活动中造成环境污染和环境破坏的,应当承担治理污染、恢复生态环境的责任。其核心内容是:能源活动参加者给生态环境造成污染的承担污染者付费的义务,而不应转嫁给国家和社会;能源的开发利用者应当按照国家有关规定承担相应的经济补偿的责任,同时,能源的开发利用者在享有依法开发利用能源的权利的同时还有在开发过程中妥善保护生态环境的义务;破坏者恢复则是要求指因能源开发而给生态环境而造成环境资源破坏的单位和个人,对其负有恢复整治的责任。

之所以要在能源活动中强调能源环境责任原则,是因为能源的开发和利用,既对经济的发展起了巨大的推动作用,同时也对生态环境产生了重大的负面影响,而且由于能源活动对生态环境的损害往往量大面广,如何调整生态损害与保护的关系和加速矿区生态环境的修复已成为我国当前一项十分重要的任务。在能源活动领域确立能源环境责任原则的同时,我们还应考虑将能源活动生态负面效益的治理从事后治理、末端治理转向首端治理和全过程治理,在实行破坏者付费、使用者付费的同时使受益者付费、保护者得到补偿。大规模的能源开发活动会造成一定范围内的植被破坏、水土流失、水资源破坏、生

① 李铁映:《发展必须节约　节约才能发展——对节约节能问题的几点思考》,载《求是》2007年第4期。

物多样性减少等，直接影响到区域的水源涵养、水土保持、景观美化、气候调节、生物供养等生态服务功能，减少了社会福利。因此，按照谁破坏谁恢复的原则，需主要针对行为主体在能源活动中对公益性的生态环境造成的不良影响和导致生态系统服务功能退化的行为进行补偿，同时对生态建设的保护作出贡献的集体和个人，对其投入的直接成本和丧失的机会成本应给予补偿和奖励。此即能源生态补偿原则。能源环境责任原则和能源生态补偿原则是能源外部不经济性内部化的同源异象，后者是前者在当代生态系统服务功能价值理论发展基础上的创新。

(七)能源公众参与原则

能源公众参与原则是指公众有权通过一定程序或者途径参与能源公共物品供应、使用及有可能由此带来的一切对生态环境造成影响的有关能源决策活动，使得该项决策符合广大公众的切身利益。

能源公众参与原则的施行依据来源于：由于自然和社会的相互作用会受到行使管理权力的管理阶层和获得公共利益的公众之间的互动的影响，公众和国家权力机关应当联合起来共同作出那些影响环境质量的能源管理政策和措施；公众应该和政府部门一起参加鉴定那些规定影响公共环境的能源立法的目标和价值的过程；公众应对已经形成并正在处理当代环境资源危机的国家行政管理作出合乎需要的选择；公众在鉴定和争取能源公共利益和环境公共利益方面应该有平等的自由和影响力。

公众参与原则已在环境保护领域中较全面地得以确立：1972 年的《人类环境宣言》及其后的许多国际环境法文件曾强调公众参与在生态保护中的重要作用。1980 年发表的《世界自然资源保护大纲》称公众参与环境决策是“必要的行动”。1982 年的《内罗毕宣言》第 9 条提出，“应通过宣传、教育和训练，提高公众和政界人士对环境重要性的认识。在促进环境保护工作中，必须每个人负起责任并参与工作。”1992 年的《里约环境与发展宣言》原则十规定：“环境问题最好是在全体有关市民的参与下，在有关级别上加以处理。在国家一级，每一个人都应能适当地获得公共当局所持有的关于环境的资料，包括关于在其社区内的危险物质和活动的资料，并应有机会参与各项决策进程。各国应通过广泛提供资料来便利及鼓励公众的认识和参与。应让人人都能有效地使用司法和行政程序，包括补偿和补救程序。”

我们认为，能源公众参与应至少包含以下三个方面的内容：第一，能源公众信息公开，即每个公民对行政机关所持有的涉及公众利益的能源信息拥有适当的获得利用权。第二，涉及公众利益的能源决策参与权，即保证给予每个公民参加涉及公众利益的能源政策决策的机会。第三，涉及公众利益的能源环境权益受到侵害时，应让人人都能有效地使用司法和行政程序，包括补偿和补救程序。最后一点的实现取决于我国公益诉讼制度的进程。

能源法律制度的生态化变革同时也意味着一场深刻的生产、生活、消费方式的变革，是一次价值观的革命，公众是否认识、愿意接受并积极参与是实施变革的必要条件。因此，能源法律制度的生态化变革不仅需要完备的法律体系作保障，还需要广大公众的积极参与。从这个意义上讲，公众参与是能源法律制度的生态化变革从概念到实现的关键。因此，要逐步建立能源公众参与机制和程序，形成以能源污染群众举报制度、能源相关建设项目听证制度和以新闻舆论监督制度为主要内容的公众参与制度。必须加强宣传教育，促使公众形成符合可持续能源战略要求的消费心理和习惯。例如，倡导公众节约能源、使用节能产品或设备；教育公众在能源消费过程中注意对环境的保护等。

分论引言

能源法律制度的变革可看作是主要围绕着两根主线展开,其一是传统能源相关的法律制度的变革,其二是新能源相关的法律制度变革。前者又主要围绕着通过制度供给解决传统能源的有限性问题,其中我们将主要围绕着以石油为代表的传统能源储备法律制度的建设与完善以及市场机制促进传统能源节约的法律制度建设展开;后者我们则主要围绕新能源促进的法律制度建设展开,其中又主要选取了风能、太阳能、生物质能等几种开发利用较具规模、相关法律制度建设也更值得关注的可再生能源加以展开。

第四章 传统能源相关法律制度对能源变革趋势的适应与流变

第一节 传统能源储备法律制度的建设与完善[①]

传统能源中国际化程度最高、目前需求缺口较突出、同时也是对国民经济影响重大的莫过于石油,以此为例展开讨论极具典型性。石油是不可再生资源,其作为国家的战略资源,是世界各国争夺的"黑色金子",石油资源是国家经济快速发展和社会稳定的保障。1973 年第一次世界石油危机使美国和日本等发达国家的经济受到了重创,国民生产总值直线下降。之后,日本积极探索保障石油安全的方法,建立了石油储备制度。1978 年第二次世界石油危机,日本经济未受到多大影响,而美国由于没有建立石油储备制度,其经济受到了严重的冲击。石油储备关系到国家安全和社会稳定。现代国家经济发展不可避免地需要依赖石油资源的稳定供给,近现代以来,各国都在积极探索保障石油安全的对策,陆续建立了石油储备并以法律的形式加以规范,防止石油供应中断或短缺,避免对经济的冲击。

我国规模化工业生产形成的时间较晚,早期经济的发展对于石油的依赖程度不高。改革开放以来,我国经济高速发展,国民生产总值不断提高,但国内消耗的石油资源量也在逐年增加。由于国内石油资源的匮乏、经济高速发展对石油资源越来越多的需要,每年我国都要从国外进口大量的石油。目前我国石油对外依存度已经超过了 50%,预计到 2020 年我国石油对外依存度

① 本节内容由西南大学环境资源法硕士研究生郑明明撰写,特此致谢!

将突破60%。石油资源进口来源地的局限性、地缘政治、战争和突发事件等都会影响国际石油市场价格,国际石油价格的剧烈波动会影响我国经济的持续、健康发展。石油资源同样也是我国经济快速发展的重要因素,面对恶劣的国际石油形势,我国如何保障石油安全成为国家急需解决的关键问题。为了保障我国石油的稳定供应,避免石油价格剧烈波动对经济造成的巨大冲击,我国已经开始了石油储备的建设。我国石油储备一期工程已经建成并注油,石油储备二期和三期工程正在建设和规划中。石油储备可以保障国家经济发展和社会稳定,但是我国却未在法律的角度规范石油储备,这与我国石油安全形势很不相符。我国应借鉴美国、德国和日本等国家的经验,制定石油储备相关法律法规,保障石油储备工作稳妥进行。令人欣慰的是,我国认清了国际石油市场的形势并建立了石油储备。我国首批的四个石油储备基地已经建成并注油,另外,我国政府正在规划和建设其他石油储备基地。我国经济在快速的发展,对国际石油的需求强劲增长,建立越来越多的石油储备基地可以扩大石油储备规模,更好地防止石油短缺对我国经济的冲击。我国首批的四个石油储备基地均位于沿海,便于交通运输,有利于我国经济发达地区的石油消费,但沿海地区易于敌人的攻击,石油储备基地也将处于危境。在之后的石油储备基地的规划和建设中,我国也在西部地区规划和建设多个石油储备基地,如新疆独山子和甘肃兰州。这些地区是石油的产区,石油资源丰富,便于石油的炼制,提高了石油储备的安全性。我国第一期石油储备基地的储备方式以地上油罐为主,这种储备方式建设成本高且安全性不高。我国政府积极寻找解决方法,第二期石油储备基地部分采用了盐洞方式储备石油,这种储备方式成本低、储油量多且比较安全。石油储备需要投入巨额的资金,如果只有政府出资建设,那么政府的财政负担将会过重,会制约石油储备发挥作用。现在我国政府鼓励中石油、中石化和中海油建立自己的商业石油储备。以上是我国石油储备工作取得的成绩,但我国石油储备法制建设还有一些方面需要继续努力。石油储备关系到国家安全和社会稳定,我国应完善石油储备管理体制和运行机制,明确各个部门的职权和责任,严格规范石油储备的动用制度。目前我国石油储备资金来源单一,主要由政府出资,应该采取措施拓宽我国石油储备资金的来源。

一、中国石油储备法律制度概述

(一)石油储备法律制度含义

改革开放以来,我国经济快速发展,石油消费量逐年增多,由于受国内石油资源产量的限制,我国石油对外依存度越来越高,预测到2020年将突破60%。为了保障我国的石油安全,我国不仅应该加快石油储备基地的建设,而且要加快石油储备立法,逐步完善石油储备法律制度。所谓石油储备法律制度是指国家为了防止石油供应短缺或中断,保护国家经济、政治安全而制定关于石油储备建设、管理和运作等的相关法律法规的总和。石油储备法律制度包含的内容很丰富,如石油储备的模式(政府、企业还是中介组织等)、规模(具体的石油储备量)、管理体制(管理机构的设置、人员的分工等)、资金的筹措渠道(政府投资还是采取其他融资渠道)、运行机制(收储、投放机制)等①。另外,石油储备的主体包括哪些?除了国家和中石油、中石化和中海油三大国内石油企业,民营企业能否成为石油储备的主体?笔者认为,我国石油储备的主体应该包括民营企业。美国、德国和日本都建立了相对比较完善的石油储备法律制度,我国应该借鉴其他国家的经验,根据我国的实际情况建立和完善我国的石油储备法律制度。

(二)法律保障石油储备的必要性

我国现在实行以法律治理国家,法律的作用大于个人的作用。石油储备关系到国家安全和社会稳定,我国政府应该从法律的角度规范石油储备。石油就如粮食和棉花一样,是国家的战略物资,对国家安全和社会稳定具有重要意义。我国对粮食和棉花储备都进行了相应的法律规定。2003年《中央储备粮管理条例》对储备粮的管理体制、运行机制和法律责任等作出了明确规定,规范了粮食储备工作,保障了国内粮食的稳定供给和价格平稳。我国在1982年就制定了《棉花储备库管理条例》,为棉花储备提供了法律依据,之后该部法律被废止,国家又制定了《棉花储备库管理办法》。如粮食和棉花一样,石油对国家也具有重要的战略意义,国家应该将石油储备纳入法律的轨道,以法律的权威来保障石油储备工作的顺利进行。

石油储备建设需要投入巨额的资金并且建设周期长,国家应该立法保障

---

① 秦勇、李凤霞:《论我国石油安全保障法律制度的构建》,载《集团经济研究》2006年上半月刊总第189期。

石油储备建设的顺利进行。有人认为,石油储备是发达国家的事情,与发展中国家无关。据统计:到2000年,美国的石油储备花费了215亿美元;到1995年,日本给予石油储备的财政投资和贷款累计达到7490亿日元。就目前显示的信息来看,中国政府将为建立适度规模的石油储备投资1000亿元[①]。可以看出,建设石油储备是相当"烧钱"。如何为石油储备建设筹集巨额的资金,如何监督资金的使用,这都需要制定相关的法律,规范石油储备资金的来源和使用。建设一个石油储备基地至少需要三年,建立完善的石油储备制度需要更长的时间,我国目前的石油储备工作仅仅依靠政府文件来运作,石油储备工作中遇到的问题不能从法律的高度进行解决。

(三)石油储备的理论基础

根据经济学的供求关系原理,商品供应量大于需求量,价格就会降低;反之,商品供应量小于需求量,价格就会升高。假设国际石油市场的供应量不变,但是世界各国由于经济的发展对石油的需求量是不断增加的,那么石油的国际市场价格是不断提高的。但是,石油国际市场会受到各种政治和经济因素的影响,其供应量并不是一成不变的。由于石油是不可再生能源,石油出口国为了自己国家的战略利益不断限制石油产量,同时这些国家为了国际政治和经济利益,经常将石油作为国际斗争的武器,这些因素都会导致石油安全问题,所以石油进口国纷纷建立了石油储备制度来防止石油供应的中断或短缺,保障国家的能源安全。

从长期来看,石油的国际市场价格是不断上升的。石油的国际市场价格变动趋势对国家的经济发展造成的不利影响不大。但是石油在短期内供应短缺或者供应中断,石油的国际市场价格就会剧烈波动。如果国内没有足量的石油储备投入市场,国家不得不以高价进口石油,甚至石油的进口量不能保证满足国内需求,从而影响国内的各行各业,可能造成因成本过高的通货膨胀或者因行业投资规模缩小而使经济走向衰退。

石油可以在国际市场作为商品进行贸易,石油进口国通过出售石油获得经济利润,石油进口国利用石油发展经济,创造经济财富,因此,石油具有一般商品的物质属性。另外,石油还具有了一般商品所不具有的政治属性。石油影响国家经济的发展速度,在国际政治斗争中常常作为战略性武器。具体地

① 呼小洲:《从美国的战略石油储备看我国的石油储备战略》,载《甘肃科技纵横》2005年(第34卷)第2期。

讲，石油具有以下三个方面的政治作用：首先，一国经济的发展速度最直接的影响因素是石油的消费量。保证经济发展速度是一国在政治事务中考虑的首要问题。在国际石油价格平稳时期，经济发展速度的提高反映了石油消耗量的增长，国家经济的增长肯定是以消费一定量的石油为代价，每个国家的统计数字都可以证明这一点。20 世纪 60 年代和 70 年代是世界经济快速发展时期，在这段时期，经济的增长与石油消费量的增长具有规律性，两者的比例是 1.5∶1。也就是说，经济的高速增长必须要有足量的石油作为后盾。其次，石油不仅是一种商品，可以在国际市场上进行买卖，而且石油还是一种重要的军事战略资源，它可以促进国家间的交往，也可能成为战争的导火线。第二次世界大战其实就是一场争夺石油的战争。希特勒把战场延伸至苏联企图占领高加索，控制其石油资源。美国以核武器为借口入侵以色列，真正目的是为了控制以色列的石油资源保障国家经济的发展和国家政治安全。最后，石油出口国为了争取国际政治地位或其他利益就会利用其资源的优势——丰富的石油作武器，或者减少石油的产量，或者禁止、限制向某个国家出口，这可能导致国际石油价格的飙升。国家建立了石油储备就可以将储备油投入国内市场，稳定石油价格，保障国内石油供给，避免石油价格剧烈波动或者国际石油供应短缺对国民经济发展的冲击，保障国家安全。此外，一国建立了完善的石油储备可以在国际上争取更多的话语权，避免其他国家的石油威胁。随着我国经济的快速发展，石油消费量不断增长，石油对外依存度越来越高，石油安全问题是国家不容忽视的重大问题。因此，我国必须尽快建立和完善石油储备制度以保障国家安全。

二、中国石油储备制度存在的问题

（一）缺乏与石油储备相关的法律法规

石油储备建设需要投入巨额的资金，并且建设的时间比较长，对于这样重大的工程建设，我国要制定法律来规范石油储备建设。根据经济发达国家的石油储备经验，要先制定石油储备法律，然后依据该法律来建设石油储备。美国依据《能源政策与储备法》关于国家战略石油储备的规定建立了国家战略石油储备基地。德国 1978 年《石油储备法》对石油储备主体及其权利义务关系作出了明确的规定，德国政府在 1987 年和 1998 年对该部法律作了相应的修订。早在 1962 年日本《基本石油法》就明确了石油储备事务的管理机构——通产省，1968 年《石油工业法》和 1975 年《石油储备法》明确规定了民营石油公司的法定石油储备义务、最低石油储备量和储备油品种等，1978 年《国家石油公司法》规定政府要建设国家石油战略储备。从此,日本以法律的形式确立官民结合的石油储备模式。石油储备对一个国家或者民族来说非常重要,要保障一国的石油储备工作顺利进行,那就要建立日益完善的石油储备法律制度。世界各石油进口大国从 20 世纪 70 年代以来相继建立了石油储备,同时通过立法实现了对石油储备的保障。但是中国是唯一尚未建立石油储备法律制度的石油进口大国。从 1993 年我国成为石油净进口国以来,随着经济高速发展,石油需求量也越来越大,石油对外依存度逐渐提高。我国的 4 个战略石油储备基地从 2005 年开始筹建,已于 2008 年年底建成。我国石油战略储备基地一期工程已经建成,石油战略储备基地二期工程和三期工程正在建设和规划中。可以说,石油战略储备基地的建设工作正在如火如荼地进行,但是我国现在还没有关于石油储备的专门性法律规范。2009 年国务院以政府文件《石化产业调整和振兴规划》的形式指导石油储备的建设,决定增加国家战略石油储备的石油储备量,并且呼吁企业抓住油价低迷的好机会增加石油储备规模;《国家石油储备中长期规划》是关于增加石油储备规模的政策文件,我国在 2020 年以前要继续增加国家石油储备总规模,进一步提高应对石油中断风险的能力,稳定石油市场,保障石油供应安全,实现国民经济稳定发展;石油工业的"十五"规划也明确指出,加快国家石油储备体系建设,不断增强战略石油储备能力,力争储备能力到 2005 年突破 800 万立方米。我国虽然在相关的政府文件中规定了石油储备,但没有在法律的高度规范石油储备,目前我国石油储备缺乏法律的保障。

我国《能源法》(草案)已经向社会公开了。能源法的核心问题:能源安全和石油储备。2009 年《能源法》(草案)第 7 章能源储备的第 65 条是关于石油储备建设及管理的规定:国务院能源主管部门全面负责石油政府储备的组织建设及管理;从事原油进口、加工、销售、成品油进口和批发的相关企业负责建立石油企业义务储备;石油储备监督检查制度由国务院能源主管部门负责建立,实现对政府储备及企业义务储备的建设、收储、轮换一系列情况的监督管理①。《能源法》从一定的高度规定了能源问题,是一部能源基本法律。虽然《能源法》中有关于石油储备的规定,但只是原则性规定,可操作性不强,并且能源法正式出台还需全国人大审议之后,不知道何年何月《能源法》才能生效。石油储备关系着我国的政治和经济安全,我国应制定专门的《石油储备法》,在

① http://www.gov.cn/gzdt/2007-12/04/content_824569.htm,访问日期:2008 年 4 月 15 日。

《石油储备法》中应规定我国石油储备的主体，明确石油储备的决策层、管理层和执行层，规范各层级、各部门的权限和行为，确立政府监督、社会参与和市场化运作的石油储备运行机制。

(二)石油储备管理体制和运行机制不完善

1. 石油储备管理体制不完善

1988—1998 年，我国部级的各个能源部门在不断的变动。1988 年我国把石油部和水利电力部合并到能源部，1993 年我国成立了新的部门——煤炭部和电力部，但在 1993 年这两个部门都被撤销了。自 1993 年我国撤销能源部以后，我国已经 18 年没有一个能够管理能源的中央部级机构，能源管理职能分散到多个部门，相关能源问题不能得到有效的解决。2008 年成立的能源局仅是代表政府管理能源的隶属于国家发展与改革委员会的副部级机构。能源局是具体负责能源事务的政府机关，但能源局没有强大的权力管理全面的能源事务。因为其他部门也负责一些能源问题，比如能源的生产和运输、环境保护、国家外交等。战略石油储备现在由能源局的国家石油储备办公室进行管理，目前我国迫切需要建成立一个更高级别的国务院直属管理的专门机构，全面负责石油储备工作。2010 年 1 月 27 日《国务院办公厅关于成立国家能源委员会的通知》在中国政府网公布后，传言已久的高规格国家能源委员会正式盛装亮相：能源委员会主任、副主任分别由国务院总理温家宝、副总理李克强出任，新成立的能源委员会委员有比较高的政治地位，是国家部级官员。能源委员会堪称目前中国最高规格的能源机构①。有人认为，多个部门进入能源委员会，可以更好地协调能源事务，促进石油储备的建设。但笔者认为，能源委员会不是一个实权部门，只是一个协调部门，管理能源事务的真正实权还在其他各个部门。能源委员会不具有石油储备的决策权。

目前我国的石油战略储备基地是由三大石油企业——中石油、中石化和中海油负责建设的，建设资金由政府支付，待石油储备基地建成后由国家石油储备中心负责管理。国家石油储备中心是国家成立的一个机构，不具有营利性质。国家石油储备中心可以在油价格暴涨时出售一定量储备油，在油价跌落时购入石油。国家石油储备中心具体执行石油储备工作，负责石油储备基地日常的管理、石油的收储和动用。

① http://business.sohu.com/20101227/n278521142.shtml，访问日期：2011 年 6 月 6 日。

我国虽然已经成立了高规格的国家能源委员会，但其只是一个协调机构，不具备石油储备的决策权，我国缺少一个石油储备的中央级决策机构。目前我国能源局的石油储备办公室具体负责石油储备工作。石油储备关系到国家安全和社会稳定，所以，现在我国石油储备的管理机构层级过低。

2. 石油储备运行机制不完善

石油储备的运行机制包括石油的收储、储备油的轮换和动用等。我国《能源法》(草案)第七章能源储备只是原则性地规定了石油储备的收储和动用，无法详细指导实践中石油储备的运行。石油储备关系到国家安全和社会稳定，任何机关、单位和个人不得任意动用石油储备。石油储备可以稳定石油供给、平抑石油价格，避免石油供给短缺或中断对经济造成的冲击。石油储备有如此重要的作用，那么石油储备在什么情况下可以动用，谁具有动用石油储备的决定权，可以动用多少储备油，动用储备油要履行哪些程序，这些问题在我国没有明确的答案，更谈不上用法律来规范了。石油储备在紧急的情况下可以保障石油的供应、避免石油价格的剧烈波动对经济的冲击，因此，我国必须制定法律建立严格的储备油动用制度。

我国已经建设了石油储备基地，但我国的法律没有明确规定石油的收储条件：在什么情况下可以购入石油入库，哪个机构负责石油的收储，按照多大的比例确定原油储备量和成品油储备量。我国目前储备的石油有原油和成品油，成品油的品质容易下降，这就需要轮换，如何轮换，哪个部门负责轮换，这些问题都需要法律加以规范。

(三)石油储备规模、模式和方式不合理

1. 石油储备规模不足以防范石油危机

随着我国经济迅速的发展，石油消费量不断增加，石油进口量逐年增大。1993 年之前，我国生产的石油不但可以满足国内石油需求，而且可以向其他国家出口。1993 年之后我国生产的石油不但不能满足国内石油需求，而且还要从其他国家进口石油。2003 年我国石油净进口量和石油产量分别为 0.9 亿吨和 1.68 亿吨；2008 年我国石油净进口量和石油产量分别为 1.97 亿吨和 1.89 亿吨；2009 年我国石油净进口量和石油产量分别为 1.99 亿吨和 1.89 亿吨。2003—2009 年我国的石油对外依存度从 36％攀升到 51.3％。近几年来，我国石油产量增长量持续低于消费增长量，石油对外依存度越来越大，预测到 2020 年我国石油对外依存度将高达 60％。石油出口国常常以石油作为武器谋求政治利益；石油进口来源地主要集中在中东地区，而中东地区时常发生战争；我国进口的石油80%都要经过马六甲海峡，马六甲海峡海盗猖獗并且有美国和日本等国家的驻军，这些都影响着我国石油供应的稳定。受国内石油资源产量的限制、国际石油市场供给的不稳定，我国应该加快石油储备建设，合理确定石油储备规模。

石油储备规模有两种计算方法，一种是以桶数计算的绝对规模；一种是以天数计算的相对规模，这里的“天数”是指一国储备油的总量除以该国一天石油净进口量而得出的数量。我国战略石油储备基地一期工程已经建成并注油，石油储备总量1.02亿桶，也就是13～14天石油进口量，加上国内石油企业21天进口量的商业石油储备，即最多35天的石油净进口量。我国战略石油储备基地二期工程已经开始建设，石油储备量约1.69亿桶。国际能源署的成员国的石油储备都达到了90天的石油进口量，并且这些国家根据本国的实际情况和国际石油市场变化不断调整石油储备规模。我国石油对外依存度逐年提高，目前已经超过了50%，因此，我国现在的石油储备规模太小，这与我国石油安全形势很不相符。如果国际石油供应短缺或中断，石油价格的剧烈波动就会制约经济的发展。我国应该扩大石油的储备规模，保障国家石油安全。

2. 未确立合理的石油储备模式

我国已经建成的石油储备基地一期工程和正在建设的石油储备二期工程都是政府石油战略储备。这些石油储备基地是由国家出资，政府委托中石油、中石化和中海油建设，待建成后由国家石油储备中心接管，负责石油储备基地的后勤管理。中石油、中石化和中海油已经向国家申请注册了石油商业储备公司，规划和建设了自己的商业石油储备基地。近年来，我国三大石油公司开始了商业石油储备基地建设，并且取得了一定的成绩：2007年6月中石油铁岭商业储备基地开始建设，石油储备量为116万立方米；储备量为810万立方米的中石油新疆鄯善国家级原油储备库于2008年12月29日正式投入运营；浙江东部平湖市原油商业储备库正在建设中，总储油量将达200万立方米，约合1260万桶①。中石化在天津滨海新区建立了储备量为320万立方米原油和200万立方米成品油的商业石油储备。中海油在广州杨浦经济特区建立了储备量为30万吨的商业石油储备。我国目前石油储备储备规模是35天左右

① 王越、赵强：《对完善当今形势下我国石油储备体系的几点思考》，载《中国矿业》2009年第10期。

的石油净进口量，国内石油储备规模与我国石油安全形势不相符。我国现在的石油战略储备基地和三大石油公司的商业石油储备基地的石油储备量有限，石油储备建设需要较长的时间，我国应该鼓励民营企业参与石油储备，利用其闲置的石油库容增加我国石油储备总能力。中国商业联合会石油流通委员会的统计数据显示，我国民营石油批发企业有 663 家，仓储企业 247 家，总储量约为 2.3 亿吨，但多数处于闲置状态①。我国虽然出台了相关政策利用民营企业的闲置库容，但我国应该鼓励民营企业更深层次地参与石油储备建设，以法律的形式规定民营企业在石油储备中的权利义务。

我国现在有政府战略石油储备和商业石油储备，但商业石油储备才刚刚开始建设，商业石油储备的主体未明确，除了三大国内石油公司，民营企业是否也可以成为商业石油储备的主体？对企业的石油储备也要有一定的约束，要明确界定企业的法定义务石油储备和企业自己的商业石油储备。而对这些问题，我国并没有区分。因此，我国目前的石油储备模式不合理。

3. 石油储备方式单一

我国现已建成的石油储备基地主要采取用的是地上油罐的储备方式，这种石油储备方式建设成本高、易被敌人发现而摧毁且缺乏安全性。国外有多种石油储备方式，比如地下油罐的石油储备方式、盐穴的石油储备方式和石油资源产地储备方式等。我国单一且不安全的石油储备方式不利于国家石油安全。由于石油资源全球分布的不均衡，其主要集中在中东地区，受石油出口国政治或者经济利益的争夺、战争、意外事件等因素的影响，国际市场石油的供应并不稳定。如果出现了石油供应中断，储备基地的储油罐又被敌人发现和攻击，那么国家多年的石油储备建设就会功亏一篑，无法保障石油的供应，国家就会陷入安全的困境中。鉴于我国现在的石油储备方式的安全性较低，我国要根据地理特征和政府的财政能力积极探索其他石油储备方式，使石油储备方式具有多样化。

（四）石油储备资金来源单一

石油储备资金可以看作国家安全的保险费。石油储备起到了“蓄水池”的作用，在石油供应中断或短缺的情况下，通过向市场投放储备油，可以保障石油的供应，稳定石油价格，避免石油价格剧烈波动对经济发展的冲击。虽然石油储备建设需要巨额的资金，但绝大多数国家为了经济的持续发展和社会的

① 曹新：《加快建立现代石油储备制度》，载《中国经济时报》2009 年 2 月 6 日第 8 版。

稳定，都积极建设石油储备。石油储备需要投入巨额的资金，主要是为了支付石油的购买费用、储备基地的建设费用、石油储备基地的维护费用和管理费用。据统计，我国储备 1400 万吨油，需约 1600 万立方米的储罐容积，建设地上储罐的费用约为 600 元/立方米，另外还有日常维护及原油购买等费用，由此计算出我国石油战略储备资金总规模应为 160 亿美元①。我国石油战略储备基地一期工程已经建成并注油，石油储备总量为 1.02 亿桶，每桶石油储备成本约 58 美元。由中石化承建、国家投资约 35 亿元人民币的天津国家石油战略储备基地的石油储备量为 320 万立方米。由中海油负责承建的广州惠州国家石油战略储备基地的石油储备量为 500 万立方米，总投资约 41 亿人民币。新疆独山子石油战略储备基地的石油储备量为 300 万立方米，总投资约 38.4 亿元人民币。甘肃兰州国家石油战略储备基地的石油储备量为 300 万立方米，相当于 1890 万桶石油，总投资约 23.78 亿元人民币。从以上数字可以看出，建设石油储备是相当的"烧钱"，而在我国石油储备建设的巨额费用主要由国家承担，政府的财政负担过重。如果我国石油储备绝大部分资金继续由国家支付，那么政府过重的财政负担会影响石油储备的建设。而石油储备关系到国家经济的发展和社会的稳定，我国绝对不可以停止石油储备的建设，反而应该加大石油储备的建设，增加石油储备规模。石油储备的重要性决定了我国必须尽快解决石油储备资金来源单一的问题。

三、完善中国石油储备法律制度对策

(一)加快制定与石油储备相关的法律法规

我国的石油储备基地正在如火如荼地进行建设，但我国到目前为止还没有制定法律来规范石油储备，这与我国越来越高的石油对外依存度很不相符。因此，我国应该根据国家的实际情况，借鉴国外石油储备法制建设的经验，尽快制定石油储备相关的法律法规，为石油储备工作的顺利进行提供法律保障。

美国、德国和日本等国家在其石油储备建设的不同阶段，都以法律的形式来明确石油储备的主体及其各自的职责和权利义务。为了防止石油储备法律的滞后性，这些国家就会根据形势的变化，修订相关的法律法规。1975 年 2 月美国《能源政策和保护法案》规范了石油战略储备的建设。1992 年《能源政

① 赵燕生、马立新：《试论建立和完善我国石油储备》，载《资源产业经济》2009 年第 8 期。

策法案》和2005年修订的《能源政策法案》都对石油储备制度作了明确规定。德国1974年《能源安全法》和1978年《石油储备法》规定建立石油储备联盟，该石油储备联盟具体负责联邦石油储备，德国法律规定了哪些企业必须是石油储备联盟的会员。也就是说，德国法律强制要求炼油厂、石油公司以及使用石油发电的电厂是石油储备联盟的当然会员，都必须加入石油储备联盟，成为该机构的一员。日本《能源基本计划》规定石油战略储备是日本能源安全政策的关键。1973年制定的《石油需求与供应法》、1978年修订的《石油协会法》和1983年修订的《石油储备法》是日本构建石油战略储备制度的主要法律依据。从事石油进口、精炼和销售业务的各个公司之间的权利义务关系在1975年《石油储备法》中得到明确的规定。根据1977年日本《石油公团法》的规定，国家要加大力度建设国家石油战略储备，石油公团起到了推动的作用。除了之前确立的企业的法定石油储备、企业的商业石油储备外，日本现在还建立了国家石油战略储备，企业的法定石油储备、企业的商业石油储备和国家石油战略储备共同构成了日本的石油储备模式。日本法律对负有法定石油储备义务的企业规定了严格的条件。比如，炼油厂、石油销售公司和石油进口公司必须要满足最低石油储备量的要求，同时，这些企业要根据政府的要求及时向国家报告其石油储备情况。日本这些法律基本上是在建立石油储备体系之前制定的，对建立石油储备的一些重大问题，如石油储备的宗旨、规模、管理体制、石油储备资金的来源、石油采购和动用条件等都在法律中作出了明确的规定。

完善的石油储备法律制度可以保障石油储备工作顺利进行，我国应该根据国内的实际情况，借鉴美国、德国和日本等国家石油储备法制经验，制定统筹全局的《能源法》、《石油法》和专门的《石油储备法》，以法律的角度规范石油储备建设。我国关于石油储备的法律要明确石油储备主体及其之间的权利义务关系，合理确定石油储备规模和方式，建立一种由中央统一管理的石油储备管理体制，在这种体制下决策层、管理层和执行层是互相分离的，确立政府监督、社会参与和市场化运作的石油储备运行机制。石油储备相关立法应明确我国石油储备的主体。企业的商业石油储备可以先在中石油、中石化和中海油搞试点，等运行成熟后再逐步向其他民营石油公司推广。此外，法律应该明确规定石油储备的监督机构以及其职权。任何机构、单位或个人在油价暴涨时都不得随意动用石油储备，否则将追究其法律责任。研究石油储备法律层面要规范的内容是我国完善石油储备法律制度的出发点，以法律的形式规范我国的石油储备建设。不但我国有关部门要做好石油储备基地的安全工作，而且我国以法律的权威确保石油储备基地的安全。任何人故意毁坏战略石油储备设施都要承担法律责任,如果故意毁坏石油储备设施的行为造成了石油储备不能正常进行,行为人将可能被追究刑事法律责任。

(二)完善石油储备的管理体制和运行机制

科学的石油储备管理体制和运行机制是我国石油储备工作顺利进行的关键。2004 年我国开始建设国家石油战略储备基地,现在中石油、中石化和中海油也开始了自己商业石油储备基地的建设。石油储备是国家经济发展和社会稳定的保障,我国应借鉴国外成功经验和教训,结合我国的实际情况,进一步完善石油储备的管理体制和运行机制。

1. 建立决策层、管理层和操作层分离的管理体制

美国、德国和日本不仅有完备的石油储备法律,而且有权责清晰的石油储备管理体制。我国可以借鉴美国、德国和日本的石油储备管理体制,结合我国具体国情完善本国的石油储备管理体制,明确界定石油储备的决策者、管理者和执行者,并且明确三者各自的权限。

在美国,能源部是石油储备的决策层,石油储备办公室是石油储备的管理层,石油储备基地是石油储备的执行层,因此,美国确立了三级的石油储备管理体制,该管理体制包括决策层、管理层和执行层,并且三者层级的权限清晰。美国石油储备以政府战略石油储备为主,民间石油储备为辅。对民间石油储备来说,政府虽然给予一定的优惠政策,但不对民间石油储备进行管理。1975 年 12 月《能源政策与保护法》明确了能源部的职权,石油战略储备的筹备工作由其全面负责。美国能源部于 1977 年 2 月 16 日正式提出国家石油战略储备计划,并于同年 6 月开始在墨西哥湾沿岸地区建立战略石油储备基地,由国家来承担政府战略石油储备的全部资金。德国的石油储备模式比较有特色,其是在世界所有建立石油储备的国家中唯一实行此种石油储备模式的国家,德国法律规定了石油储备的主体,并且规定了政府、储备机构和石油公司的石油储备义务。德国石油储备的决策层是国家经济部,其主要职责是主管联盟石油储备的投放,负责石油储备的宏观调控和管理;石油储备联盟负责管理石油储备,也就是说,它是德国石油储备管理体制中的管理层。石油储备联盟的储备部门和民间石油储备公司具体负责石油储备联盟的执行工作。石油储备联盟成立于 1978 年,规定其最高权力机构是联盟会员大会,并且在该联盟下设有理事会,在联盟会员大会闭会期间,理事会可以行使联盟会员大会的所有职权。哪些企业必须是石油储备联盟的成员,德国法律作出了明确的规定,炼油

厂、石油进口公司、石油销售公司和以石油为能源发电的电厂必须无条件地加入该机构，成为该联盟的一员，所以，石油储备联盟的会员具有强制性的规定。日本也建立了三级的石油储备管理体制，其决策层、管理层和执行层分别是通产大臣及通产省的资源能源厅、石油公团和石油储备基地。按照日本《石油储备法》的规定，作为石油储备事务的决策层，通产大臣和通产省的资源能源厅的主要职责有：完成石油储备相关政策的制定，根据情况制定石油储备目标，对石油储备资金的管理权及对石油储备基地项目的审批权，对国家石油储备的收储、动用的决定权。日本依据 1967 年《石油公团法》规定成立了日本石油公团，全部资金由政府支付，石油公团在通产省的指导下负责规划石油储备并实施相关应急预案，可以跟在国家授权范围内的石油储备公司签订合同，并对石油储备公司的管理费予以支付。其实一个石油储备基地就是一个石油储备公司，它属于石油储备的执行层，负责石油储备基地安全和石油进出口。2004 年 2 月日本在石油公团与金属矿产事业团进行合并的基础上成立了石油天然气金属矿产资源机构，同时新的石油储备管理体制开始实施。经济产业省委托资源机构管理石油储备，同时国家储备公司转变为全部由民间投资的操作服务公司①。此时，基地的运行管理由国家储备公司负责，类似于对设施不拥有产权的物业管理公司。石油储备公司与国家资源机构实现双方权利义务的重要依据就是它们之间所签订的《国家储备设施管理委托契约》和《国家储备石油管理委托契约》的相关规定。

我国虽然已经成立了高规格的国家能源委员会，但其只是一个协调机构，不具备石油储备的决策权，我国缺少一个石油储备的中央级决策机构。目前我国能源局的石油储备办公室具体负责石油储备工作，石油储备关系到国家安全和社会稳定，所以，现在我国石油储备的管理机构层级过低。我国要借鉴美国、德国和日本等国家石油储备管理体制的经验，根据我国的具体国情逐步完善我国石油储备的管理体制，我国石油储备的决策层、管理层和执行层分别是国务院能源主管部门、能源局和国家石油储备中心。国务院能源的主管部门主要职责有：行使石油储备资源所有权，决定石油储备资源的出售与采购，全面负责研究并提出指导我国石油储备的相关思想，负责制定与石油储备有关的政策与法律，在调查研究的基础上负责对我国石油储备的规模、结构及布

① 金三林：《我国石油储备管理体制和运行机制的构建》，载《开放导报》2007 年第 5 期。

局的确定。虽然目前已经成立了高规格的能源委员会，但该能源委员会只是一个协调机构，在涉及的具体的石油储备相关事务时行使权力的效果会打上折扣。能源局下设的石油储备办公室具体负责石油储备工作。国家石油储备中心是国家发改委能源局下属的事业单位，其是一个非营利组织，其负责石油储备基地的后勤管理和具体执行石油的收储和动用。我国石油储备的执行层是国家石油储备中心，管理层是石油储备办公室，但决策层不是能源委员会，而是需要成立一个新的部级机构全面负责石油储备工作，作为石油储备的决策层。

我国应该成立一个政府部门，具体负责石油储备的监督工作，该监督机构在一定的时期要向全国人大或全国人大常委会报告石油储备情况。同时，具有法定石油储备义务的企业也要在规定的时间向监管机构报告其石油的储备量等情况。日本《石油储备法》规定石油储备公司的信息报告制度：作为从事石油及其制品进口或经销的企业，务必将石油生产、销售、库存统计数据、进出口及其制品的储备量按时向政府相关部门进行报告，若这些石油经营者不能按期或如实报告，就会受到法律严厉惩罚。在美国，战略石油储备由政府负责，由国会负责石油储备的储存及动用。石油储备建设需要巨额的资金，所用的时间比较长，并且石油储备建设具有国家战略意义，相关经验值得我们借鉴。

2. 建立政府监督、社会参与和市场化运作的运行机制

美国、德国和日本等国家依据法律法规建立了完善的石油储备运行机制。美国根据 1975 年《能源政策和储备法》建立了完善的石油储备运行机制，这个运行机制可以概括表述为：政府所有、政府决策和市场化运作。总统具有决定收储石油与动用储备油的权利。石油战略储备量通常情况下是非常巨大的，为了避免因石油储备的采购及投放对市场产生的不利影响，在石油的采购和投放方面一般情况下都采取市场招标机制。国家政府采购储备石油一般是在国际石油价格低迷时，这样可以节约国家石油储备资金。在美国，如需动用石油储备需采取如下决策程序：首先必须经能源部、财政部和白宫预算办公室共同商议出初步方案，然后才向总统提出所商议的方案，方案经总统同意后才把详细建议向国会提出，最终经国会批准，才能正式生效。作为完全是市场行为的企业石油储备，在法律上企业没有储备石油的义务，企业的石油储备和投放活动也不受政府干预，依据市场供求情况和自身实力，企业可以对石油储备量和投放时机进行自主决定。政府主要通过公布石油需求信息引导民间石油储

备公司，并不对这些公司直接管理。政府可以通过政策鼓励企业增加石油储备，例如，免除石油进口关税和进口许可费。能源部不但负责石油储备的管理工作，而且具体操作民间石油储备，还负责建设战略石油储备基地、购买石油和释放石油等一系列管理工作。在紧急状况下，总统决定动用储备油，能源部负责将储备油投放市场。为更利于其功能的发挥，能源部还专门设立了负责石油储备规划的战略石油储备办公室。总统提出国家战略石油储备目标和预算，该目标和预算经国会批准后，战略石油储备办公室负责具体石油的购买。

美国1975年《能源政策和储备法》明确规定，只有在非常时期和紧急情况下，由总统同意才能动用战略石油储备。该部法律规定，动用石油战略储备必须具备以下三个条件之一：一是事件的范围具有危机的特征，并且事件的持久性也具有危机的特征；二是国家安全或国民经济可能因为石油供应的短缺或中断遭受到重大不利影响；三是事件可能会导致石油供应中断，引起石油价格的剧烈波动。考虑到战略石油储备对维护国家经济安全的战略影响有所减弱，1990年修订的《能源政策与储备法》对动用石油战略储备的条件没有以前严格。修订后的法律规定，总统可以决定：动用战略石油储备的前提条件由进口石油出现严重供应中断变为国内石油供应出现中断或严重短缺。另外，在因突发事件导致企业石油供应环节出现中断时，这些企业可以有偿从美国能源部借贷战略石油，同时规定借贷期不能超过半年，且借贷总量上限为500万桶，这样做既可帮助企业走出困境，又能给政府带来一定经济效益。2005年以来，美国在战略石油储备问题上增加了战略石油储备数量且动用条件更加严格，同时，加强了与国际能源署（IEA）的成员国的协调。美国建立战略石油储备的主要目的是为了经济的发展和国家安全。在石油供应中断或短缺、石油价格暴涨时，美国政府向市场投放战略石油储备，以达到保障国家安全的根本目的。美国法律规定较严格的石油战略储备动用条件是为了保证美国国内经济发展对石油的需求。美国石油储备制度建立以来，真正动用战略石油储备的次数只有三次：第一次是海湾战争期间，第二次是为了应付飓风"卡特里娜"的袭击，第三次是2008年由次贷危机引发的全球金融危机。美国动用石油战略储备根据石油危机的严重程度分为以下三种类型：一是全面运用。美国法律对全部释放石油储备的条件进行了严格规定，在严重能源供应中断的情况下只有总统才能发布动用石油储备命令。"严重能源供应中断"的含义是：石油供应中断不仅发生情况紧急，而且供应中断涉及范围较广，延续时间较长，很可能会对国家安全或经济发展造成较大的负面影响。二是有限运用。

如果总统认为石油供应中断尚未达到严重程度就会采取有限运用形式，限量释放的决定只有总统才有权作出。总统作有限运用石油战略储备决策依据主要有：石油供应短缺涉及的范围比较广和持续的时间久，同时采取限量释放措施可以起到减少或避免对经济产生负面影响的作用。限量释放投放市场的储备油不仅释放量不能超过 3000 万桶，同时释放时长最多为 60 天。如果国家的石油储备量在 5 亿桶之下，那么总统必须作出停止限量释放的决定。三是测试性动用。美国采取测试性动用的方式是为了防患于未然，在一定时期检测石油储备设施是否可以正常工作，以备在紧急的情况下发挥更好的作用。作为能源部长，有对总量不超过 500 万桶战略石油储备进行测试性动用的权力。

德国《石油储备法》规定，石油储备联盟会员，必须具有一定数量的储备油。在市场出现严重短缺时，作为联邦经济部可以动用石油储备，以各会员交纳会费的比例为依据下达投放的数量与品种的标准，前提是出售储备石油的价格不得低于平均采购的价格。在紧急时期，企业对自己的商业石油储备具有决定权，不过紧急时期之后，企业要及时补充石油以达到原定的石油储备量。德国法律规定了石油战略储备动用的条件：一是因为某些原因使石油供应受到了直接威胁；二是石油供应短缺情况在国内发生；三是德国同时作为欧盟和国际能源署的成员国，当其他成员国发生石油供应短缺时，成员国之间要相互调配储备油。德国支援其他成员国，储备石油超过半年的投放期，必须首先征得联邦参议院的批准。若需动用石油战略储备，由联邦经济部直接发布紧急投入法令来对石油投放品种及投放量进行规定。之后，石油储备联盟就要立即向会员通知储备石油的投放时间、投放量和投放地点，各会员交纳给石油储备联盟的会费所占的比例是决定投放量的主要依据，投放价格并不根据储备油购入时的价格而是根据当时的市场价格制定的价格。根据石油储备相关法律的规定，在国内石油供应短缺或中断时，首先是抑制石油需求，接着是通过降低企业储备目标量的方式动用企业储备，最终才考虑动用政府储备，由经济产业省大臣掌握动用的权力。最近这一程序有所调整：在石油供应短缺或中断时先动用政府的战略石油储备来保障石油的供应。

在海湾战争和墨西哥湾遭飓风袭击时，日本向市场投放的储备油首先是民间石油储备，防止了石油供应短缺对经济造成的严重影响。日本如果决定将国家石油战略储备投放市场，需要很长的时间才能真正将石油投放到市场。首先，政府需要 7 天准备招标工作，决定原油发放对象，然后再需要 7 天的时间决定中标者，最后中标石油公司将储备原油运到炼油厂进行加工。可以看出，政府的石油战略储备在紧急的情况下发挥作用需要很长的时间并且程序复杂。而民间石油储备很灵活，可以立即将石油供应市场。1978 年后日本国家石油战略储备从来没有投放过市场。日本政府储备的大部分原油一直是初期储藏的重质原油，现在国家正在用市场急需的轻质原油来替换已经储备了 30 多年的重质原油。因为国家石油战略储备基本上没有投放过市场，使人们对其能否应对紧急情况而担心。

根据我国的实际情况，以美国、德国和日本在石油储备运行中积累的经验教训为借鉴，来对石油储备的发展趋势进行准确把握，"政府监管、社会参与、市场化运作"是我国石油储备运行方式应遵循的原则，最终目的是使石油储备运行机制表现出"管理科学、调控有力和高效灵活"的特征。

第一，石油储备的运作方式。我国应该通过招标的手段引入竞争机制，在坚持市场化的前提下，运作石油储备的购买、入库、轮库、动用等一系列环节。作为储备基地公司，与国家石油储备管理中心是一种特殊的委托代理关系。作为委托方，石油储备管理中心要向储备基地公司付出相关的代理费用；由于承揽了石油储备业务，那些储备基地公司同时也应获得相应的代理费。

第二，石油储备的储存。国家应该在国际市场石油价格低迷时采购石油，这样可以节省石油储备资金，法律可以规定石油储备办公室具有采购石油的决定权。国家石油储备的储存就是先购买石油，然后将石油入库管理。石油储备办公室是石油储备的管理机构，根据石油储备规划和石油的国际市场负责制订政府战略石油储备的采购计划，然后由国家石油储备中心具体负责石油采购事宜。国家石油储备管理中心储备石油采购的方式有三种：一是在国际市场进行采购，二是通过委托国家石油公司进行采购，三是通过招标完成政府采购。除此之外，国家石油储备管理中心还可通过合同来委托石油储备基地公司，合同规定石油储备基地公司要对储备石油的具体入库以及日常管理维护等一系列工作进行全面负责。采购的石油应该包括原油和成品油。原油不易变质，易于保存，成品油可以在紧急情况下被迅速利用。

第三，石油储备的动用。倒库轮换和库存动用是两种最基本的国家石油储备的动用方式。正常情况下，倒库轮换主要是指为了保证储备油的品质，而对库存石油实施轮换，前提是保证库存总量不变。石油储备的库存动用是指为了防止石油供应短缺或中断，平抑石油价格，由政府相关部门决定向市场投放储备油。由国家石油储备中心提出石油储备的正常倒库轮换的详细计划，然后上报石油储备办公室审批;由石油储备办公室提出国家石油储备的库存动用的详细计划,最后上报国务院审批。对于国家石油储备管理中心,它主要负责具体的石油储备动用工作。我国石油储备的运行机制是政府监督、社会参与、市场化运作。石油储备库存动用需要动态化,并且规定严格的动用条件。

(三)合理确定石油储备规模、模式和方式

1. 确定合理的石油储备规模

石油储备规模越大越有利于国家的能源安全;而从企业经济角度来看,石油储备规模越少越好,因为储备规模越少,周转越快,企业获得的利润越多。那么确立合理的石油储备规模需要考虑哪些因素呢?

在石油储备规模方面,美国、德国和日本都通过法律予以明确规定,并因实际需要和国际形势随时增减变动。美国、日本、德国三国的政府储备量分别为10亿桶、3.15亿桶和5350万桶,加上民间储备,各国的石油储备量分别相当于其158天、169天和117天的石油消费①。美国是世界上最大的石油消费国和石油净进口国。石油关系到美国国家的安全,美国建立了合理的石油储备规模以防止石油供应的短缺或者中断。从1977年到1994年,鉴于石油储备的重要性,美国不断扩大石油储备的规模,1994年美国的石油储备量是5.92亿桶。此后,为了对石油市场运行状况进行调控并且平抑油价,克林顿政府几次动用国家战略储备油,国家战略石油储备量到2000年年底仅仅为5.41亿桶。"9.11"事件发生后,美国政府立即增加了石油储备量,政府拨款15亿美元用于扩建储油设施。2005年8月美国石油战略石油储备量达到7亿多桶,由政府的战略石油储备和企业的商业石油储备构成的国家石油储备可以满足国内158天石油需求量。2005年《国家能源政策法》明确规定了国家石油战略储备量的目标,储备量要达到10亿桶,提高政府石油战略储备应对石油危机的能力,保障国家的安全。在2007年1月的总统国情咨文中,布什总统宣布力争到2027年实现美国的战略石油储备翻一番,储备量达到15亿桶②。石油储备的规模可以通过桶数(绝对规模)和净进口天数(相对规模)

① 赵燕生、马立新:《试论建立和完善我国石油储备》,载《资源产业经济》2009年第8期。

② 冯丹、耿波、王红等:《从美日两国战略石油储备体系看我国石油储备发展》,载《能源技术与管理》2009年第2期。

来衡量。美国主要考虑其石油进口的绝对量和石油价格对经济的重要性等因素来确立其石油战略储备规模，并且根据国际形势的变化不断对石油战略储备规模进行调整。1965 年德国《石油产品最低储量法》规定了炼油厂和石油进口公司的最低石油储备量，分别为 65 天和 45 天的石油消耗量。1975 年 6 月德国政府废除了《石油产品最低储量法》并颁布了《石油储备法》。《石油储备法》增加了炼油厂和石油进口商的石油储备义务，提高了二者的最低石油储备量，分别为 90 天和 70 天，这部法律还新增了独立小石油进口公司的石油储备义务，其储备量为 25 天。1978 年 7 月 25 日德国政府颁布了《石油及石油制品储备法》，并在此基础上建立了具体负责管理联邦石油储备的石油储备联盟。国家石油储备联盟的组成成员包括国内所有炼油厂、石油销售公司、进口公司，以及以石油为能源发电的电厂。该部法律减轻了炼油厂的石油储备义务，储备量为 25 天，并且废除了石油进口公司的石油储备义务。1987 年《石油储备法》加重了石油储备联盟的石油储备义务，但减轻了炼油厂的石油储备义务，石油储备联盟的石油储备量由 65 天增加到 80 天，炼油厂的石油储备义务由 25 天减少至 15 天。1998 年 4 月《石油储备法》再次修订后，把石油储备联盟的储备义务由 80 天增至 90 天，对公司强制性义务储备要求全部取消①。1965 年日本的石油储备量为 43 天，1971 年日本决定 3 年后石油储备量达到 60 天。1975 年《石油储备法》明确规定所有从事石油进口及其制品的商社和从事石油提炼、批发、销售的企业所储备的石油或石油制品必须可满足 90 天需求，从事石油和其制品进口或经销的企业必须将石油及其制品的储备量定时向政府有关部门进行报告。通产省有关部门不定期检查石油企业的石油储备情况，如果石油企业没有达到法律规定最低的石油储备量，该部门就会责令其在一定的时间内补足石油储备量，否则将受到行政处罚。根据日本石油协会统计，至 2002 年 3 月，石油储备量为 169 天，其中民间石油储备量为 77 天，国家石油战略储备量为 89 天。与美国不同，日本战略石油储备规模不断上升，2008 年 11 月石油储备量为 155 天。

国家经济发展的需要、国家财政能力、石油对外依存度的大小、石油进口国的政治局势和国际间的石油争夺等，这些都是我国确立石油储备规模必须要考虑的因素。我国可以用 15 年的时间通过以下三个阶段确立石油储备规

① 田晓耕：《借鉴国际经验建立我国石油储备体系研究》，载《辽宁工学院学报》2007 年第 4 期。

模:第一阶段是 2006—2010 年的石油储备建设初期,该阶段的储备目标是要达到 30 天的石油净进口量,我国已经顺利完成了这个目标。四个石油储备基地的战略石油储备量可以保障 13 天左右的石油净进口量,而石油企业可以保障 21 天的石油净进口量;第二阶段是 2011—2015 年的石油储备建设快速发展时期,该阶段的石油储备量要达到 60 天的石油净进口量;第三阶段是 2016—2020 年的石油储备完善阶段,该阶段我国的石油储备量要达到 90 天石油净进口量,符合国际能源署对其成员国石油储备量的要求。

2. 建立官民结合的石油储备模式

目前我国石油储备的建设以国家石油战略储备为主,以中石油、中石化和中海油三大国内石油公司的商业石油储备为辅,还没有形成符合我国国情的合理的石油储备模式。我国企业的石油储备应该分为企业的法定义务石油储备和商业石油储备,同时应该鼓励民营企业更深层次地参与石油储备。我国要借鉴美国、德国和日本石油储备模式的优点,根据我国的具体国情确立合理的官民结合的石油储备模式。

美国石油储备分为政府战略石油储备和民间石油储备,政府战略石油储备和民间石油储备各有分工,相对独立。联邦政府的战略石油储是为了防止石油禁运和石油供应中断,避免对经济的冲击,平时不轻易动用。石油战略储备量的变化在一定的程度上反映了美国政府是否认可当时的石油价格。美国政府认可当时的石油价格就会增加石油战略储备量,否定当时石油价格就会减少石油战略储备量。美国政府战略石油储备绝对规模(石油桶数)居世界第一位,并且企业石油储备量远远超过政府石油战略储备量。美国政府不直接管理民营企业的石油储备,对民营企业的石油储备建设没有资金支持,但美国政府会给民营企业一定的优惠政策引导其发展。美国民间石油储备属于商业石油储备性质,民间石油储备是完全市场化运作,主要反映市场变化。美国政府石油战略储备的建设完全由政府出资。美国法律没有规定企业法定石油储备义务,不干预企业的商业石油储备建设,只是通过发布石油供求信息来引导企业的商业石油储备建设。作为政府部门,以公布石油供求信息形式来实现对民间企业的引导。另外为了鼓励企业增加石油储备量,采取免除石油进口关税和进口许可费政策。在美国,企业的商业石油储备量超过政府战略石油储备量。2008 年企业的商业石油储备规模和国家石油战略储备规模分别为 66 天和 54 天。德国的政府、石油储备联盟和企业都负有石油储备义务,德国的石油储备分为石油储备联盟石油储备、政府的石油战略储备和企业的商业石油储备，三者的石油储量比为57∶17∶26。可以看出，德国的石油储备以石油储备联盟石油储备为主。政府的石油战略储备建设完全由政府出资。大型炼油厂、石油进口公司、石油销售公司和使用石油发电的电厂必须加入石油储备联盟，成为该联盟的一员。石油储备联盟石油储备资金来源于银行贷款和会员费。银行贷款主要用于购买原油和石油储备基地设施，石油储备联盟需支付贷款利息，不需要偿还银行贷款，最终由政府承担石油储备联盟的银行债务。德国现行法律规定了炼油厂、石油进口公司和使用石油发电的电厂的最低石油储备量，分别是15天、30天和30天。对于企业石油储备的投放政府不进行干预，产生的费用由企业自行承担。德国政府所成立的石油储备联盟，以法律授权机构形式更有效地建立和管理德国石油储备，其主要目的是对储备费用实现合理分担，同时确保国家在面临石油危机时能更及时动用石油储备。服务国家的石油战略是德国石油储备联盟的主要职责，石油储备联盟并不追求利润，也不能进行投机性买卖。德国法律明确规定，石油储备联盟必须以尊重石油市场运行规律为前提进行经营活动。石油储备联盟是一个依法成立的，由德国经济部负责监管的公共机构，它实行强制性会员制，国内所有炼油商和进口商必须成为其下属会员。日本实行的是官民结合的石油储备模式——政府战略石油储备和民间石油储备相结合，包括国家石油战略储备、企业法定石油储备和企业商业石油储备，这种模式的基本特点在于国家石油战略储备和民间石油储备并重。日本《石油储备法》规定了炼油厂、石油销售公司和石油进口公司的石油储备义务，并且规定了各自的石油储备量，企业的这种石油储备义务是强制性的，必须得到通产省的批准，这些企业才可以向市场投放储备油。

美国、德国和日本等国家的石油储备模式的选择都是立足于本国的国情。在对民间石油储备的态度上而言，日本和德国具有一个共同的特点，就是强调民间石油储备的作用，而美国强调的是国家战略石油储备的作用。德国、美国和日本具有三种完全不同的三种类型的石油储备：作为自由市场型的美国强调国家石油战略储备的作用，只是通过石油市场供求信息引导企业建设石油储备；作为政府导向型的日本，民间石油储备和政府石油战略储备同等重要；但是作为社会市场型的德国，石油储备模式构成是多层次的，包括政府储备、石油储备联盟和企业储备三部分。日本采用的是官民一体的战略石油储备模式，但是美国采用的是联邦政府所有的战略石油储备。根据储备主体的不同，国际能源署（IEA）把石油储备划分为三种：政府储备、机构储备和企业储备

（商业储备和法定储备）。政府储备、机构储备和企业的法定储备统称为公共储备。对于国家石油储备体系而言，它是由商业储备和公共储备两个重要部分组成。在国外，政府对石油储备管理的重点是公共储备，这正是法律对石油储备运行规定的集中点所在①。日本能在几年内快速地提高石油战略储备量，它们的成功经验是增加民间石油储备，对政府石油战略储备起到了很好的补充作用。我国选择合适石油储备模式的重要依据是经济发展的阶段性和国家自身的特点。政府石油战略储备具有明显的优点，主要表现在政府能够实施更加直接的决策、对石油战略储备采取直接的管理与监督，可靠性、透明性都是其他模式无法比拟的。但其缺点是缺乏市场化运作、缺乏竞争、经营效率低、财政负担大。企业法定石油储备的优点是可以充分利用现有储存设施与人员队伍、成本低、经营效率高、动用快且便捷。其缺点表现在，和生产库存混放，低透明度、监管相对较困难、造成企业负担增重、需要立法后再实施。企业商业石油储备的优点是应用起来相对较灵活，还能大大增加企业的抗风险能力，但其社会公平性较低。机构石油储备模式吸取了国家石油战略储备模式具有较强可靠性、极快反应性的优势，同时减轻了国家巨大的财政负担，但是同企业模式相比，由于不能实现与企业商业储备有机结合，造成其资金效率和管理效率都不如企业模式。

我国的石油战略储备应根据经济发展的需要和国家的财政能力采取多元化模式，在以政府储备为主的基础上，对企业的法定储备义务要进行详细规定，但我国还没有在法律上对企业义务储备量规定。但在国家战略石油储备和企业商业储备上，首先是采取何种方式协调两者的比例。一方面需以法律形式把政府和企业各自应承担的石油储备量的比例以及相关的权利和义务进行明确规定；另外，除了三大国有石油公司外，哪些民营石油企业可以作为储备主体要明确的界定。笔者认为应当在石油储备法及相关法律法规中把“民营企业参与石油储备”写进去，把民企的“名分”合法化。要彻底打破目前存在的石油垄断体制，最终实现公平竞争的市场环境，最重要的前提就是让民企具备合法身份。

笔者建议我国的石油储备模式为：一是政府的石油战略储备，二是企业的法定义务石油储备，三是石油公司的商业石油储备。其中政府的石油战略储

① 金三林：《我国石油储备管理体制和运行机制的构建》，载《开放导报》2007 年第 5 期。

备和企业的法定义务石油储备属于国家石油战略储备，主要是为了应对石油供应中断和短缺，避免对经济的冲击，不到十分危急的时刻不能动用。各国分配企业法定石油储备义务的方式主要有：一是石油企业的规模，如日本；二是销售额或消费额也是按比例分摊储备义务的重要参考。我国可以采用通过石油企业的规模来分配企业法定的石油储备量。石油公司的储备还可作为商业储备。对于商业石油储备来说，企业可以自主决定购买石油、石油的购买量和储备油的动用等。企业的商业石油储备用以抵御石油价格波动对我国经济发展的影响。让企业进行石油储备，对国家和企业自身有双重利益。在美国，虽然企业没被强制要求进行储备，可是那些大型石油公司都在政府政策的引导下进行石油储备。由于商业储备流动性的特征，它能补充战略石油单独储备时所缺的轮换，企业的设施、管理经验和人力资源均能得到充分利用。我国应该鼓励民营企业参与石油储备建设，利用其闲置的库容，增加石油储备规模，提高我国应对石油危机的能力。

3. 使石油储备方式多样化

我国石油储备方式以地上油罐为主，该储备方式安全系数较低，不利于石油储备发挥作用。我国应借鉴其他国家的石油储备方式，根据我国的实际情况，使我国的石油储备方式多样化。

美国石油储备方式多种多样，其中一种石油储备方式是通过巨大盐洞改造而成的盐丘储备，即先向洞中灌入淡水溶解盐层，加工后的盐洞，就像一个巨型圆柱状“地下储油罐”，最后将大量石油注入其中。这一储备方式被西方称为具有“高度战略安全”的石油储备方式，不但有助于防火、防爆、防污染，且造成的环境危害小，而且能够有效防范军事打击，保护石油战略储备。这些天然储油罐每个直径数百米，最长可达 3000 米，库容量大，占地面积小。盐洞中巨大落差形成的温差能够使储备油不停地缓慢移动，长期保证储备油的品质。利用盐洞储备石油的成本是每桶 1.5 美元，而利用地上油罐的方式储备石油的成本是每桶 15～18 美元，开凿岩洞储备石油的成本每桶高达 30 美元，所以利用盐洞储备石油的方式成本非常低，这种石油储备方式成本可以说是目前世界上最低的。美国先后建成的 4 座大型的国家战略石油储备基地都采取了盐洞储备方式，这四座盐洞国家战略石油储备基地，均在墨西哥湾沿岸的盐穴中，其容量规模最大的达到 2.32 亿桶，最小的也有 0.76 亿桶。美国另一种石油储备方式是石油资源产地储备：暂不开采那些已经探明的可以直接开发利用的石油资源，而以战略储备的形式保存在地下。如美国在阿拉斯加重要产油区划出大约10万平方公里的含油区域，这块油田可开采量为30亿桶，天然气为10万亿立方米。在德国，北部的地下岩洞成为政府的原油储备的主要场所。日本国内资源匮乏，国内几乎没有石油资源，99.7%的石油来自国外进口。日本重视石油储备是从第一次世界石油危机发生之后开始的。日本是一个四面环海的岛国，国内地形破碎，平原狭小，且属于火山地震多发带。国家环境的特殊性使日本不具备建立像美国那样庞大的地下油库储存石油的有利条件。日本储备石油最初主要依靠油轮储备，10处国家石油战略储备基地于1996年在九州地区相继建成，具备3400万千升石油或石油制品的储存能力，从此结束了日本油轮储油的时代。日本因地制宜，采用多种多样方式进行储备石油：海上油罐储备、地下岩洞油库储备、地面油罐储备以及半地上油罐储备。地面油罐储备的建设成本最低，苫小牧东部的4处国家石油战略基地采用这种方式。半地上油罐储备方式：埋设在地下的油罐，其容量可达到地面油罐储备的3倍，能有效利用土地是这种石油储备方式的最主要优点。地下岩洞油库储备方式：储藏设备建在地下深处岩洞中，这种储备方式的优点是不必占用大片土地，结构上不用担心原油从岩洞储罐流出，如久慈等3处国家石油战略基地。海上油罐储备方式：原油储罐像船一样漂浮在海上，该石油储备方式的优点可以有效利用海洋空间，占用土地面积小，如白岛等2处国家石油战略基地。民间石油储备通常以原油和成品油等形式在业务过程中进行保存，业务必要的运作库存主要有炼油厂或油库的油罐等。

本着经济安全和节省成本的理念，我国应该借鉴美国、日本和德国的多种储备方式相结合的经验，来完善我国的石油储备方式。地上油罐储存是我国现在采取的石油储备主要方式，这种储存方式存在明显的缺点：建设成本高、日常维护费用较高及安全系数较低。我国应该多采用盐洞的石油储备方式，这种石油储备方式具有节约成本、安全和石油储备量大的优点。同时我国还应该采取石油资源产地储备的方式：对于那些已经探明的可开发利用的石油资源，保存在地下作为战略储备暂不开采。石油资源与实物储备相比，在安全性方面，石油资源产地储备具有防止自然灾害和战争等优势，另外在经济性方面能够更加节省储备油购置费用、建设费用、和设施日常维护费用等优势，随着石油开采技术的不断提高，开采石油的成本不断下降。我国甘肃、新疆地区具有丰富石油资源，是我国重要的石油产区，可以将一定区域已经探明的石油资源先不开采，保存在地下作为战略储备，以备急需。

(四)拓宽石油储备的资金来源

目前我国石油储备以国家石油战略储备为主，而国家石油战略储备建设需要的巨额费用主要由国家承担，政府的财政负担过重，不利于石油储备的长期发展。我国应该借鉴美国、德国和日本等国家的成功经验，从我国的实际情况出发，通过多种渠道拓宽我国石油储备的资金来源，保障石油储备工作的顺利进行。

美国、德国和日本等国家在石油储备资金来源方面是各有特色的。政府战略石油储备和民间商业石油储备是组成美国石油储备的两部分，其中由政府财政支付政府战略石油储备费用。美国战略石油储备的资金来源和财政预算在美国《内政部和相关机构拨款法》和《综合预算调节法》中进行了详细规定。从 1976 年之后的 23 年内，据统计，美国用于战略石油储备的政府拨款达到 212 亿美元，仅仅平均每年的经营与维护费用就高达 2 亿美元，对政府的拨款进行如下分配：75.4%使用在石油的购买上，22.9%使用在仓储设施建设和维护上，另外的 1.7%作为管理费用①。在政府战略石油储备方面，美国采取财政包揽全部资金的方式，有利于将石油储备按照政府的要求一步到位，但是投入巨额的石油储备资金不但加重了政府的财政负担，而且将制约美国石油战略储备的发展。为了扭转财政负担过重的局面，目前美国政府正在对石油战略储备商业化的方式进行积极探索。对于德国政府，由政府拨款补充战略石油储备费用。向银行申请的贷款、所属会员缴纳的会费和超额石油所得的出售收入是石油储备联盟运营资金来源的三个重要渠道，石油储备联盟用银行贷款购买原油、成品油和石油储备设施。石油储备联盟不需要偿还银行贷款，但要支付贷款利息，只有国家法律更改造成石油储备联盟解散，政府才承担石油储备联盟对银行的债务。企业商业化石油储备费用由企业自己承担。日本采取在政府扶持下民间自筹资金的形式来筹集石油储备费用，主要采取了以下三种方式：(1)对石油进行征税，设立专门的石油账户。此项征税涉及原油、各种石油产品、石油气以及液化天然气，税收收入作为专项资金，大部分用在政府石油战略储备上。(2)石油储备的公共基金由政府和国家信贷部门共同筹集。(3)开发银行和石油公团以低息贷款的方式向民间石油储备公司提供资金，主要用在石油的购买以及石油储备基地的建设上。

① 冯丹、耿波、王红等：《从美日两国战略石油储备体系看我国石油储备发展》，载《能源技术与管理》2009 年第 2 期。

美国、日本和德国等国家关于国家石油储备资金来源采取的方法是不同的，我国应该采取适合我国国情的多样化方式筹集国家石油储备资金。美国石油战略储备费用完全由政府财政承担，政府的财政负担过重，制约美国石油战略储备的发展，而德国和日本石油储备资金的来源具有多样化。考虑到中国石油储备所需巨额的资金，石油储备建设资金全部由政府包揽的美国式做法，至少在中国现阶段是不可能行通的。因此，根据我国国情，日本和德国式的多元化筹资石油储备资金的方式比较适合。在我国国民经济迅速发展，财政收入快速增长的大形势下，石油战略储备就显得愈加重要，它直接成为国家的经济、政治及军事安全的重要保障。为此，国家政府部门给予一定的专项财政拨款，同时对承担石油储备的企业发放一定数额的低息贷款和加快折旧等方面一系列优惠政策。国家可尝试实施对石油战略储备税的开征，通过立法来规范石油战略储备税的征收对象、征税机关和征税范围。通过对石油、石油产品消费、产品进口等征收石油储备税，这些税收用在建设石油储备设施、石油的购买，以及设施相关的维护和管理。国家石油储备基地的建立属于国家公共事业，关系到国计民生。考虑到我国税收法律的立法目的，对于国家石油储备基地建立所涉及的土地税和营业税等须全部免去征收。

我国石油储备的资金来源应当以政府出资为主，实行政府和"民间"全方面筹措的方式。还可以考虑在国家预算中实施专项管理的石油储备基金，并在基金项下设两个账户："石油储备基金"与"石油储备建设与运营基金"。我国法律要明确规定石油储备基金的筹集征收、使用渠道、监管机构以及审批、审计方案等，最大可能地实现专款专用，使用资金时由专人进行负责并有专人进行全过程监督。另外可借鉴美国和日本等国家的成熟做法，在建设战略石油储备上国家应制定一系列优惠措施。比如，对建设储油设施工程项目的石油企业发放低息贷款；对石油进口公司征收"石油进口保险费"，用于建设国家战略石油储备。需要注意的是，"石油进口保险费"征收的比例不能过高，否则会导致进口石油企业负担过重。

石油是经济发展必不可少的资源，而我国石油对外依存度越来越高，石油国际市场变幻无穷，建立石油储备可以稳定石油供应，平抑石油价格，避免石油价格剧烈变动对国内经济发展的冲击，为国家经济安全和社会稳定提供保障。石油关系到国家安全，我国应该加快立法，在时机成熟的时候制定专门的《石油储备法》，保障我国石油储备工作顺利进行。

第二节　市场机制促进传统能源节约的法律制度建设①

能源问题事关国计民生，随着我国经济规模进一步扩大，能源需求持续较快增长。面对当前我国能源紧缺、能源供求矛盾突出及其造成的环境污染严重等现状，节能成为我国实现现代化的必然选择，也是实现经济、社会与环境可持续发展的必然要求。以政府为主的节能推动模式难以充分调动市场的积极性，把节能作为企业责任的附加，无法产生企业节能的内生认同。而市场机制在降低成本、提高行政效率和减少政府补贴等方面，都具有行政手段无法取代的明显优点。市场作为能源领域资源配置的主体，通过竞争机制、激励机制等，促使企业和个人节约能源、合理利用能源、努力提高能源利用效率。因此，必须通过法律和制度设计，充分发挥市场机制的作用，培育和建立节能市场。

一、市场机制促进能源节约相关基本问题概述

(一)节能法律制度概述

1. 节约能源的内涵

节约能源简称节能(本书以下均用简称)。1983 年世界能源大会节能委员会工作报告《世界能源:2020 年展望》第三章“世界节能现状与前景”对节能的界定是:采取技术上可行、经济上合理以及环境和社会可接受的措施,来更有效地利用能源资源,以获得更高的能源利用效率。此外,于 2007 年 10 月 28 日第十届全国人民代表大会常务委员会第三十次会议修订通过的《中华人民共和国节约能源法》(自 2008 年 4 月 1 日起施行)第 3 条规定“本法所称节约能源(以下简称节能),是指加强用能管理,采取技术上可行、经济上合理以及环境和社会可以承受的措施,从能源生产到消费的各个环节,降低消耗、减少损失和污染物排放,制止浪费,有效、合理地利用能源”。

总的来说,节能可以分为“狭义节能”和“广义节能”。狭义节能,即对各种能源(包括一次能源和二次能源)的直接节约。是指用尽可能少的能源消耗,生产出相同数量和相同质量的产品;或者是以原来相同数量的能源消耗量,生

① 本节内容约三万字,由桂林市中级人民法院李文练同志撰写,特此致谢!

产出数量更多或质量更好的产品。换言之，节能就是指加强用能管理，应用技术上现实可靠、经济上合理可行、环境和社会可以承受的方法，减少从能源生产到消费各个环节中的损失和浪费，更加有效、合理地利用能源。其中，技术上现实可靠，是指在现有科学技术发展水平上可以实现；经济上合理可行，就是要有一个合理的资金投入与效益产出比；环境和社会可以承受是指节能要减少对环境的污染，要符合环保要求，且节能措施不超越社会承受能力，安全、经济、实用。广义节能，是指除狭义节能内容之外，还包括各种间接的能源节约方法，如通过能源结构调整，优化能源分配，技术革新升级等，从而节约原材料消耗、减少人力消耗、提高产品质量、劳动生产率、提高能源利用效率。本书中的节能是指广义节能，节能已从早期的通过“节约和缩减”来应对能源供应危机转向强调通过技术革新等途径提高能源利用效率，以达到增加经济效益和保护环境的目的。

2. 节能法律制度的概念和分类

(1)节能法律制度的概念和特征

节能法律制度，是指为了实现节能法的目的和任务，依据节能法的基本原则所制定的，调整特定节能社会关系的，具有重大意义和起主要作用的一系列法律规范的总称。它是节能制度的规范化和法律化，是节能法律规范的一个重要组成部分，与节能法的基本原则、基本制度和一般规范不同，具有自身的特征：

第一，节能法律制度具有具体性。它是节能法基本原理和基本原则的具体化，是贯彻实施节能法的制度保障，同时也是节能法律关系主体必须遵循的行为规则在调整特定节能社会关系中，一般都作了明确和具体的规定，具有特定的适用对象和完整的规则体系，因而具有较强的可操作性。

第二，节能法律制度具有系统性。节能法律制度不是由某一个法律条文或某一个法律规范组成，而是由一系列调整特定节能社会关系的法律规范组成的。这些规范之间相互联系、相互制约、密切配合、互相补充，共同构成一个相对完整的有机整体。

第三，节能法律制度具有特定性。它不像节能法基本原则那样具有广泛的适用性，即普遍适用于整个节能法领域，而是只适用于在能源开发、利用、管理和保护过程中发生的某一类或某一方面的社会关系。

(2)节能法律制度的分类

节能法律制度是由多种制度组成的，每一种制度的功能、性质、适用对象和阶段也不同。从不同的角度可以对节能法律制度进行如下分类：

第一，根据制度适用的对象不同，可以分为工业节能制度、交通节能制度、建筑节能制度、商业节能制度、民用节能制度和公共机构节能制度等；

第二，根据制度的功能不同，可以分为预防性制度、基础性制度、治理性制度等；

第三，根据制度的性质不同，可以分为政府管制制度、市场调节制度、社会调整制度、综合性制度等；

第四，根据制度的适用阶段不同，可以分为行为前适用制度、行为过程中适用制度、行为后适用制度和行为全过程适用制度等。[①]

（二）市场机制概述

1. 市场机制的概念及作用

（1）市场机制的概念

市场机制（market mechanism），是通过市场竞争配置资源的方式，即资源在市场上通过自由竞争与自由交换来实现配置的机制。具体来说，它是指通过市场价格的波动、市场主体对利益的追求、市场供求的变化，调节经济运行的机制，是市场经济机体内的价格、竞争、供求、风险等要素之间的相互联系及其功能。市场机制不仅仅是价值规律的实现形式，或各种市场要素的相互关联与作用，也是基本经济规律主导下的作用于市场的规律体系的作用形式，还是市场经济中各要素的相互作用和相互依赖。

市场机制是一个有机的整体，其构成要素主要有市场竞争机制、价格机制、供求机制和风险机制。竞争机制是各经济主体为了追求自身利益在市场经济活动中相互展开竞争，从而形成企业发展的动力，促进生产，使消费者得到实惠，并实现优胜劣汰；价格机制是指在市场竞争中，通过市场价格变化来反映商品的供求关系，并通过价格信息来调节商品的生产和流通，从而实现资源的合理配置；供求机制是通过产品、劳务和各种资源的供给和需求量等市场信号来调节社会生产和需求，从而实现社会供求的基本平衡；风险机制则是市场活动同企业盈利、亏损和破产之间相互联系和作用的机制，在产权明晰的情况下，风险机制对经济发展发挥着非常重要的作用。

（2）市场机制的作用

市场机制是存在于任何条件下的市场经济的内在调节机制。市场机制

① 王文革：《中国节能法律制度研究》，法律出版社 2008 年版，第 3 页。

调节企业活动的中心内容，是使企业生产反映社会需要，尽可能满足消费者的需求，从而获得尽可能大的利益。[①] 市场机制的调节作用包括以下几个方面：第一，促使企业不断降低成本，增加产量。市场竞争主要表现为价格竞争，在市场需求量不断增加的情况下，企业降低成本，就可以在竞争中取得优势，再增加产量，就能获得更多的利润，从而在市场经济活动中保持有利地位；第二，促使企业转变经营方式，随时适应市场变化。在市场经济条件下，由于供求关系的变化和市场价格的波动，企业必须根据供求结构的变动灵活调整生产方向，转变经营方式，以适应随时变化的市场。这样才能保持住企业的优势地位和高额利润；第三，促使企业不断创新，开发新技术和新产品，努力提升产品质量。企业要想在激烈的市场竞争中不被淘汰，只有不断开发新技术和新产品，努力提高产品质量，才能适应消费者对产品质量需求上升的趋势，才能在质量竞争中处于有利地位，并通过质量差价的扩大获得更丰厚的利润。

2. 节能法律制度中的市场机制

在节能法律制度中引入市场机制就是要在节能立法中体现能源使用成本的概念，把法的强制性与规范性功能运用于节能中，从而带来更好的效益。这种手段通常能够对能源浪费进行有效控制，因为一旦赋予法律的形式，就可以在规制各种可能产生能源浪费的企业生产行为中具备法律上的约束力，从而达到协调能源、环境与经济发展关系的目的。[②] 就市场机制的一般规律而言，就是让与能源有关的利益各方按市场经济规律运作，充分发挥市场的良性作用。将市场机制引入节能法律制度，具体体现为一系列经济手段的运用。但这里的经济手段并非指经济学领域里的所有手段，而是指那些符合环境成本内部化要求的、能够实现有效利用能源资源的、适应社会经济可持续发展的经济手段。

市场机制与节能法律制度的兼容是完全可能的。首先，市场机制具有行政手段无法取代的显著优点。目前，以政府为主的节能责任推动模式无法充分调动市场的积极性，作为节能主力军的企业仍然表现出消极的态度。因为节能仅仅是责任的附加，作为理性经济人的企业没有动力去主动从事节能工

① 董云、丰刚：《论市场机制的调节作用及其特点》，载《牡丹江师范学院学报》1995年第3期。

② 王文革：《中国节能法律制度研究》，法律出版社2008年版，第129页。

作，所以政府可以进行法律制度的设计，充分利用市场机制去促使企业和个人主动节约能源，合理利用能源，努力提高能源的使用效率；其次，市场机制有利于形成能够灵活并准确反映各类能源相对稀缺性的价格体系，逐步取代过去计划经济体制下形成的不合理的能源价格体系，从而为能源的合理开发、利用、优化配置提供了前提条件；再次，市场机制可以使各类能源的产权及相关主体的利益得到尽可能明确的界定，并通过法律制度的安排保护产权的有效实施。这不仅有利于使能源利用中各相关方的权、责、利得到明确，而且也有利于能源的有效利用和保护，使能源产业生产和再生产走上良性循环之路；最后，市场机制还有利于提高能源的配置效率。市场机制通过价格手段、供求手段等对能源进行配置，使能源流向最需要的地方，使得社会能够更高效率地使用有限的能源。

(三)节能法律制度的趋势——市场机制的运用

1. 节能法律制度运用市场机制的理论基础

(1)能源问题具有外部性

关于外部性，最早可以追溯到亚当·斯密在论述市场经济的“利他性”时的观点。马歇尔在《经济学原理》一书中首次提出了外部经济的概念。自马歇尔以后，越来越多的经济学家从成本、收益、经济利益、非竞争性、制度等角度对外部性的形成和含义进行了研究。[①] 著名的“福利经济学之父”庇古在20世纪初提出的外部性理论，是指经济主体(企业或个人)的经济活动对他人和社会造成某种好的或不好的影响，并且这种影响没有通过市场价格机制反映出来。外部性理论包括正外部性(也称外部经济性)和负外部性(也称外部不经济性)。如果经济活动使他人或社会受益，而企业或个人并没有得到相应的报酬，称之为正外部性；如果经济活动使他人或社会受损，而企业或个人没有为此承担相应的成本或付出任何代价，称之为负外部性。简而言之，外部性都是经济人追求自身利益最大化的结果。节能具有强烈的“正外部性”，节能不仅能减少能源消耗，保证我国能源供给，还能减少温室气体排放，有利于保护环境。以能源价格为例，我国长期以来，能源价格不能准确反映能源的稀缺程度，导致能源价格传导机制被扭曲。很多能源价格的调整都必须经国家发改委的批准，这种行政价格体制使得企业习惯于国家对其提供的廉价的能源供

---

① 胡元聪：《外部性视野下公共产品供给的经济法分析》，载《天府新论》2008年第2期。

应，而不愿意花巨资进行技术改造节能，虽然国家要求节能，但对于企业这个理性经济人，是不会产生任何内在动力的。

能源作为一种外部性很强的公共物品，具有典型的非排他性和非竞争性，在增加一个人对它分享时，并不导致成本的增长(它们的消费是非竞争性的)，而排除任何人对它的分享都要花费巨大成本(它们是非排他性的)。[①] 对于公共物品的外部性问题的解决，庇古在分析了商品生产过程中的社会成本和私人成本问题的基础上，提出了消除外部性的"庇古式税收"措施。即政府在企业存在负外部性时，对其进行征税，使其污染成本内部化，从而抑制或减少污染量；在企业存在正外部性时，就给其补贴，以鼓励其继续发展。但科斯认为外部性的产生并不是市场经济的结果，而是由于产权没有界定清楚，并进一步发展成为"科斯定理"，即只要产权是明晰的，私人之间的契约同样可以解决外部性问题，实现资源的最优配置。[②] 许多学者们对节能成本外部化的产生已经从"市场失灵"和"政府失灵"两个方面都作过较为细致的分析和研究，最终得出解决问题的直接办法就是将节能成本内部化。

(2)节能成本内部化

节能成本内部化就是将节能外部成本进行估价，并将它们内化到生产和消费商品与服务的成本当中，从而体现能源的稀缺性，消除其外部性。因为企业作为市场经济的主体，是典型的理性经济人，以追求自身利益最大化为根本目标，它们不会主动接受任何增加自己经营成本或损害自身利益的行为。即使是政府强制企业节能，也仅仅是带来一时的服从，表面的改变，而不会使其产生内在的节能动力。当然，单靠市场的力量也难以平衡受益人和受损人之间的利益冲突。因此，必须在市场机制下通过建立相关的法律制度来促使企业的节能成本内部化。

节能成本内部化使能源要素进入生产环节，成为同资本、劳动、技术等要素并列而同样重要的生产要素，由生产者或消费者自行承担产品生产或消费的节能成本，并通过市场价格对其进行补偿，使市场失灵造成的生产对节能的外部影响得以消除，从而市场和价格重新成为配置资源的有效手段。节能成

① [美]斯蒂格利茨：《经济学》(上)，梁小民等译，中国人民大学出版社 1997 年版，第 146 页。

② [美]科斯：《企业、市场与法律》，盛洪译，上海三联书店 1990 年版，第 92 页。

本内部化要求企业将节能成本纳入产品和服务的总成本中，从近期来看，这样似乎会使企业的成本增加，但从长远来讲，这样却可以促使企业不断创新技术，优化产品结构，提升产品技术含量，以增强产品的市场竞争力，从而达到节约能源、减少污染的效果。诚然，节能成本内部化对企业必将产生一定影响，但同时也要看到，节能成本内部化更加有利于能源的合理配置。只有当企业在进行经济活动过程中考虑到节能成本时，才会采取各种手段降低自身成本，引导产业走绿色发展道路，从而促进新能源技术的广泛应用，实现能源、环境、经济与社会的协调可持续发展。

2. 以政府为主导的节能责任模式存在不足

当市场机制不能有效发挥作用时，政府就应该伸出其“有形的手”实行宏观调控，与市场的“无形的手”共同促成社会整体资源配置最优化。市场失灵的地方就是政府应当监管的地方，但由于政府的有限理性，政府的干预有时也不能有效控制能源的浪费和破坏，甚至有时还适得其反。首先，政府的管制需要搜集大量的信息，这样必然增加成本，且行政效率往往也不高；其次，政府对违规企业的处罚往往是事后的，这是一种末端治理的方式，但实际损失已经造成，再也无法恢复了；最后，强制执行通常具有随意性。处罚标准常常不明确，行政执法人员可以凭主观判断进行管制，造成管制效率低下，甚至导致无效。

在市场机制中，政府应该是一个公共物品和社会服务的提供者角色，通过宏观调控和制度设计，引导企业从事正确的活动，从而弥补市场失灵，充分发挥市场在资源配置中的主体作用。政府不能再像计划经济时候那样直接干预企业的运行，只有当市场失灵的时候，才是政府应该监管的地方。否则就会导致价格传导机制被扭曲，企业的活力被抑制。我国应建立能充分反映能源稀缺度和环境成本，通过市场调节与政府调控相结合，以市场调节为主导的能源价格形成机制。只有当政府、企业和全社会都认为节能不仅仅是义务的附加，而是一种商品、一个产业的时候，节约型社会才能更顺利地实现。因此，政府应该以市场为导向，以企业为主体，充分发挥市场配置资源的基础性作用。政府通过制定和实施法规标准，加强政策导向和信息引导，营造有利于节能的体制环境、政策环境和市场环境，建立符合市场经济体制要求的企业自觉节能机制，推动全社会节能。①

① 张勇编著：《能源资源法律制度研究》，中国时代经济出版社 2008 年版，第 129 页。

二、我国通过市场机制促进能源节约的法律制度考察

(一)我国通过市场机制促进能源节约的法律制度现状

1. 节能是我国实现现代化的必然选择

我国人口众多,能源拥有量相对不足,人均拥有量远远低于世界平均水平。然而能源作为事关国计民生的重要物质基础,随着经济的迅猛发展,其需求量却不断增长,能源供求矛盾突出。在不可再生能源仍作为人类消费的主要能源的情况下,过度开发及不合理地利用能源所产生的能源紧缺、气候变化、环境污染等问题,已经成为我国现代化建设过程中的瓶颈,越来越制约着经济的发展和社会的进步。节约能源,是时代的必然选择,是科学发展的必然要求,也是关系到中华民族可持续发展的重大战略问题。

目前,节能已经成为全社会的共识,我国也把节能上升到了基本国策的高度。

中共十六届五中全会明确提出了"建设资源节约型、环境友好型社会"(简称"两型社会")的目标,党的十七大报告又再次强调"必须把建设资源节约型、环境友好型社会放在工业化、现代化发展战略的突出位置"。《节约能源法》第4条规定:"节约资源是我国的基本国策。国家实施节约与开发并举、把节约放在首位的能源发展战略。"能源法(征求意见稿)总则中确立了节约优先的立法原则,"能源开发利用应当贯彻节约资源的基本国策,坚持节约与开发并举、节约优先的基本方针。全社会应当厉行节约能源,提高能源效率"。[①] 国家发改委2004年颁布的《节能中长期专项规划》中提到,"要从战略和全局高度充分认识节能对缓解能源约束矛盾、保障国家能源安全、提高经济增长质量和效益、保护环境的重要意义,把节能作为能源发展战略和实施可持续发展战略的重要组成部分,长期坚持和实施节能优先的方针,推动全社会节能"。同时,国务院2006年颁布的《关于加强节能工作的决定》中提出,"节能是一项长期的战略任务,必须把节能摆在更加突出的战略位置,必须把节能工作作为当前的紧迫任务"。我国《第十一个五年规划纲要》中更是明确了要实现到"十一五"期末,万元国内生产总值(按2005年价格计算)能耗下降到0.98吨标准煤,比"十五"期末降低20%左右,平均年节能率为4.4%的硬性指标。并指出要初步建立起与社会主义市场经济体制相适应的比较完善的节能法律法规和标准

① 《中国能源法(草案)专家建议稿与说明》,清华大学出版社2008年版,第4页。

体系、政策保障体系、技术支撑体系、监督管理体系，形成市场主体自觉节能的机制。

2. 节能法律制度的历史发展

随着人类社会经济的飞速发展，对能源的需求急剧增长。解决能源供求矛盾、保障能源安全的突破口就是要节约能源，提高能效，大多数国家都通过制定和完善节能法律法规来弥补上述缺陷。能源法面临新的挑战，已经从过去着重保证充足的能源供应向注重节约能源、提高能效和保护环境进行转变。就我国而言，节能法律制度是我国能源法律体系的重要组成部分，是节约能源、提高能效、建设“两型社会”、促进经济社会和环境可持续发展的法律制度规范。

我国政府历来高度重视节能工作，不断制定和完善节能的法律、法规和政策，并根据社会环境的变化适时调整节能工作政策，以适应不同时期的社会形势。我国自 20 世纪 80 年代开始就有计划地开展节能工作，1986 年国务院制定发布了《节约能源管理暂行条例》。1997 年，我国首部《节约能源法》颁布施行，之后相继出台了《可再生能源法》、《能源效率标识管理办法》、《民用建筑节能条例》、《重点用能单位节能管理办法》、《中国节能产品认证管理办法》、《公共机构节能条例》等一系列的配套法规、规则、制度和标准。为了完善节约能源法、加大节能工作的推动力度，2007 年 10 月 28 日，十届全国人大常委会第三十次会议通过了修订的《中华人民共和国节约能源法》。该法第 4 条明确指出：“节约资源是我国的基本国策。国家实施节约与开发并举、把节约放在首位的能源发展战略。”

纵观我国的节能法律制度，已经由改革开放之初的重在缓解能源供应矛盾，转向着重提高节约能源的技术水平，再到逐步引导节能机制适应市场经济发展的要求。我国政府出台的一系列节能法律、法规和政策，对于广泛开展节约能源工作、提高能源效率、保障能源安全以及促进社会经济的可持续发展都起到了积极的作用。

3. 市场机制成为节能法律制度的主基调

长期以来，我国实行的是以政府为主的节能推动模式，这种自上而下的责任模式无法充分调动市场的积极性。因为把节能作为企业的责任，无法产生企业节能的内生认同和内在动力。而市场机制作为能源领域资源配置的主体，却具有行政手段无法取代的明显优点。比如，可以降低成本、提高行政效率和减少政府补贴等。在市场机制中，通过竞争机制、激励手段等，可以促使企业和个人节约能源、合理利用能源、努力提高能源利用效率。因此,政府可以通过法律制定和制度设计,充分发挥市场机制的基础性作用,培育和建立节能市场,推动我国节能产业的良性发展,从而实现节约型社会的构建。

我国的能源法(征求意见稿)就充分体现了推进能源领域市场机制的形成和完善,并充分发挥市场在资源配置中的基础性作用这一主基调。征求意见稿在总则中就开宗明义地确定了市场配置资源的基本原则,规定"国家积极培育和规范能源市场,发挥市场在能源领域资源配置中的基础性作用,鼓励各种所有制主体依法从事能源开发利用活动"。该表述意味着国家已经以法律的形式正式将能源价格机制的改革方向确定了下来,会坚持这个方向一直走下去。有关专家推断,包括成品油在内的各种高度关系国计民生的能源产品的价格,将伴随能源法的出台而进一步走向放开。"征求意见稿"第 87 条规定:"国家按照有利于反映能源市场供求关系、资源稀缺程度、环境损害成本的原则,建立市场调节与政府调控相结合、以市场调节为主导的能源价格形成机制。具备市场竞争条件的能源产品和服务价格,实行市场调节价。"同时,《征求意见稿》第 61 条对节能市场机制进行了专门规定:"各级人民政府应当建立和完善节能市场机制,培育节能咨询和服务体系,推行能源效率标识、合同能源管理、节能自愿协议和能源需求侧管理等措施。"[①]在节约优先战略的实施中也提到要制定并实施节能政策措施,培育节能市场,推动全社会节能。同时,修订后的《节约能源法》也充分体现了市场机制的作用,该法第 66 条规定:"国家实行有利于节能的价格政策,引导用能单位和个人节能。国家运用财税、价格等政策,支持推广电力需求侧管理、合同能源管理、节能自愿协议等节能办法。"实行有利于节能的价格政策是抑制高耗能产业、促进节能和降低能源消费的有效手段。电力需求侧管理、合同能源管理、节能自愿协议等节能办法,有利于发挥市场机制的作用,调动能源供应和使用双方的积极性,节能效果明显。[②]

(二)我国通过市场机制促进能源节约的法律制度存在的问题

1. 过分依赖于行政手段

我国的节能领域一直都是强调用政府的行政命令手段,实施宏观调控,强化政府、企业的责任,凭借指标考核来实现节能降耗的目标。新修订的《节约

① 王文革:《中国节能法律制度研究》,法律出版社 2008 年版,第 26 页。

② 安建主编:《中华人民共和国节约能源法释义》,法律出版社 2007 年版,第 98 页。

能源法》第 6 条明确规定："国家实行节能目标责任制和节能考核评价制度，将节能目标完成情况作为对地方人民政府及其负责人考核评价的内容。省、自治区、直辖市人民政府每年向国务院报告节能目标责任的履行情况。"《能源法》(征求意见稿)中也提到："国家建立节能目标责任制和评价考核制度。各级人民政府应当将节约能源纳入国民经济和社会发展总体规划及各专项规划，建立科学的节能指标体系、监测体系和评价考核体系。重点用能单位应当加强节能管理，建立节能组织机构和设置节能专业岗位，明确节能目标和各级机构的节能责任。"①为了完成"十一五"规划万元 GDP 能耗降低 20%的目标，我国政府出台的《节能目标责任和评价考核实施方案》确立了"目标明确，责任清晰，措施到位，一级抓一级，一级考核一级"的节能目标责任和评价考核制度。国家发改委将"十一五"规划纲要确定的降耗目标分解落实到各省、自治区、直辖市，省级人民政府又将目标逐级分解落实到各市、县、区及重点用能企业，实行严格的目标责任制和节能工作问责制。

我国以政府为责任主体的节能推动模式，都是以节能的责任和义务为出发点，通过加强各级政府和企业的节能责任来实现节能目标，过分依赖于行政手段，然而实际效果却并不理想，甚至很难达到预期的节能目标。来自国家统计局的信息显示，作为"十一五"开局之年的 2006 年，未能完成 GDP 能耗至少下降 4%的目标。国家统计局发布的 2006 年国民经济和社会发展统计公报显示：我国 2006 年万元 GDP 能耗为 1.21 吨标准煤，单位国内生产总值能耗同比下降 1.23%，虽然这是中国单位 GDP 能耗 2003 年以来首次下降，但是数据显示我国未能完成年初规定的下降 4%左右的节能目标。究其原因，在以政府为主导的节能责任模式下，无法调动作为最大能耗主体的企业的节能积极性。把节能目标过多地寄希望于政府行为，会导致政府与用能企业之间的博弈，容易出现"政府失灵"和寻租行为，这种做法无法调动企业的积极性，节能更无从实施。

2. 能源价格没有合理体现能源稀缺度和环境成本

我国能源价格没有合理反映能源的稀缺程度和环境成本，导致能源价格传导机制被扭曲。价格的扭曲导致供需双方得不到准确的市场信号，进而导致消费扭曲。长期以来，由于能源价格过于便宜，以致传递给大家能源可以随便使用的错误信号，造成市场价格机制失灵，也造成了企业对能源的进一步浪

① 王文革：《中国节能法律制度研究》，法律出版社 2008 年版，第 5 页。

费，使得企业漠视能源的稀缺性和环境的外部不经济性，这严重阻碍了我国节能降耗工作的开展和实现。同时，我国的能源价格调整是一种自上而下的行政价格审批制度，这种体制使得企业习惯于直接购买更多的廉价能源来满足生产需求，而不会花巨资进行技术研发和节能技术改造，这样成本反而更小。因为进行节能技术改造，既需要投入大量的资金，又可能影响企业的生产进程，再加上缺乏相关的技术支持，所以企业不会主动节能。

节能目标难以实现，主要问题是处在结构性调整不力上，要实现节能降耗的目标，30%～40%是可以通过技术手段来实现的，但是有60%～70%需要通过结构性调整来实现。而结构性调整就要充分发挥市场机制的作用，把握住市场信号这个关键。信号甚至比政策更重要，因此，我国的能源价格信号的调整已经变得十分重要。近年来，我国能源价格改革虽有所进展，但能源价格仍不尽合理，这是因为对能源产品之间的关联性考虑较少。从中国目前高速发展的经济形势来看，如果不改变能源价格体制，将难以抵挡能源消耗不断上涨的趋势，能源供求矛盾会进一步凸显。因此，要解决我国能源消耗过快、用能不合理等问题，必须逐步建立起反映能源产品供求关系、能源稀缺度以及环境成本的能源价格体系，通过市场机制的作用，淘汰能耗高、污染严重的企业，从而建立起能源效率高的绿色产业结构。

3. 节能服务市场不完善

(1)能效标识制度不健全

能效标识是各国积极采取的节能手段之一。我国在新修订的《节约能源法》和国家发改委公布的《能源效率标识管理办法》中都对能效标识有规定，其中，《能源效率标识管理办法》第2条对能效标识的定义进行了界定，“本办法所称能源效率标识，是指表示用能产品能源效率等级等性能指标的一种信息标识，属于产品符合性标志的范畴。”《节约能源法》第18条对能源效率标识制度适用的范围进行了规定：“国家对家用电器等使用面广、能耗量大的用能产品，实行能源效率标识管理。实行能源效率标识管理的产品目录和实施办法，由国务院管理节能工作的部门会同国务院产品质量监督部门制定并公布。”这意味着能效标识管理制度正式上升到国家法律高度。

我国能效标识制度得到了国家的重视也取得了一定成效，但由于能效标识制度在我国起步比较晚，仍处于初步探索阶段，难免存在不足之处，主要表现在：第一，能效标识覆盖产品范围较小。2005年3月起，我国仅对家用冰箱、房间空调这两种产品率先实行能效标识管理制度。2007年3月起，又对电动洗衣机和单元式空调这两种产品实行能效标识管理。目前,能效标识管理只针对家用电器中的部分产品实行,覆盖的产品种类还比较少。第二,能效标准指标偏低,我国已经颁布的能效标准中的最低能效标准和节能评价指标与发达国家相比还有较大差距。以空调为例,"全世界能效比低于 2.8 的空调 70%以上产自中国,而能效比低于 2.8 的空调,在欧盟属于中低水平,在美国则不准销售"。① 同时,我国没有根据客观情况的变化及时调整各项能效指标,导致实际能效标准与市场情况不一致。第三,能效标识监督管理制度不完善,且缺少相关企业的积极参与。我国目前的能效标识管理体制存在部门割据的混乱状态,各监管部门职责分工不明确,具体操作程序也不够明确规范。同时,由于缺乏相关市场激励机制,无法充分调动企业和公众的积极性。第四,对违法行为处罚力度不足。相关管理办法没有就违规企业和产品的处罚作出详细的规定,也没有制定出与之相配套的强制推广措施,这就容易给生产和销售违规产品的企业有漏洞可钻。

(2)合同能源管理制度的发展存在障碍

随着我国经济体制由计划经济向市场经济的转型,节能的阻力主要表现为节能服务的市场障碍,要克服这一障碍,需要实行节能服务的市场化发展。合同能源管理就是一种很有效的模式。合同能源管理(Energy Saving Performance Contracting,简称 ESPC)起源于 20 世纪 70 年代中期的西方发达国家,是一种新型的市场化节能机制,其实质就是以减少的能源费用来支付节能项目全部成本的节能业务方式。我国自 1996 年开始引进合同能源管理制度,经过 10 多年来的推广,虽有一定发展,却没能取得预期的绩效。

目前,我国推广的合同能源管理制度存在不少障碍和问题,其中最主要的是:第一,融资困难。我国的节能服务公司大多是小公司,目前发展很快,但壮大很慢。由于合同能源管理模式启动的节能项目效益支付具有滞后性,且新成立的节能服务公司经营时间短,尚未建立良好的商业信誉。同时能源服务公司的节能项目规模较小,金融业对该制度又缺乏了解,所以银行不愿意贷款,即使有贷款,也不容易找到担保机构。

第二,我国诚信体系尚不健全。很多能源用户愿意享受节能效益的回报,但不愿在节能项目中投入资金,以致各种风险都由节能服务公司来承担。如果节能改造项目结束后,用户没有按时支付设备的投入款和分享的效益,这对

① 崔华:《让标识成为你心中的符号》,载《电器》2004 年第 10 期。

节能服务公司来说无疑是风险很大且极不公平的。

第三，节能率量化困难。节能效果的评估和确认对于合同能源管理项目的实施推广极其重要。因为节能效果的认定，是用来确定节能服务公司和用户的收益及风险的分配。节能服务公司在实施节能项目中，会遇到一些运行管理中的不确定性因素。对节能效果的认定，需要在测试计量上花较多的人工和检测费用。而长期以来，大多数单位的用能方式都是粗放型的，很少配有专业的能源计量仪器，运行数据纪录也没有保存完整，这些都造成节能率的量化非常困难。

第四，税收成本高。在我国目前的税收制度下，节能服务公司的税赋负担比一般企业相对要高，国家也没有针对节能服务公司的税收优惠政策，导致不利于合同能源管理的发展。同时，许多企业找不到合理的财务科目从所节约的能源费用中向节能服务公司支付应返还的投资和服务费用。①

(3)能源需求侧管理制度缺位

能源需求侧管理起源于20世纪70年代的美国，90年代开始引入中国。所谓能源需求侧管理，就是指通过采取有效的激励措施，引导能源用户改变用能方式，提高终端用能效率，优化资源配置，从而改善和保护环境，实现最小成本能源服务所进行的用能管理活动，是促进能源企业与国民经济、社会协调发展的一项系统工程。能源需求侧管理一方面能够缓解能源供应不足的压力，另一方面可以提高能源的使用效率，减少污染物排放对环境的污染，实现经济的可持续发展。目前，我国的能源需求侧管理主要应用于电力行业，主要依靠法规制度、技术推广、信息交流、标准等行政鼓励手段和回扣、补贴、奖励、电价结构等财政激励措施来实现。美国实施能源需求侧管理的成功为我国提供了很好的借鉴，正是基于此，我国政府近年来开始越来越重视能源需求侧管理的应用和推广，并取得了一定的成效，但总体上还是处于比较初级的阶段，无奈地停留在呼吁和研讨之中。

总的来说，能源需求侧管理的发展在我国还存在一些问题和障碍，主要表现在以下几方面：第一，误解能源需求侧管理的本意，把“管理”片面理解为管束而不是经营。“需求侧管理”是由英文“Demand Side Management”一词翻译而来的，缩写为DSM，在翻译的过程中产生了意义上的偏差，中文的管理强

① 国家发改委：《合同能源管理解决商场电费之痛》，载《中国商报》2005年1月28日。

调“管”，有管束和管制的意思，而英文中的“Management”则更偏重经营。于是，很多人就把“需求侧管理”认为是对需求方的“管束”，以权力管制、约束用户的需求和使用方式。其实，能源需求侧管理是一种自上而下的、自发的，以节能为市场、以服务为手段、以营利为目的、以科学用能为支撑的经营行为，而不是政府或垄断企业管制和干预的结果。

第二，对能源需求侧管理的认识不充分，并把它与“拉闸限电”相等同。目前我国大多数人都把能源需求侧管理片面地认为就是电力需求侧管理，甚至把它等同于移峰填谷、拉闸限电、计划用电或电费上涨等，使能源需求侧管理失去其本身的内涵和意义。能源需求侧管理并不局限于电力，而是可以统筹各种能源的。更不能等同于“拉闸限电”，而是要依靠科技，采取有效的激励措施，引导能源用户改变用能习惯，提高用能效率，从而达到节能效果。

第三，能源需求侧管理的相关法律法规不够完善。2001 年原国家经贸委和国家计委将需求侧管理以法规形式纳入到《节约用电管理办法》中。但这部法律只关注到对终端用户进行负荷控制的电力需求侧管理。① 而 2004 年国家发改委与国家电监会关于《加强电力需求侧管理工作的指导意见》对需求侧管理制度的规定则过于笼统，缺乏可操作性和可执行性。

第四，缺乏必要的经济激励措施。在我国，由于实施需求侧管理会一定程度减少售电量，这样会减少企业的利润，所以企业没有积极性去主动实施电力需求侧管理。激励机制的缺乏已经严重影响了能源需求侧管理在我国的实施。

第五，节能技术和设备落后。我国目前的电力需求侧管理主要是通过“移峰填谷”的负荷管理来实现峰荷的转移，而忽视通过节能、提高能效来实现需求侧管理。正如中国能源网信息总监韩晓平所说的那样，“每天提醒一千遍‘随手关灯’、‘随手关龙头’，不如安装一个声控开关和一个感应水龙头更有效”！而声控开关和感应水龙头等节能设施就需要先进的节能技术和设备的研究和开发。

(4)节能自愿协议有待探索和发展

节能自愿协议是国际上常用的一种非强制性节能措施，是指政府与企业间达成的一种节能协议，可以有效弥补行政、法律手段的不足。我国自 20 世

① 龚向前:《美国能源需求方管理之法律政策及其借鉴意义》，载《海南大学学报》2008 年第 5 期。

纪末开展节能自愿协议项目以来，虽然取得了一定成果，但仍存在一些问题，节能自愿协议在我国还有待进一步的探索和发展。

第一，政府缺乏有效的政策激励措施。节能自愿协议在我国实施的过程中，一个较大的缺陷就是政府没有提出有力度的政策激励措施。在与企业签订节能自愿协议时，政府往往只重视节能减排的目标，而忽略了企业的实际效益，对企业参与节能自愿协议的行为往往只给予企业荣誉或者是政府表彰，缺乏强有力的优惠政策和经济刺激，这样就大大地降低了企业参与节能自愿协议的积极性，甚至有可能使企业认为自愿协议会加重自身负担，从而对参与节能自愿协议产生排斥心理。如果政府不提出有效的政策激励措施，就不会得到企业对节能自愿协议的积极响应，而如果企业不积极响应，那么节能自愿协议就会变得没有任何实际意义了。

第二，政府部门缺乏服务性思维。节能自愿协议是政府与企业间达成的一种节能协议，是一种非强制性的节能措施。在节能自愿协议中，政府要担当起服务者的责任，而不是扮演行政管理者的角色，应该为企业提供技术支持和政策激励。但是，我国的政府部门在节能自愿协议的实施当中，缺乏服务性思维，仍然习惯于管理者的角色，把政府与企业之间的关系仅仅当成"管理与被管理"的关系，认为政府既然定下了节能指标，企业就必须按时按量完成。在这样一种习惯性思维的指导下，政府部门当然不会热心于出台激励政策以及提供其他支持，而是消极地等着企业完成节能指标。如果政府部门仍不能及时扭转习惯性的"管理与被管理"的思维，并形成服务性思维，那么节能自愿协议在我国只能是成为一句空喊的口号。

第三，节能自愿协议在我国的推广存在障碍。节能自愿协议项目在我国是以试点的形式开展的，项目组在活动开展前精心挑选了试点地区和行业，并在理论指导和实践指导方面做了充分的准备，最后选定了山东的钢铁行业作为节能自愿协议项目的试点。并且，在山东的节能自愿协议试点工作取得了良好的成效。但节能自愿协议要在我国大范围推广却仍有困难，这是因为，项目组精心挑选了山东作为试点，而山东位于我国东部沿海地区，属于经济比较发达的省份，同时，钢铁行业又是山东的优势行业，这就使得节能自愿协议在山东的实行比较容易和顺利，并能够实现很好的环境效益和经济效益。但是，我国幅员辽阔，城乡和地区之间的经济发展并不均衡，在经济并不发达的中西部地区，它们并不能像试点地区一样，为节能自愿协议的开展提供相同的有利条件。因此，节能自愿协议在我国的普及还存在一定的障碍。

第四，节能自愿协议宣传力度不够，缺少社会认知度。节能自愿协议是政府与企业就节能目标达成的协议，这一协议的目的在于保护环境，实现人类的可持续发展。这是一个长远而艰巨的目标，仅仅由政府和企业是不能实现的，还需要社会公众的支持。这种支持，既有企业员工对企业实施节能措施的支持，也有企业员工以外的公众对政府和企业的支持。虽然我国在1999年即开展了节能自愿协议项目，并在试点地区取得了一定成效，但是节能自愿协议在我国的认知度并不高，对节能自愿协议的宣传力度还不够。提高它的社会认知度，将更有利于节能自愿协议的顺利实现。

三、西方发达国家通过市场机制促进能源节约的立法概况

（一）美国通过市场机制促进能源节约的法律制度考察

美国不但是位居世界第一位的能源消费大国，同时也是世界头号能源生产大国。美国历来高度重视节能对国民经济发展的重要作用，把节能工作始终置于首要的战略地位。自从20世纪80年代开始，美国对能源产业采取宽松的宏观调控政策，强调市场机制的作用，重点是提高能源效率、扩大天然气的利用以及促进可再生能源的开发。美国节能管理制度最大的特点就是将竞争机制引入能源市场，通过市场行为来激励企业和消费者实现更高的能源效率标准。其中比较典型和影响较大的措施包括能效标准、"能源之星"工程、合同能源管理以及能源需求侧管理制度。

1."能源之星"工程

早在20世纪70年代，美国政府和民间就开始了对能效标准的研究，80年代逐步制定最低能效标准。最低能效标准一般都以强制性的法律、法规的形式颁布执行。美国除了推行强制的最低能效标准外，还提倡自愿能效标识。自愿性的能效标识包括能源信息标识和保证标识，"能源之星"（Energy Star）标识就是保证标识的典型代表。"能源之星"（Energy Star）项目是美国环保署（EPA）和能源局（DOE）于1992年联合发起的，由各生产厂家、建筑商等自愿参加，是一项旨在通过提高产品的能源效率的方式减少温室气体排放，从而保护环境的工程。"能源之星"最初只针对电脑、显示器等产品，1995年开始，美国环保署（EPA）又将办公设备、家庭供热和制冷等家用电器纳入"能源之星"项目的范围。目前，"能源之星"认证产品已经覆盖大部分家用电器、办公设备、照明设施、电子产品等，同时还扩展到了新建房屋以及商业和工业建筑领域。包括了美国的60类共计3400多种商品，同时已有1200多家企业制造

“能源之星”产品。

“能源之星”作为一种能效标识不仅可以起到帮助消费者识别购买到能效最高、最省电的产品，而且能够起到宣传教育的作用、改变消费者的购买习惯、提高消费者和企业的节能观念，对市场进行引导。事实证明，这种引导的作用是卓有成效的。“普里曼”(Primen)公司对全美500个家庭调查后发现，有3/4的消费者称，过去一年中购买家电时，节能是他们考虑的一个重要因素；约56%的调查对象表示，他们都见到过“能源之星”等与节能有关的宣传和广告。①

“能源之星”工程的实施获得了相当明显的效果，据美国能源之星官方网站统计的数据显示，仅仅2009年，通过“能源之星”工程所节约的能源就相当于减少了3千万汽车所排放的温室气体，节省了近170亿美元。对于美国家庭来说，“能源之星”工程可以帮助他们识别高效节能的产品，不但减少了温室气体的排放，还帮助他们节省了至少1/3的家庭能源费用预算。

2. 合同能源管理

20世纪末，美国放松对能源市场的管制，将竞争机制引入能源市场。其中，合同能源管理(Energy Saving Performance Contracting，简称ESPC)作为美国联邦促进能源效率工作的一种有效市场机制被广泛应用。合同能源管理(ESPC)是美国联邦政府机构与能源服务公司(Energy Services Company，简称ESCO)之间签订的节能服务协议。首先由能源服务公司为联邦政府的设备做一个全面的能源审计和可行性分析，并设计出一个符合联邦政府需要的提高能源效率的项目，然后由能源服务公司去购买和安装高效的设备，并进行项目融资。能源服务公司要保证项目所节省的费用足够支付其成本，能源服务公司在提供项目服务成功后，双方共同分享节能的收益。同时存在一个第三方认证机构(GA Energy Team)，负责对项目的质量、项目谈判、项目管理、项目监测和核定等提供专家鉴定，并对项目的节能情况提供长期监测。

目前美国的合同能源管理的典型项目包括：能源管理系统，室内、室外照明，锅炉替换、蒸汽系统的维护，高效的采暖、通风、空调系统，半导体交通照明(led)系统、废水处理系统和游泳池系统等。一份美国华盛顿Lawrence Berkeley National Laboratory(LBNL)和The National Association of Energy Service Companies(NAESCO)关于美国能源服务公司在2000—2006年的发展报告中提出，美国的能源服务公司在2004—2006年的利润以每年20%的

① 毛磊：《打造节能冰箱》，载《中国质量技术监督》2005年第2期。

幅度增长,被调查的 33 家能源服务公司在 2006 年的利润总额为 3.6 亿美元。① 合同能源管理机制具有无最低投标要求、高度的整合能力、用能单位可以选择设备和分包商、对能源服务公司实行问责制、零风险零投入、实现多方共赢等优势。

3. 能源需求侧管理

美国自 20 世纪 70 年代连续两次经历能源危机后,开始放松政府干预和管制,主张将市场机制引入能源领域。1978 年美国国会修改的《公共事业管理法》(PURPA)对能源需求侧管理进行了规定。在此背景下,一个以营利为核心,以用户能源需求侧优化经营为市场的产业应运而生。自 20 世纪 80 年代后期以来,公共事业的需求侧管理发展十分迅速。能源需求侧管理(Demand Side Management)通过实施有效的能效技术,管理用户对能源服务的需求,包括但不限于在商用、工业、住宅、公共机构和政府建筑物及设施上的安装节能、负荷管理等措施。

能源需求侧管理不仅广泛应用于电力行业,也同样在燃气行业取得了很好的效果。能源需求侧管理不但能实现巨大的经济利益,更重要的是还能产生重大的环境保护利益。节约能源并减少新建的发电厂,这样电厂就会减少用水、用能和污染物排放。2007 年犹他州完成的一项燃气利用效率潜力研究表明,如果良好的综合燃气需求方管理项目运行 10 年(2007—2016 年),便可减少商用和民用燃气用量 20%;且将为犹他州消费者和企业提供 15 亿美元以上的纯经济收益。② 同时,能源需求侧管理还可以产生巨大的社会效益。例如,能源需求侧管理可以帮助居民和家庭节能,减少电费支出;改进工作场所的环境,提高生产效率;改善住宅和商业建筑供应;还可以提供就业机会,导致就业的增长;等等。

(二)欧盟通过市场机制促进节能源节约的法律制度考察

欧盟地区经济发达,能源消费量十分巨大,而欧盟的能源资源相对短缺,是能源输入型地区。欧盟国家的主要燃料石油和天然气占欧盟能源消费量的

---

① ESCO Study Documents Growth of Twenty Percent Air Conditioning Heating&Refrigeration News 6/18/2007, Vol. 231Issue 7:77.

② G DSAss ociates. The Maximum Achievable Cost Effective Potential for GasDS M in Utah for the Questar Gas Company ServiceArea. Utah:Utah Natural GasDS M Advis ory Group,2007.

66%。可以说，欧盟及欧盟国家有关节约能源的法律规范体系影响着欧盟国家能源消费的现状和未来。总的来看，欧盟采取一系列的行动措施，重点在设计一整套制度和保障机制，培养全民节约能源、积极开发和使用新能源的意识，建立能源使用效率指标，采用能源消费认证制度，增强政策的可操作性，注重节能知识技术的培训，加强能源使用监测，进行合作交流、使研究成果应用到实际当中并推广到其他国家。以此达到欧盟节约能源和提高能源利用效率的目的。欧盟对能源和节能问题的关注起步较早，而欧盟各国又都是市场经济非常发达的国家，欧盟在将市场机制引入节能法律制度方面有许多成功的经验值得我们借鉴。

1. 能源效率行动计划

为了经济全球化的挑战和日渐暴露出的欧盟能源供应安全隐患问题，以及面对欧洲一体化所遭遇的挫折，欧盟重新审视自身能源政策，决定从内部市场整合到外部市场能源供应，从扩大能源进口渠道到立足发展可再生能源。2006 年，欧盟在制定和实施其能源政策方面采取了一系列重大举措。2006 年 3 月，欧盟委员会出台了《新能源政策》和《能源绿皮书》。10 月，欧盟非正式首脑会议又通过了《能源效率行动计划》。①

《能源效率行动计划》重申了欧盟在 2020 年节约一次能源 20%以上的目标，为了实现这一目标，《能源效率行动计划》认为必须按照全面而具有现实操作性的具体计划，转变能源消费模式，转变社会行为模式，充分利用现有技术，鼓励技术创新，培养节能产品的市场，激励节能产品的生产、购买和理性消费。② 到 2020 年，如果能够实现节能 20%的目标，每年能少排放 7.8 亿吨二氧化碳，这就大大有助于欧盟积极实现《京都议定书》中的义务。③

《能源效率绿皮书》中曾指出，依靠先进的节能设备和发达的能源供应服务这两个优势，不仅能为欧盟的竞争力和效率作出巨大贡献，而且能够让欧盟在世界上成为节能领域的领先者，并掌握更多的贸易机会。在此基础上，《能源效率计划书》提出了覆盖建筑、运输、制造、金融和教育等行业共计 75 项具

---

① Action Plan for Energy Efficiency：Realising the Potential，COM(2006)545 final.

② 赵浩君：《欧盟〈能源效率行动计划〉探析》，载《华北电力大学学报(社会科学版)》2007 年第 4 期。

③ 徐添：欧盟提出到 2020 年节能 20%计划，中国国际贸易促进委员会官网 http://www.ccpit.org/Contents/channel_54/2006/1024/15064/content_15064.htm，访问日期：2009 年 2 月 12 日。

体措施，拟在未来6年，围绕更新电力产品节能商标、减少汽车排放量、鼓励节能投资、提高发电站节能和建立刺激节能的税收制度等10大优先领域，力争在2020年前实现节能20%的目标。

2. 家用电器能效标识

(1)能量标签

欧盟92/75/EEC指令协调成员国关于家用电器耗费能源和其他基础资源的信息公布的国家措施，使得消费者能依据产品能效选择产品；关于家用电器的能源和其他资源的耗费的标签标示和标准产品信息由欧盟92/75/EEC指令规定。

(2)最低能效要求

欧盟实施强制性最低能效要求以鼓励制造商改进产品使用的最低能耗，目前主要对以下三类产品提出了最低能耗要求：荧光灯，冰箱、冷冻机和它们的组合，热水锅炉，并且符合要求的产品必须有CE标志。

(3)“能源之星”标志

“能源之星”计划于1992年由美国环保署(EPA)所启动，目的是为了降低能源消耗及减少发电厂所排放的温室效应气体。欧盟与美国在2006年12月签订了新的能源之星协定，是关于美国与欧盟在对办公设备节能标识上的协作，此计划并不具强制性，自发配合此计划的厂商，就可以在其合格产品上贴上“能源之星”的标签。消费者通过能源之星标识就能轻易认准低耗能产品。

(4)耗能器具的生态设计

生态设计(Ecodesign)是一个新概念，旨在减少家用电器等所有耗费能源的器具的耗能。如果可能的话，必须在产品自己身上就可以看见产品的环保表现和节能效率的信息，使得消费者在选购时能进行比较。

(5)废弃电子电器设备

家用电器还需符合欧盟废弃电子电器设备(WEEE)指令2002/96/EC和电子电器设备的有害物质(ROHS)指令2002/95/EC的相关标示的要求。同时，有专门的电子电器设备分类收集的标志，其印制必须是明显的、清晰的和不易磨损的。

(三)日本通过市场机制促进能源节约的法律制度考察

日本是一个能源十分匮乏的国家，几乎所有的石油、煤炭和天然气等能源都依赖进口。为此，日本政府一直都非常重视节能，并通过立法促使企业节约能源、提高能源使用效率。日本立足国内外能源现状，通过发展国内资源，减少对海外的依赖度，增强发展国民经济的自主性。日本政府采用以政府调控为主，辅以市场调节，即"政府＋市场"的能源模式，日本政府自1978年开始着手新能源的开发并提出节能，其灵活运用市场机制的节能管理办法取得了良好的效果，使得日本这样一个能源贫乏的国家成为世界上节能技术和节能政策最科学、最发达的国家之一。目前，日本是世界上单位GDP能耗最低的国家，其节能政策使得日本社会经济得以迅猛并持续发展，因此考察日本的节能市场机制法律制度对我国有重大的参考价值。

1. 以立法的形式规定了运用市场机制的能源政策

日本的能源立法形成了以《能源政策基本法》为指导，《节约能源法》、《天然气事业法》、《电力事业法》、《原子能基本法》、《促进资源有效利用法》、《促进新能源利用特别措施法》等能源专门法为中心内容，《促进资源有效利用法施行令》、《促进新能源利用特别措施法施行令》、《天然气事业法施行令》、《电力事业法施行令》等相关部门法施行令为补充的能源法律法规体系。2002年6月14日，日本制定颁布的《能源政策基本法》规定了日本能源政策的基本方针，即确保能源的稳定供应、满足环境保护要求并灵活应用市场机制。具体地讲，第一，通过降低对特定地区石油进口依存度、加强重要能源的开发、完善能源输送体制等措施，实现能源供给多元化，提高能源自给率，保障国家能源安全。第二，通过开发新能源和节约能源，防止温室效应并保护环境，促进循环型社会的形成。第三，减少国家对经济的干预，推行能源市场自由化，充分发挥企业的自主性和创造性，确保能源需求者的利益。

2. "领跑者"制度

日本于1999年对《节约能源法》进行第三次修订时，加入了"领跑者"制度(Top Runner)，这是日本独创的一项非常成功的节能制度。"领跑者制度"是针对家用、办公室电器的节能标准和汽车燃料效率标准制定的。其目的就是运用现有技术，调整产业机构，鼓励创新，提高能源的利用效率，形成经济发展和环境保护的双赢局面和良性循环。主要包括三个方面：激励市场竞争和创新、推广现有技术、增强行业竞争。所谓"领跑者"，是指汽车、电器等产品生产领域能耗最低的行业标兵。"领跑者"制度意味着，厂家生产的该种商品均必须超过现有商品的同类产品中节能性能最好的产品。因此，领跑者制度即为节能标准更新制度。① 节能指导性标准按当时最先进的水平制定，五年后这

① 陈海嵩：《日本的节能立法及制度体系》，载《节能与环保》2010年第1期。

个指导性标准就变成强制性标准,达不到标准的产品将被禁止在市场上销售,而新的指导性标准又同时出台。"领跑者"制度就是通过这样制定行业性标准,要求其他企业向它看齐。

领跑者标准实施的产品类型是根据产品耗能情况、使用量情况、相关检测标准和检测能力等因素确定的。目前涉及汽车、空调、电视机、录放机、荧光灯、复印机、计算机、磁盘单元机、电冰箱、变压器、电饭煲、微波炉、DVD 机、交换机和路由器等,共 23 大类产品。同时日本政府还根据形势的变化不断扩大该制度的适用范围。"领跑者"标准刚开始并非强制性的,但有一系列的规定来促使企业去追赶"领跑者"。在规定的时间内未达到该标准的制造商,政府可对其采取警告、公告、命令、罚款等各种措施,并禁止原产品继续销售。

总的来说,"领跑者"制度不但推动了日本企业及产品的技术更新,还形成了以技术为导向的市场竞争,鼓励和激发了企业不断创新的内在动力,取得超出当初预想的节能成效。其中,计算机产品在 1997—2005 年的 8 年中,能效水平(能耗量 kWh/a)提高了 99.1%。[①]

四、我国通过市场机制促进能源节约的法律制度建设

将市场机制引入节能法律制度,具体体现为一系列经济手段的运用。但这里的经济手段并非指经济学领域里的所有手段,而是指那些符合环境成本内部化要求的、能够实现有效利用能源资源的、适应社会经济可持续发展的经济手段。诚然,促进能源节约的市场手段是多方面的,由于篇幅所限,本文重点讨论能源法征求意见稿和《节约能源法》中提到的节能市场机制。《能源法》(征求意见稿)第 61 条对节能市场机制进行了专门规定:"各级人民政府应当建立和完善节能市场机制,培育节能咨询和服务体系,推行能源效率标识、合同能源管理、节能自愿协议和能源需求侧管理等措施。"[②]《节约能源法》第 66 条也是对节能市场机制的规定:"国家实行有利于节能的价格政策,引导用能单位和个人节能。国家运用财税、价格等政策,支持推广电力需求侧管理、合同能源管理、节能自愿协议等节能办法。"结合我国国情,通过市场机制完善我国节能法律制度,应该逐步建立能反映能源内部成本和外部成本的价格制度,完善能效标识管理制度,培育合同能源管理制度,探索研究能源需求侧管理和

① 曹宁等:《中日能效标准标识制度浅析比较》,载《中国能源》2010 年第 2 期。

② 王文革:《中国节能法律制度研究》,法律出版社 2008 年版。

节能自愿协议制度，逐步形成有利于能源节约和环境保护的市场运行机制。

（一）能源价格制度

要深化价格改革，积极稳妥地推进能源价格市场化进程。我国要逐步改变资源价格主要由政府主导定价的做法，充分发挥市场机制的作用，使资源价格既体现其实际价值，又反映其稀缺程度，通过价格机制抑制资源不合理消费①。

1. 能源价格改革的基本思路

总的来说，促进节能的能源价格制度改革就是要推进政企分开，引入市场竞争机制，创新企业制度，实现规模经营，建立严格的监管体系，充分利用市场机制的调节功能，并对不同的能源进行有针对性的改革。

首先，要建立竞争型的市场结构。要打破现有大企业对能源市场的垄断，鼓励国内外私企进入能源行业，对国有企业进行必要的重组，实现能源市场的有效和良性竞争。

其次，建立基于市场经济的有效能源价格监管体系，完善能源价格监督机构，健全监管的规则制度以及利益相关经济体之间的制衡机制。

再次，再造能源价格限制和补偿机制。对于可再生能源的开发和利用，政府可对企业进行定额补贴。对于增量国有资源使用权的分配，可通过规范的招标进行，对存量国有资源的使用，建立完整、科学的资源税费体系。②

最后，适当提高某些能源的价格。建立既体现其实际价值，又反映其稀缺程度和环境成本的能源价格制度。较高的能源价格不仅可以促使企业节约能源的投入和使用，并积极进行节能技术改造，同时还有利于提高能源的开采程度和利用效率。

2. 不同能源价格改革的对策

具体到不同的能源价格改革，其对策也有所不同。石油价格改革应重点把握：落实石油综合配套调价方案，理顺国内成品油价格；打破垄断，充分发挥市场在石油配置过程中的作用；完善石油价格接轨办法，努力使接轨价格反映石油的市场供求关系、消费结构变化等；各级政府要认真做好石油价格改革财政补贴工作，以帮助普通百姓和公益性行业应对油价上涨的影响；建立和完善

---

① 张通：《英国政府推行节能减排的主要特点及对我国的启示》，载《中共中央党校学报》2008 年第 1 期。

② 王文革：《中国节能法律制度研究》，法律出版社 2008 年版，第 143 页。

我国石油期货市场，并努力提高我国在国际石油价格形成中的地位；进一步做好燃油税费体制改革，发挥市场价格杠杆作用，合理引导消费，促进能源节约，并进一步理顺税费关系，公平社会负担。

对于电力价格的改革，要在建立电力市场的基础上，改变由政府管制和确定价格的办法，打破垄断，引入竞争，充分发挥市场在电力资源配置中的基础性作用，引导企业降低成本，提高技术水平，提高效率，加强和改进用电管理，建立成本约束机制。在发电环节实行“厂网分离、竞价上网”，建立有序竞争的电力市场；在输电环节建立政府管制的输电价格体系；在电力销售市场加快电力需求侧管理制度的建立，建立合理的用电价格体系，推行分时电价，促进用户节约和合理用电；限制高能耗产业用电，扩大差别电价实施范围，促进企业结构调整。

继续推进天然气的价格改革，应适度放松政府管制，改变过去由政府定价的方式，加快引入市场竞争机制；尽快形成与国际市场价格接轨的天然气价格体系；理顺与可替代能源的价格关系，建立天然气与可替代能源的价格挂钩制度和动态调整机制；改变对管输环节价格管制的内容和方式。同时推进煤炭价格市场化进程，研究和制定能耗超标的加价政策等等。

(二)能效标识制度

1. 我国能效标识制度的建立

能效标识是指标示在用能产品上，主要用来表明产品的能耗、能效水平或能耗指标的一种标签，标签上同时还可能包括对产品重要特性的说明以及其他信息。能效标识可以用来帮助和鼓励消费者购买节能高效的产品，使消费者在购买产品时可以比较不同品牌的同类产品的能耗情况，以便作出明智选择，同时也影响生产厂家、销售商的产品设计和市场营销策略。

我国目前实行的能效标识，属于比较标识，为消费者提供有关产品的规格型号、能效等级、能源消耗量、执行的能效标准编号等方面的信息，这些信息易于消费者理解。消费者在作出购买决定时，可将能效与价格、可靠性、便捷性和其他一些特性一同考虑，并且可与相似产品的能源效能进行比较。①

国家发改委会同有关部门先后于 2004 年 11 月、2006 年 11 月、2008 年 1 月和 10 月发布了四批能效标识实施产品目录以及具体产品的实施规则。截

① 杨景宇，李飞主编：《中华人民共和国节约能源法适用指南》，中国市场出版社 2007 年版，第 42 页。

至2009年3月，通过产品备案的企业达到1265家，通过产品文本备案的产品型号达57308个。我国能效标识制度自2005年3月1日实施以来，累计节电900亿千瓦时，折合3000多万吨标准煤。①

2. 进一步完善能效标识制度

我国虽已确立能效标识制度，但仍存在诸多不足，应进一步完善和改进。

第一，认真贯彻实施《能源效率标志管理办法》，国家相关部门要加大市场监管以及对违规企业和产品的查处力度，特别要加强地方层面的监督。同时，完善能效标识管理模式和实施体系，以保证各实施环节的科学、合理和高效。

第二，应进一步扩大能效标识管理制度的适用范围，不应仅仅限于冰箱、空调和洗衣机这几样家用电器，可把其他家用电器也纳入管理产品目录中，同时再进一步扩大至除了家用电器外的其他能耗高、节能潜力大的各种电器，如工业领域、公共领域和交通领域等，这样才能充分提高全社会的节能效果，更好地构建节能型社会。

第三，在健全能效标识监管体制的基础上，调动公众和社会的参与性和积极性。能效标识的管理离不开政府的主导，立法应明确各监管部门的职责和权限，并完善监管程序和监管手段。同时，建立能效标识管理的公众参与机制，引导企业参与能效标准的制定，建立利益相关者的能效标准制定听证制度以及生产商之间的相互监督制度等。

第四，健全能效标识管理制度的法律责任机制。目前，《能源效率标识管理办法》中对法律责任的规定过于简单和宽泛，且处罚力度不足，这样对违法者起不到很好的威慑作用，应加大对违法企业的处罚力度并提高其违法成本，同时现有的罚款、通报、限期整改等方式过于简单，应进一步完善责任的承担方式，使处罚方式多样化。

第五，加大宣传力度，不断提高能效标识的社会认知度，引导社会消费行为，促使企业加快节能高效产品的投入和研发，从而形成企业和消费者积极生产和购买节能产品的良好社会氛围，提高公众节能意识。

第六，根据各种终端用能设备的节能潜力、预期效益、相关机构的能力、国际一致性等因素，制定终端用能设备能效标识以及配套标准，从而提高用能产

① 《我国能效标识制度实施4年来累计节电累计900亿千瓦时》，中央政府门户网站，http://www.gov.cn/jrzg/2009-04/01/content_1275017.htm，访问日期：2009年4月1日。

品的能源效率、促进市场竞争、消除国际贸易壁垒、减少污染物的排放，保护环境。

第七，加强国际交流与合作。深入吸取国外先进的成功经验，并可以考虑与其他国家的能源标识制度开展互相认证。

（三）合同能源管理

1. 合同能源管理的内涵和特点

合同能源管理（Energy Saving Performance Contracting，简称 ESPC）是一种基于市场运作的新型节能机制，其实质就是以减少的能源费用来支付节能项目全部成本的节能业务模式。节能服务公司（Energy Service Company，简称 ESCO）与愿意进行节能改造的用户签订节能服务协议，首先由节能服务公司为用户的设备做一个全面的能源审计和可行性分析，并设计出一个符合用户需要的提高能源效率的项目，然后由节能服务公司去购买和安装节能高效的设备，并进行项目融资。节能服务公司要保证项目所节省的费用足够支付其成本，节能服务公司在提供项目服务成功后，双方共同分享节能的收益。依照具体的业务方式，可以分为分享型合同能源管理业务、承诺型合同能源管理业务、能源费用托管型合同能源管理业务等。

合同能源管理具有强烈的市场经济特征，是市场经济发展的产物。在合同能源管理中，用能企业无须投入或少量投入资金便能进行有效的节能降耗，节能公司也可从节能效益中获得利润，这是一种双赢的模式；对于用能企业来说具有节能效率高、投资回收短、改善现金流、提升竞争力的优点，并能实现零投入和零风险。同时，合同能源管理也存在合同期限长、收益不确定、融资困难，以及税收成本高等缺点。

2. 合同能源管理在我国的现状

合同能源管理起源于西方发达国家，于 20 世纪初 90 年代由世界银行、全球环境基金项目引入中国。我国目前的能源利用效率低下，单位产值能耗较高，其巨大的节能潜力和节能市场为合同能源管理的发展奠定了基础。

我国政府从 2000 年开始大力推广合同能源管理制度，不但在 2004 年 4 月成立了行业组织——中国节能协会节能服务产业委员会（EMCA），还为此建立了专项担保资金，实施节能服务公司贷款担保计划。中国节能协会节能服务产业委员会主任沈龙海在“2009 中国北京国际节能环保高层论坛”上提到：“中国节能协会节能服务产业委员会的会员已从最初的 59 家增加到了 2008 年的 317 家。同时，社会上还出现了大批以合同能源管理机制实施节能项目的节能服务公司，从 2006 年年底的 51 家增长到了 2007 年 76 家，增幅为 49.02%；从业人员增长到 35000 人，增幅为 66.67%。”[①]据有关数据显示，2008 年中国节能服务产业总产值增长到 417.3 亿元，合同能源管理项目年节能能力达到 569.27 万吨标准煤，并减排二氧化碳 367.18 万吨。

随着政府部门对合同能源管理的大力宣传和支持以及人们对合同能源管理制度的进一步理解，合同能源管理在我国已经取得一定的进展，但大范围的推广仍不尽如人意，其发展规模相对于我国的节能空间来说还是非常小的。同时还存在融资困难、相关法律法规还不够完善、社会认知度不够高、缺乏政策激励等问题。合同能源管理是一个亟待发展壮大的产业，我们应该进一步完善相关措施保证其顺利发展。

3. 完善合同能源管理的措施

第一，加快能源立法进程，出台具体可操作的法律措施，规范节能服务公司的运作。对合同履行过程中可能出现的各种情况进行规定，例如合同履行过程中任何一方的分立、合并以及破产时的合同处理；项目收益权转让后，合同的处理；以及业主单位拒绝支付合同管理收益时的处理；等等。用法律的强制性明确规定来保证合同能源管理制度的顺利运行和发展。

第二，创新融资模式。改变传统担保形式，增加政府担保。增加融资保险和收益保险，尝试建立合同能源管理收益权交易和融资制度，并可尝试金融机构与能源管理公司合作。“中国推动合同能源管理发展指导委员会”正在建立一个合同能源管理项目贷款担保机制，动员国内金融机构积极参与节能项目，为新节能服务公司的建立和发展提供信贷和担保支持。

第三，减免税收，加大政策支持力度。建立政府节能基金，通过补贴、担保、贴息等方式支持企业和节能服务公司。更需进一步制定税收减免、企业补偿等方面的具体措施。[②] 税收减免应该包括对营业税、所得税和增值税的同时减免。

第四，加强行业自律，建立良好的社会信誉体系。一方面，要提高节能服务公司的商业信誉，通过宣传加强金融业和用能企业对合同能源管理制度的了解和支持，这就要求节能服务公司必须从组织方式、服务方式和业务程序方面规范自己，以保证用能企业利益不受损；另一方面，用能企业也应加强行业

① 《我国合同能源管理机制潜力巨大》，载《经济参考报》2009 年 6 月 17 日第 3 版。

② 步雪琳：《合同能源管理举步维艰》，载《中国环境报》2005 年 2 月 16 日。

自律，同时政府要强化对全社会的诚信教育和宣传，健全我国商业界的信誉体系，以减少节能服务公司的投资风险。

（四）能源需求侧管理

1. 能源需求侧管理在我国的实施情况

在不想降低生活质量和生产能力又面临能源有限的两难困境中，能源需求侧管理应运而生。能源需求侧管理通过采取有效的激励措施，引导能源用户改变用能方式，提高终端用能效率，优化资源配置，从而改善和保护环境。能源需求侧管理是一种自上而下的、自发的，以节能为市场、以服务为手段、以科学用能为支撑、以营利为目的的经营行为。能源用户通过合理有效地优化能源使用方式，从而节约能源费用，同时减少能源消耗和污染排放，达到保护环境和实现可持续发展的目标。有专家预测，如果能源需求侧管理得到长期有效的实施，到2020年，我国减少的电力装机将超过5个三峡工程。

能源需求侧管理自20世纪90年代初引入我国以来，我国试行的一些能源需求侧管理项目取得了一定的经验和成效。例如，各地区通过运用峰谷分时电价、季节电价和阶梯式累进电价等手段，引导用户移峰填谷。再如，2004年迎峰度夏期间，通过强化能源需求侧管理，国家电网公司削减高峰用电负荷最高达2186万千瓦，占全部缺口的73.3%。2005年湖北省高峰电价由原来的上浮160%调高到180%，转移负荷300 MW以上。多年实践证明，我国已经具备了实施能源需求侧管理的条件和基础。

2. 促进能源需求侧管理在我国发展的对策

跟西方发达国家尤其是能源需求侧管理已经很成熟的美国相比，我国的能源需求侧管理制度还处于初步阶段，存在很多问题和障碍。针对我国能源需求侧管理存在的问题，现提出如下对策以期能促进能源需求侧管理在我国的发展：

第一，重新认识能源需求侧管理的内涵。对能源需求侧管理的认识不能仅仅局限于电力需求侧管理，更不能把它等同于移峰填谷、拉闸限电、计划用电或电费上涨等。要认识到其本身的内涵和意义，能源需求侧管理是一种代表人类用能管理模式的变革方向，是可以统筹各种能源利用的，在天然气、采暖、供水、排水等领域都可以应用能源需求侧管理。同时，能源需求侧管理的基本要求是在不增加用户的能源成本的基础上，通过提高能效的科学技术，来实现有效降低负荷、减少能耗，而且这些技术的投入最终使能源需求方、供应方、能源服务公司和资金提供者各有所获，实现“共赢”的局面。

第二，加强对能源需求侧管理的财政激励和政策支持。“经济激励常常比政府命令更加有效，而且当两者同样有效时，经济激励更加廉价。”[①]能源需求侧管理不但能得到巨大的经济效益，还能产生良好的节能和环保效果。因此，我国应该从立法上确立对能源需求侧管理的全面激励政策：首先是对能源需求侧管理实施的成本予以补偿，其次是对能源需求侧管理实施的收入损失进行补偿，还有就是对能源需求侧管理的实施效果进行奖励。同时还可以借鉴国际上较为通行的做法，建立公益性的专项资金来支持能源需求侧管理的实施。专项资金对长期有效地开展能源需求侧管理可以提供有力的支持，产生可观的节能效益、经济效益和环境效益。

第三，加大节能技术的开发，促进节能技术的产业化和市场化。我国目前的通过“移峰填谷”的方式来实现峰荷的转移，而忽视通过节能实现能源需求侧管理的方式起不到良好的节能效果。这就要求要加大对节能的宣传，提升民众的节能意识，同时加强对能效技术的研究，促进能效技术应用的产业化和市场化。[②] 只有加大节能技术的开发和投入，才能使能源需求侧管理不但能够“节流”而且实现“开源”，进一步扩大了它的盈利空间，使其更加具有吸引力。

第四，建立可持续的执行机制。政府主管部门应充分重视能源需求侧管理，并建立一套有效的长期执行机制。首先是通过立法制定法律法规来保障执行机制的实行；其次，借鉴国外经验采用公用事业企业的运行与经营分离的模式，经营者必须通过竞标取得管理权利，电力监管机构代表公众利益实施监管，使得用户减少能源使用量，经营者反而会得到更多的奖励和报酬。[③] 同时，可考虑世界银行、国际能源署等国际机构向我国推荐的通过节能服务公司以“合同能源管理”的形式来实现能源需求侧管理。

(五)节能自愿协议

1. 节能自愿协议产生的背景及其优点

节能自愿协议是在能源与环境、生存与发展之间的矛盾日益激化的背景下产生的。自 20 世纪 70 年代的石油危机后，各国开始制定一些强制性措施，

---

① 凯斯·孙斯坦著：《风险与理性——安全、法律及环境》，师帅译，中国政法大学出版社 2005 年版，第 339 页。

② 任玉珑，黄清辉：《能源效率与电力需求侧管理》，载《生态经济》2005 年第 2 期。

③ 易蓉蓉：《能源“需求侧管理”之辩》，载《科学时报》2005 年 7 月 18 日版。

利用行政手段要求企业降低能耗，提高能源利用效率，保护资源和环境。之后，随着市场经济的发展，市场对能源价格以及企业行为有着巨大影响，许多国家除了使用行政调控措施外，也开始通过一系列的自愿活动鼓励企业节能减排。这样的做法与市场经济的基本原则是相符的，各国政府开始采用非强制性的措施来弥补行政手段的不足。在此期间，节能自愿协议逐步产生和发展，并在节能方面取得了良好的成效。

在节能自愿协议中，企业主动承诺达到一定的节能或环保目标，政府则提供相应的技术支持和激励措施，其评估审计由第三方实施。根据协商的内容和参与者的参与程度，节能自愿协议包括经磋商达成型、公众自愿参与型和单方面承诺三种类型。与强制性节能措施相比，节能自愿协议具有如下优点：一是灵活性强。节能自愿协议实施形式非常灵活，对企业而言，只需承诺达到某个节能或减排目标即可，实现目标的方法和路径完全可以自主决定，政府几乎不予干涉；二是有助于协调政府部门与企业之间的关系。节能自愿协议的实施可以加深两者之间的合作，实现政府部门与企业之间的互动，并增强两者间的相互信任。三是成本较低。与采取行政措施相比，政府通过自愿协议可以用更低的费用更快地实现刚性的节能和环保目标。①

2. 节能自愿协议在我国的实践情况

我国早在 1999 年就开展了节能自愿协议项目，该项目由原国家经贸资源司领导，中国节能协会负责实施，并且该项目还得到了美国能源基金会的资助和美国劳伦斯伯克利实验室的技术支持。项目组通过一系列的认真准备后，将山东钢铁行业选为试点。2003 年 4 月 22 日，山东省经济贸易委员会与济南钢铁集团总公司、莱芜钢铁集团有限公司签署了中国第一个节能自愿协议，制定了两家企业的节能目标。2004 年 6 月，国家发改委环资司组织的山东能源自愿协议评估组对山东省 2003 年节能自愿协议的实施情况作出评估：济南钢铁集团和莱芜钢铁集团共节能 22.4 万吨标准煤，减排二氧化硫 4022 吨，二氧化碳 13.4 万吨，实现节益 1.22 亿元，促进了政府节能管理机制和企业管理机制的创新。② 此外，节能自愿协议项目组还起草了《节能减污自愿协议实施办法》，界定了节能自愿协议的内涵和外延，对节能自愿协议的管理机构及其

---

① 安建主编：《中华人民共和国节约能源法释义》，法律出版社 2007 年版，第 98 页。

② 方雪萍：《钢铁业成为节能自愿协议试点》，载《中国冶金报》2006 年 5 月 30 日第 8 版。

职责、纠纷的解决、激励政策措施以及法律责任方面进行了规定，并规范了节能自愿协议的文本、签订和执行。完成了《节能减污自愿协议激励政策研究报告》，详细分析了在中国实施能源节约和污染削减的自愿协议的可行性，分析了实施自愿协议的社会、经济和环境效果，并根据国际经验提出了如何在中央和地方不同层次建立与自愿协议相配套的政策体系，分析了这个政策体系所应包含的内容和实施途径等①。

3. 推进节能自愿协议在我国的实施

自节能自愿协议在中国开展以来，取得了一定的经济和环境效益。但正如前文所分析的，节能自愿协议的成功只是局限于具有优势条件的试点地区，它在中国的推广还存在诸多障碍。例如，在试点地区，节能自愿协议的开展形式是点对点，即政府和每一个企业签订自愿协议。这样不利于节能自愿协议作为一种制度建立起来。笔者认为，推进节能自愿协议在我国的实施，当务之急是建立健全相关法律制度，为节能自愿协议在全国的推广提供具有普遍适用性的法律依据，再配以相关措施，推动节能自愿协议在我国的开展。

(1)建立健全节能自愿协议相关法律制度

首先，通过对现有法律法规的修改，确立有关节能自愿协议的法律制度。比如，可以修订相关法律法规，在其中设立专门的章节规定节能自愿协议。其次，制定专门法规对节能自愿协议进行具体规范和指导。如制定《节能自愿协议实施条例》，在条例中规定节能自愿协议的管理机构、协议主体、协议执行监督、激励政策、法律责任等方面的内容，对节能自愿协议的实施进行细化。同时，在建立健全节能自愿协议相关法律制度的过程中要遵循一定的原则。针对节能自愿协议的特点，在立法过程中应遵循以下几个原则。其一是信赖保护原则。信赖保护原则是指行政主体在形成行政行为的过程中，必须本着诚实信用的精神作出行政行为，并不得随意改变已生效的行政行为。该原则是行政法中的一项基本原则，之所以能够在节能自愿协议的立法中适用，是因为节能自愿协议作为政府管理保护环境的一种手段，其本身具有行政性②。而且，中国的政治体制决定了政府部门在节能自愿协议中占据主导地位。因此，在节能自愿协议的立法中应当引入信赖保护原则，以规范政府部门在自愿协议中的行为，信守承诺。其二是契约自由原则。契约自由原则是指当事人依

① 参见《中国节能自愿协议简报》第1期。

② 罗晓萌:《节能自愿协议法律研究》，广西师范大学硕士论文，2008年，第3页。

自己的意思订立契约而不受他人干涉。在签订节能自愿协议时应当遵循该原则，否则，自愿协议就有可能成为政府部门下达给企业的行政命令。

(2)完善政策激励措施

有效的激励政策会提高企业参与节能自愿协议的积极性，从而推动节能自愿协议的发展。企业追求的是一种经济效益，政府对企业的激励措施除了表彰、荣誉外，更多地要让企业获得经济上的实惠。一方面，政府可以对参与协议的企业减免税收，另一方面，可以向有困难的企业提供无息贷款，帮助它们实现节能目标。

(3)完善节能自愿协议的监督和评价体系

节能自愿协议的顺利施行离不开外部的监督和评价，应当完善相关的监督和评价体系，依靠独立第三方或者相关的专业机构，对节能自愿协议的履行作出公正的监督和评价。

(4)提高节能自愿协议的社会认知度

节能自愿协议是一个长远而艰巨的目标，仅仅由政府和企业是不能实现的，还需要社会公众的支持。这种支持，既有企业员工对企业实施节能措施的支持，也有企业员工以外的公众对政府和企业的支持。加大节能自愿协议的宣传力度，提高它的社会认知度，会有利于节能自愿协议的顺利实现。因此，政府部门应当加大对节能自愿协议的宣传力度，让企业和公众认识到其对环境保护和可持续发展的重要性，能够积极主动地参与进来，在全社会形成主动节能和保护环境的良好氛围。

第五章
新能源促进的法律制度建设

长期以来以煤炭、石油、天然气等化石能源为主的能源结构造成化石能源的可能枯竭而威胁能源供给安全，同时也造成了世界范围内的环境污染，造成能源的使用安全。严峻的能源安全形势和环境污染状况，特别是气候变化带来的严重影响，使人们开始清醒地认识到调整能源结构，发展清洁能源和可再生能源的重要性和紧迫性。目前，世界能源发展已经进入一个崭新的时期，清洁能源和可再生能源正在世界范围内发展起来，能源结构呈现出多元化的发展趋势。可再生能源开发利用日益受到国际社会的重视，许多国家提出了明确的发展目标，制定了支持可再生能源发展的法律法规和政策，使可再生能源技术水平不断提高，产业规模迅速扩大，可再生能源已成为重要的替代能源，大力发展可再生能源已经成为未来能源可持续发展的方向。当前，我国正处于经济社会发展的重要阶段，随着工业化、城镇化进程加快推进、经济社会快速发展和人民生活水平不断提高，能源需求将大幅上升，能源资源短缺与需求过快增长之间的矛盾加剧，过度依赖化石能源造成的环境污染问题已经十分突出。我国对可再生能源的利用起步较早，但是长期以来发展较为缓慢。近年来，随着经济社会发展的需要，我国开始重视可再生能源的开发利用，并将其上升到战略高度，作为应对世界范围内能源变革和实现可持续发展的战略举措。进入新的世纪，我国在法律、政策层面作出一系列调整，以保障和促进可再生能源的快速发展，制定了《可再生能源法》，并相继制定了《可再生能源中长期发展规划》、《可再生能源发展“十一五”规划》，统一的《能源法》也正在制定当中。就目前来说，风能、太阳能、生物质能等几种可再生能源的开发利用较具规模，相关法律制度建设也更值得关注。

第一节　风能促进法律制度建设[①]

自然界中，风是一种可再生、无污染而且储量巨大的能源。风能的利用主要是以风能作动力和风力发电两种形式，其中又以风力发电为主。在新型替代能源利用方面丹麦以其风能的充分利用而闻名于世，在使用其他清洁能源方面也遥遥领先。究其原因，一是在开发新型替代能源领域起步较早，二是在促进新型替代能源的推广应用方面的法律制度和政策方面持之以恒。其他如德国等欧盟国家的风能等替代能源促进制度也较为发达，试考察如下。

一、丹麦与德国风能法律制度考量

(一)丹麦的风能法律制度及政策措施

丹麦是世界上能源经济强度最低的国家之一。[②] 20 世纪 70 年代末的石油危机使得丹麦同许多国家一起寻找能使能源多元化的选择。1973 年能源危机爆发时丹麦 90% 能源还是石油，且绝大部分依赖进口。能源危机缓解后，丹麦重新使用中东石油，还从北海开发天然气田。但丹麦没有就此满足，反而开征能源税鼓励节约，开始建立特别补助金和相关标准制度以奖励节能企业。丹麦从 1979 年开始为风能工业提供补贴和贷款，政府承担风能投资的 30%，为韦斯塔斯公司等大型涡轮出口厂商提供贷款，还允许它们以成本价购进机械。1990 年，丹麦政府为风能企业设定了有效期 10 年的固定关税率，有效地推动了风能企业快速扩张。最终丹麦以其丰富的风力资源的应用迅速改变了本国的能源结构。根据丹麦能源署的数据显示，2010 年丹麦风力发电机总装机容量已达 3800 MW，占全国总发电量的 25%，其中海上风电场装机容量从 2008 年的 423 MW 上升到 2010 年的 868 MW。[③] 不过在丹麦政府公布

---

① 本节内容由西南政法大学易崇艳同志完成，由环境资源法硕士研究生徐小云补充更新个别数据资料，特此致谢！

② [澳]艾德里安 · J. 布拉德布鲁克(Adrian J. Bradbrook)、[美]理查德 · L. 奥丁格(Richard L. Ottinger):《能源法与可持续发展》，曹明德，邵方，王圣礼译，法律出版社 2005 年版，第 183 页。

③ 《积极发展风电　丹麦模式》，中国风力发电工程信息网，http://www.windpower.org.cn/news/news.jsp? id=1969，访问日期：2011 年 11 月 1 日。

的策略计划书中，到 2020 年，要将风力发电比例提高到 50%，在 2050 年，完全摆脱对化石燃料的依赖，实现全球第一个全部风力发电的国家。① 2012 年 3 月数据显示，丹麦风电规模居欧盟国家第三位，风力透平发电机制造水平及制造能力均位于世界前列。②

从 1980 年至今，丹麦的 GDP 增长了近 60%，但能源消耗基本维持不变，这与风能的推广有密不可分的关系。丹麦是世界风力发电设备制造业比较发达的国家之一，拥有世界上最好的风机制造业。丹麦风能产业诞生于罗斯基勒州的里索国家实验室。来自世界各地的风能生产厂商在这里实验生产各类风力涡轮叶片，有的用于居民后院，有的用于大农场。里索国家实验室现隶属联合国环境规划署，实验室能源、气候、可再生发展主席克里斯滕森说："环保科技帮助丹麦提高工业出口，我们能够、也应该利用这项技术。"自然资源保护委员会国际气候政策主任施密特说："丹麦在可再生能源领域起步较早，现在已成为这方面技术的领头羊……丹麦总比其他国家早一两步。"③丹麦风机制造业在世界领先的主要原因是政府投入了大量的资金。丹麦发展风力发电的基本经验是通过立法和公众的自愿参与相结合。④ 在鼓励风能开发利用的政策措施方面，概括起来丹麦政府对风力发电的扶持政策主要有：

1. 投资风能和其他可再生能源可以免交碳税；
2. 建立风力发电发展的资源体系，并用法律的形式加以固定；
3. 通过对外援助支持风机出口；
4. 制定风力发电的目标；
5. 提供投资补贴（太阳能热利用和生物能补贴 30%，风能补贴 15%）；
6. 支持技术开发和研究，支持示范工程；
7. 建立国家级的风力测试中心等。⑤

---

① 《从石油重镇到风能之都——丹麦埃斯比约顺应潮流成功实现产业革命》，新华网，http://news.xinhuanet.com/fortune/2011-11/16/c_111171674.htm?prolongation=1，访问日期：2012 年 2 月 20 日。

② 包耳：《风力发电技术的发展现状》，http://tech.bjx.com.cn/html/20120320/136299.shtml，访问日期：2012 年 3 月 2 日。

③ 杜鹃：《率先开发可再生能源 坚持环保政策不放松——丹麦：风能王国 节能减排、经济增长 两不误》，载《新民晚报》2009 年 4 月 9 日。

④ 张希良：《风能开发利用》，化学工业出版社 2005 年版，第 140 页。

⑤ 张希良：《风能开发利用》，化学工业出版社 2005 年版，第 141 页。

丹麦的能源政策法规及一系列扶持政策对丹麦的能源结构调整以及国民经济的发展具有重要作用，并促使风电产业市场和技术越来越成熟。丹麦的风力开发主要受到三部重要的法律调整《可更新能源资源利用法》、《电力生产补贴法》、《电力供应法》。

首先，可更新能源资源利用法从一开始就含有对安装供给建筑物电力和热量的许多可更新能源设施和可更新能源试验站提供补贴的条款。1981 财政年度有 1.202 亿丹麦克朗投入了补贴基金。每一项设施最高可获得安装成本的 20%最高额不超过 100 万丹麦克朗的补贴。1982 年补贴的上限提高到安装成本的 30%。1988 年为实施该法制定了一项详尽的规章，特别是对风力发电机的补贴受到特别关注。1989 年又取消了对风力发电机的补贴，风力发电机所有人通过生产补贴以及与公用事业公司达成的进网费用协议得到资助。1990 年能源部部长得到授权管理风力发电机的连接、安装、选择和批准方案。[①] 1992 年又对该法进行了修订，包括风力发电机与电网连接和电力购买安排的具体规定。此后还对风力发电机的布局、安装程序、技术要求和政府规划作出了规定。1997 年该法建立了全国范围的登记制度。

其次，电力生产补贴法于 1992 年生效，规定为风力发电机生产的电力提供每千瓦时 0.27 丹麦克朗的补贴。1993 年规定私有风力发电机可获得每千瓦时 0.27 丹麦克朗的补贴，而公用事业公司的风力发电机仅能获得每单位 0.10 丹麦克朗的补贴。补贴是通过削减每位风力发电机所有人的电费来支付的，公用事业公司则是通过每年的税收结算来取得补贴。这些风力发电补贴基本未变，直到 1999 年才对结算程序和提供信息的业务作了调整。当补贴被取消后，成为风力发电价格附加费，由增加的消费价格支付。1976—1995 年，丹麦共投入 1 亿美元用于风能发电的研究与开发。为鼓励人们投资，丹麦政府为每台风机提供其成本 30%的补贴。从 1970 年开始到 1995 年年底，丹麦政府对风力发电事业的各种补贴高达 20 亿美元，其中 80%补助了风机制造业。

最后，丹麦环境部早在 1979 年就要求风电强制上网，要求电力公司支付部分并网成本。从 80 年代初期到 90 年代中期，风机发电所得的收入都不征

---

① [澳]艾德里安·J. 布拉德布鲁克(Adrian J. Bradbrook)、[美]理查德·L. 奥丁格(Richard L. Ottinger)主编：《能源法与可持续发展》，曹明德，邵方，王圣礼译，法律出版社 2005 年版，第 197 页。

税。在风电电价政策方面，丹麦采用固定的风电电价政策，保证了风能投资者的利益。如果利用风能发电，进入电网的价格是固定的优惠价格，在卖给消费者前国家会对所有的电能增加一个溢价，这样消费者买的电价都是统一的，但可以从电费单上看到火电和风电的这个差价，消费者要为风能和其他新能源的生产埋单。[①] 电力供应法自 1976 年生效以来几乎没有太大变化，直到 90 年代末才进行重要修订。该法为受到严格控制的电力部门制定了基础条款，仅为通过电网生产力传输和配电设施的公司颁发执照。配电公司通过融资报告向电力价格委员会证明其消费附加费的正当性。电力价格委员会由政府、公用事业公司和市民代表组成。公众可以获得所有信息。能源部得到授权利用供给安全的正当理由，要求供电公司在电力供给中提供特定能源类型，并采取措施提高能源供给的效率。该法重点关注配电公司的供给义务，未提及公司购买电力的义务。到 1989 年该法才引入了供电公司购买独立电厂生产电力的义务，但风力发电机生产的电力被该法排除在外。1994 年引入了要求电力生产商和配电运营商分别进行义务性综合资源规划和需求供给的措施。发展无害环境的电力供应成为该法的主要目标之一。1996 年施行了欧盟内部电力市场的指令，引入更加富有竞争性的电力市场的同时又在供应方面给予可更新能源和其他无害环境的能源优先性。1996 年修订后的电力法于 1998 年生效，有待欧盟批准。[②]

此外，在丹麦，不管哪种发电形式，对所有电力都征收二氧化碳税，因此丹麦采用税收返还的方式，以避免向风电等新能源征收。为确保风机质量和安全性，统一标准，根据有关法律，丹麦生产的所有风机型号还必须由丹麦国家实验室批准，后来，很多丹麦国家实验室确定的风机规格和参数就成了世界标准。

丹麦政府在积极运用“有形之手”的同时，并没有“一手遮天”，而是十分重视建立市场机制，发挥市场力量，主要措施有：

1. 负荷的经济调度（丹麦电网与欧洲电网互联，通过电力交易完成供需平衡）；

---

① 赵灵敏：《丹麦成功发展风能历程》，载《南风窗》2009 年 09 月 01 日。

② ［澳］艾德里安·J. 布拉德布鲁克（Adrian J. Bradbrook）、［美］理查德·L. 奥丁格（Richard L. Ottinger）主编：《能源法与可持续发展》，曹明德、邵方、王圣礼译，法律出版社 2005 年版，第 199 页。

2. 电力的进出口(丹麦风电参与北欧四国电力市场调节,实现供需平衡);

3. 上调或下调其他电源产量(通过与大型电厂、当地的热点联产乃至国外输电系统运营商进行交易)。

(二)德国的风能法律制度与政策措施

德国也是欧盟国家中风能开发利用较为成功的典型之一,德国的风电发展十分普及。据德国《商报》网站 2007 年 10 月 23 日报道:在化石能源不断吃紧的背景下,风能和风力资源备受青睐。德国在风能开发和风力资源利用方面是当之无愧的世界冠军。截至 2010 年 7 月,德国的风力发电装机容量达到 26378 MW,居欧盟国家首位,在美国、中国之后居世界第三位,约占全球风力发电前十国家的 16.2%。① 据德国风能联合会公布的数据,2011 年新增风电机组 895 套,新增发电能力 2000 MW,目前德国风电装机总量接近 3 万 MW,可以覆盖德国全部电力需求的 10%。② 德国是全球最大风能设备生产国,在设备和技术出口方面居世界领先地位。其全国 16 个洲,均安装了风力发电机。到 2011 年底,德国风力发电已经占到总发电量的 8%,生物质能发电占 6%,太阳能约占 4%,再加上水电、地热等,新能源电力占德国总发电量的比例接近 21%,并且,德国希望将这一比例在 2020 年提升到 35%,到 2030 年超过 50%。③ 德国风力发电的成功得益于政府的扶持和企业的认同,形成了成熟的风电产业,风电技术领先发展。目前德国促进风能等新型替代能源的立法主要有 1991 年《电力供应法》、2000 年《可再生能源法》、2004 年《优先利用可再生能源法》和 2009 年《新取暖法》,以它们为主干构建起了较为系统的风能法律制度与政策措施。

首先,德国的《电力购电法》规定电力公司有义务按照政府规定的电价无条件地购买符合技术标准的风电,政府每年依据电力公司的销售状况审计核算并颁布固定电价。它要求支付电网支付至少不含 15%税金的 90%电力零售价给所接入的风力发电电量。高出常规电力购买电价的资金由电力企业自行解决,政府不给予补贴,收购风电的电力企业通过提高零售电价以补偿保护

① http://www.doc88.com/p-974478910673.html. 连云港中复联众集团有限公司,德国风能市场现状和发展趋势,2010 年 11 月。

② 《德国风电装机容量大幅增长》,中国风力发电工程信息网,http://www.windpower.org.cn/news/news.jsp? id=2949,访问日期:2012 年 3 月 2 日。

③ 《德国已经成为欧盟风力发电第一大国》,中国风力发电工程信息网,http://www.windpower.org.cn/news/news.jsp? id=3094,访问日期:2012 年 3 月 2 日。

性电价。该项政策促进了风电在德国开发利用的市场化进程，对风电产业的快速发展功不可没，但也存在一些缺陷。[①]

其次，《可再生能源法》授权的再生能源所发的电并入邻近的电网，电网公司有义务在固定的时间范围内，依照规定的固定上网电价收购可再生能源所发的电。该优惠电价将每年递减5%。可再生能源发电价格与常规发电成本的差价在全国各电网间分摊。可以看出该法将《电力购电法》中的定价机制改为固定上网电价机制，施行对不同的可再生能源技术采取不同的优惠上网电价，并反映当前不同技术的成本水平。[②]

德国风能发电之所以成功除了通过立法加以调整之外，还得益于政府的政策扶持。德国对风力发电的扶持是由中央财政和电力公司共同承担，既补贴装机也补贴发电量。政府对风力发电装机进行投资补贴和信息信贷支持，同时要求电网收购并消化风力发电的差价。

1. 保护性固定电价政策

德国1991年的《电力供应法案》规定电力公司必须让风力发电上网，并以固定的价格收购其全部电量；以当地电力公司售电价格的90%作为上网电价；风力发电价格与常规发电技术的成本的差价由当地电网承担。对风力发电的销售配额和每度电的补贴价格，强制要求公用电力公司按照居民电力零售价格的90%收购可再生能源电力，同时允许电网公司提高电力零售价格。对投资新能源和可再生能源的企业，通过德国复兴与开发银行以低于市场利率1%～2%的优惠政策贷款，提供相当于设备投资成本75%的优惠贷款。该法侧重促进风能的发展，取得了显著的成效，使得德国成为全球最大的风能市场，位居世界领先水平。

2. 投资补贴和信贷扶持政策

德国政府对风力发电投资进行直接补贴，通过其经济部对单机450 kW～2 MW的风力发电装机提供120美元/kW的补贴。在风能技术的研究与开发过程中，德国政府投入约20亿美元，其中风力发电占了相当大的部分。这种财政扶持支持了德国风力发电制造业的发展，使德国的风力发电装备制造能力和水平居世界先进行列。德国1991年的《电力供应法案》中规定，风力发电价格与常规发电技术成本的差价由当地电网承担，同时，德国政府还对风力

① 张希良：《风能开发利用》，化学工业出版社2005年版，第82页。

② 张希良：《风能开发利用》，化学工业出版社2005年版，第83页。

发电投资进行直接补贴。通过其经济部对单机450千瓦到2兆瓦的风力发电装机提供120美元的补贴；为促进可再生能源的开发，德国政府在2000年出台的《可再生能源法》中规定，政府根据运营成本的不同，对运营商提供金额不等的补助；2004年德国出台新的《可再生能源法》，保证20年内为可再生能源电力给予一定的补偿。新法规明确规定，到2020年使可再生能源发电量占总发电量的20%①。2009年修订的《可再生能源法》调整了可再生能源补贴性价格标准，将陆地风电价从每千瓦时8.7欧分上调至9.2欧分，海洋风电价从每千瓦时8.92欧分上调至13～15欧分，以后每年调低5%②。并要求新风电机组必须满足输电导则和中压电网技术规范要求，对已建成的风电场进行强制性定期检修和更换部分配件，如运行10年以上的风电设备强制进行更新换代等。德国继续实行市场刺激措施，用优惠贷款及补贴等方式扶助可再生能源进入市场。德国政府从长远出发，还制定了促进可再生能源开发的《未来投资计划》，用于开发可再生能源，德国可再生能源发电量所占比例逐年递增。

德国的一些银行设立了可再生能源与投资贷款专项和额度，其新能源和可再生能源政策核心之一就是优惠贷款。目前，德国对风电项目和光伏项目正在实施低利率贷款，利率从2.5%～5.1%不等。德国政府通过其开发与复兴银行对风力发电的开发商提供优惠的低息贷款。2011年6月28日在柏林召开的第六届中德经济技术合作论坛上，德国国家复兴信贷银行推出了50亿欧元“离岸风力”的贷款融资项目，意在帮助投资者推动可再生能源的发展。还通过对发展中国家风力发电的支持来扶持本国风力发电装备制造业。其政府规定对风力发电制造商在发展中国家开发风力发电，最多可获得装备出口价格70%的出口信贷补贴，提高了德国风力发电装备的市场竞争能力。

3. 税收政策和价格激励政策

税收扶持是德国风电事业发展迅速的重要因素。征收生态税是德国实施可持续发展计划的重要措施，也是减排温室气体的可再生能源经济激励机制研究的有效手段，生态税征收对提高风电的竞争力起到了积极作用。德国进行了连续5次生态税收改革，是对矿物能源在征收销售税外又加征收生态税，鼓励开发和利用清洁能源，对使用风能、太阳能等可再生能源发电免征生态

① 王楠、王越：《管窥德国可再生能源政策》，载《中国石油企业》2009年第10期。

② 程辉：德国的《可再生能源法》，国际能源网：http://www.in-en.com/article/html/energy_1555155569743382.html，访问日期：2012年8月13日。

税，针对不同能源产品和行业实行差别税率，对一些低赢利的环保行业给予税收优惠。这种改革按照循序渐进分阶段进行，将税收影响分散化，避免了一次大幅加税可能引发的不良影响。同时在2009年1月1日实施的《可再生能源法修正案》中，税率由每千瓦时8.7欧分提升到9.2欧分，基本电费为每千瓦时5.02美分，之后新增装机容量的税率逐年递减1%①，对风能行业起着不可或缺的推动作用。

德国通过法律的形式，由政府直接明确规定各类可再生能源产品的市场价格。主要是根据可再生能源技术类型和项目资源条件，制定不同类型的可再生能源电价。由于固定电价实际上已成为可再生能源投资项目融资的主要担保，因此十分有利于中小企业的投资项目融资。目前，德国是世界上可再生能源发展最快的国家，它成功地开发了世界上规模最大的风电市场，并且是世界上较大规模的太阳能发电市场之一。②

二、我国风能法律制度建设刍论

(一)我国风能资源现状

根据2006年12月出版的最新的《中国风能资源评价报告》，我国陆上离地10 m高度风能资源总储量约43.5亿千瓦，其中技术可开发量为2.97亿千瓦，海上10 m高度可开发和利用的风能储量约为7.5亿千瓦，全国可开发利用的风能储量超过10亿千瓦。③ 这是对我国风能资源的粗略估计，技术可开发量是针对理论资源总量的10%进行推算的。我国风能资源主要分布在两大风带：一是"三北地区"(东北、华北北部和西北地区)；二是东部沿海陆地、岛屿及近岸海域。④ 另外，内陆地区还有一些局部风能资源丰富区。风能资源受地形的影响较大，三北地区处于中高纬度的地理位置，风能功率密度在200～300 W/m^2 以上，有的可达500 W/m^2 以上，如阿拉山口、达坂城、辉腾锡勒、锡林浩特的灰腾梁等，可利用的小时数在5000小时以上，有的可达7000小时以

① 全球风能协会(GWEC)：德国风电税收政策，国际能源网：http://www.in-en.com/article/html/energy_1648164840914004.html，访问日期2012年8月13日。

② 王楠、王越：《管窥德国可再生能源政策》，载《中国石油企业》2009年第10期。

③ 申宽育：《中国的风能资源与风力发电》，载《西北水电》2010年第1期。

④ 2008年中国的风能资源与利用分析，中国市场调查网 http://www.hdcmr.com/bgfree16911.html，访问日期：2009年2月12日。

上。沿海及其岛屿地丰富带。常年有效风能功率密度在 200 W/m^2 以上,将风能功率密度线平行于海岸线,沿海岛屿风能功率密度在 500 W/m^2 以上,如台山、平潭、东山、南鹿、大陈、嵊泗、南澳、马祖、马公、东沙等。可利用小时数在 7000~8000 小时,这一地区特别是东南沿海,由海岸向内陆是丘陵连绵,所以风能丰富地区仅在海岸 50 km 之内。在两个风能丰富带之外,内陆风能丰富地区,风能功率密度一般在 100 W/m^2 以下,可以利用小时数 3000 小时以下。①

随着产业的发展,越来越高的风机高度,以前调查和粗略估计的数据和信息已越来越不能满足发展的需要,因此开始了对风能资源详查和评价。人民网 2010 年 1 月 5 日报道了中国气象局公布的首次风能资源详查和评价取得的阶段性成果:陆上离地 50 m 高度达到 3 级以上风能资源的潜在开发量约 23.8 亿千瓦,5~25 m 水深线以内近海区域、海平面以上 50 m 高度可装机容量约 2 亿千瓦。陆上风能资源主要集中于内蒙古的蒙东和蒙西、新疆哈密、甘肃酒泉、河北坝上、吉林西部和江苏近海等 7 个千万千瓦级风电基地。此次阶段性成果对风电规划、风电建设项目的立项有重要的参考作用。

我国联网型风力发电起步于 20 世纪 80 年代初,初期发展很快,到 2000 年底已安装的风机容量达 344 MW,装机规模主要增长时段为 1995—1997 年,3 年的时间内新增装机近 300 MW。但随后几年发展减慢,截止到 2003 年年底,风电装机规模仅达到 566 MW。虽然国家为促进风电的发展也出台了一些优惠政策,如贴息贷款等,但风电发展仍然不快。② 2005 年,全国建成并网风电场 60 多个,总装机容量为 126 万千瓦。此外,在偏远地区还有约 25 万台小型独立运行的风力发电机(总容量约 5 万千瓦)。与此同时我国的风电设备产业也随之发展,但与国际先进水平相比,国产风电设备在工艺和关键技术方面还需要同风电产业领先的国家和企业大力发展合作。2005 年新增风电机组的平均单机容量超过 1000 千瓦,单机容量 4000 千瓦的风电机组已投入运行,风电场建设已由陆地向海上发展。到 2005 年年底,全世界风电装机容量已达 6000 万千瓦,最近 5 年来平均年增长率达 30%。随着风电技术进

---

① 《2008 年中国的风能资源与利用分析》,中国市场调查网,http://www.hdcmr.com/bgfree16911.html,访问日期:2009 年 2 月 12 日。

② 李东晖,周尚洁:《加快风电特许权招标促进风能资源开发》,载《水力发电》2004 年第 7 期。

步和应用规模的扩大，风电成本持续下降，经济性与常规能源已十分接近。[①]据统计，中国风电产业增长率自2006年起已经连续三年超过100%，至2008年累计达到1200多万千瓦，约占世界总量的十分之一，居世界第4位。日前中国风能协会发布了2011年中国风电装机容量统计数据：(不包含台湾地区)新增安装风电机组11409台，装机容量17630.9兆瓦，累计安装风电机组45894台，装机容量62364.2兆瓦，年增39.4%。[②]随着全球能源危机以及可持续发展能源战略的提出，在各类可再生能源中，从目前的技术成熟度和经济可行性来看，风能最具竞争力。根据国家能源局公布的可再生能源"十二五"规划目标，到2015年风电装机容量达到1亿千瓦。风能产业的前景相当乐观，加快和加强风能促进的政策和相关立法，将为该产业未来的迅速发展提供巨大动力。

(二)我国风能相关政策措施和法律制度评述

我国在风能资源开发利用与保护方面至今尚未制定专门的法律，相关的法律主要规定在可再生能源和气象法律法规文件中，2005年颁布的《中华人民共和国可再生能源法》，是从能源开发与利用的角度制定的，侧重于怎样规划和发展风能产业，解决我国能源结构优化和经济社会可持续发展的问题。《可再生能源发展"十一五"规划》和《可再生能源中长期发展规划》，对我国风电开发和建设、风电技术和产业的发展制定了具体的方向和目标，还对此进行了投资估算和效益分析。2011年12月公布的《可再生能源发展"十二五"规划》是在"十一五"规划的规模和基本产业链条形成的基础上，实现质的飞跃，建立有竞争力的产业体系，对风电产业的发展和风电设备进行专题规划。《风电场工程建设用地和环境保护管理暂行办法》对风电场工程建设项目与环境保护作出了具体规定。《中华人民共和国电力法》明确规定国家鼓励、引导国内外的经济组织和个人依法投资开发电力资源，兴办电力生产企业。鼓励利用风能太阳能等进行农村电力资源建设，增加农村电力供应。《财政部关于调整大功率风力发电机组及其关键零部件、原材料进口税收政策的通知》对国内企业为开发、制造大功率风力发电机组而进口的关键零部件、原材料所缴纳的

① 《可再生能源中长期发展规划》，国家发改委网站，http://www.sdpc.gov.cn/，访问日期：2009年8月31日。

② 中国风能协会发布2011年风电装机容量，http://www.cpnn.com.cn/zdyw/201204/t20120405_404774.html，访问日期：2012年5月10日。

进口关税和进口环节增值税实行先征后退，所退税款作为国家投资处理，转为国家资本金，主要用于企业新产品的研制生产以及自主创新能力建设。《国家发展改革委完善风力发电价格政策》对风力发电由招标定价改为实行标杆上网电价。《可再生能源发电有关管理规定》规定了项目管理、电网企业责任、发电企业责任从而规范了风电项目产业的发展并对其进行有效的规制和监督。

1. 我国鼓励风能开发利用的政策措施

(1)风电特许权招标政策

风电特许权招标是采用政府监管的竞争性程序，通过与风能发电厂商签订的长期电力购买协议来实现计划目标。能提供最低上网电价的开发商中标，中标开发商负责风电项目的投资、建设、运营和维护，政府与中标开发商签订电力购买协议，保证在规定期间内以竞标电价收购全部电量。风电特许权政策需要多家成熟的风电企业相互竞争，政府能够有效地实施监督和管理。实施该政策对推动我国风电产业规模化发展具有重要意义。

(2)保护性电价政策

保护性电价政策即长期保护性电价政策，是政府为了鼓励风电产业发展从而为风电开发商提供担保的由政府部门或电力监管机构确定的上网电价以及电力公司的购电合同。保护性电价政策，制度设计简单明了，管理成本较低，稳定且风险较低，有利于吸引风电开发商的投资建设，从而实现国家的规划目标。

(3)上网电价政策

2009 年发改委通过了《关于完善风力发电上网电价政策的通知》。规定按风能资源状况和工程建设条件，将全国分为四类风能资源区，相应制定风电标杆上网电价。同时规定，继续实行风电费用分摊制度，风电上网电价高出当地燃煤机组标杆上网电价的部分，通过全国征收的可再生能源电价附加分摊解决。这一政策的实施有利于风电特许权招标项目竞争格局的稳定，并且将加大优势风电整机厂的市场集中度，同时将加大弱势风电整机企业被整合的可能性。

(4)风电并网政策

2011 年国家能源局下发第五号公告文件，批准了《大型风电场并网设计技术规范》等 18 项标准，表明国家加强对风电行业的管理，对风电机组性能提出更为严格的要求。随着我国风电开发规模的扩大，风电盲目建设的问题日益凸显，导致项目建成后不能正常并网发电。截至 2011 年年底，风电并网容量为4505万千瓦，而目前风电装机速度远快于配套电网的建设和投运速度，2011年装机容量和并网容量已相差近1700万千瓦。[①] 强化风电并网，将落实风电市场和并网条件作为风电场建设的重要基础，不仅是避免资源的浪费，更能促进风电的持续发展，提高风电的开发效益。

2. 我国风能开发利用的相关法律制度评析

(1)风能开发利用和保护制度不健全

首先，我国风能财政支持制度欠缺。我国在《可再生能源法》等一系列法律法规中确定可再生能源的优先开发地位，并鼓励和支持可再生能源的开发。可是这方面的制度并不完善，过于原则和笼统，不足以调动市场的积极性。政府由此推出的风电特许权招标制度虽然在一定程度上推动了风电产业的发展，但是根据现有规定，风能发电价格由政府“按照风电项目建设特许权招标形成的价格确定”，这导致在风能发电项目特许权经营招标实践中企业之间的恶性竞争。企业往往以低于成本的价格去竞标项目，这既不利于企业的经营更加阻碍风电产业的发展。中国可再生能源学会风能专业委员会副主任施鹏飞认为，这种状况如果得不到改变，将使风力发电陷入全行业亏损，那就背离了国家鼓励风电产业发展的初衷。[②] 另外，我国对风电发展的财政支持主要体现在电价补贴上，即给风力发电以相对较高的上网电价，但随着我国近年来可再生能源的大量开发利用，需要的补贴资金也迅速增加。这种费用分摊的补贴政策，在新能源发电规模小的时候是可行的，现在新能源的发电规模大为增长，这样就显得不够科学了。我国还规定了支持风能开发利用的其他财政支持制度，比如，风电专项资金制度，风电优惠贷款和优惠税收制度，但是对比国外成熟先进的做法以及风能发电巨大的成本投入，这些制度支持力度还很欠缺。[③]

其次，我国风能发电配额制度不完善。风能发电配额制即风能发电强制市场份额制，是国家为了鼓励风能发电在不同地区均衡、健康地发展而作出的一种强制性规定。它要求风能发电量在总发电量中占一定的比例。在欧美和

---

① 《风电新增装机减少势在必行》，中国电力新闻网，http://www.cpnn.com.cn/xny/201203/t20120330_404166.html，访问日期：2012年5月10日。

② 杨惜春：《我国风能资源开发利用与保护立法问题及完善》，载《可再生能源》2007年第1期。

③ 杨惜春：《我国风能资源开发利用与保护立法问题及完善》，载《可再生能源》2007年第1期。

北美洲国家该制度已经实施了近5年，是一种既有环境效益又对相对较弱的可再生能源发电市场作出保护性规定的政策机制。与此同时，这种制度可以较好地实现风能资源在规定的市场份额内充分竞争，从而能够较为合理地实现政策宏观调控。① 虽然《可再生能源发电有关管理规定》第14条将配额制度写入法规，鼓励发电企业积极投资建设可再生能源发电项目，并承担国家规定的可再生能源发电配额义务，但是对于风电产业发展还没有制定强制性的市场配额。

最后，我国风能配套法规不健全。风能资源开发利用及保护的相关基本制度中，唯一颁布了配套法规的只有风电价格管理制度，其他相关政策法规都只作了原则性的规定。由于缺乏配套实施细则，各种制度操作性不强，缺乏执行性，不利于风电产业的发展。

(2)有关风能开发利用与保护的条款分散

《可再生能源法》及其配套法规对风能开发利用作出了原则性规定，但是对有关风能保护的规定并不明确。《可再生能源法》是从能源开发与利用角度制定的，侧重于怎样规划和发展风能产业，解决我国能源结构优化和经济社会可持续发展的问题。相关配套法规则分别规定了风能发电价格的确定和附加费用的分摊以及风能发电项目的管理制度，即便是专门谈到建设风电场的用地和对环境的影响问题，但仍然是从开发利用风能的角度着眼，而非着眼于风能资源的保护。有关风能保护的规定主要是在《气象法》中。由此可见，风能开发利用与保护条款分散，这容易造成法律执行中条款冲突以及部门职责不明，将不利于风能开发利用及保护工作的统一开展。

(3)管理监督体制存在缺陷

我国风能资源开发利用目前实行统一管理与分级、分部门管理相结合的制度，即国务院能源主管部门实施统一管理；国务院有关部门在各自职责范围内负责有关的可再生能源开发利用管理工作；县级以上地方人民政府管理能源工作的部门负责本行政区域内可再生能源开发利用的工作，县级以上地方人民政府有关部门在各自的职责范围内负责有关的可再生能源开发利用管理工作。由此可知，气候资源主管部门负责分管风能资源开发利用管理工作。但是对于气候资源的保护，都未规定相应的管理监督机制。风能资源同其他

① 杨惜春：《我国风能资源开发利用与保护立法问题及完善》，载《可再生能源》2007年第1期。

自然资源一样，其分布跨多个行政区域，地区和部门在争夺风能资源上产生利益冲突，从而导致风能资源管理的整体性目标实现困难。

（三）我国风能法律制度建设思考

1. 制定风能及可再生能源在能源消耗总量中的比重

丹麦在1996年的能源计划中，将能源远景规划扩展到2030年，提出届时风电比重将达到50%。欧洲风能协会与绿色和平组织在2002年发表的一份题为《风力12》(WINDFORCE 12)报告中提出，2002年风电要占世界电量的12%，而欧洲很有可能要占到20%。① 这是对发展风电产业的强制性规定，保证了风电产业可预见的前景。我国能源主管部门应会同其他部门，参考国际上风电市场发展情况，结合我国国情，在经过充分科学论证的基础上为风能在我国能源结构中的比重设定一个目标，促进风能开发利用。

2. 确立风能资源调查制度，并与风能发展规划相结合

《可再生能源法》第6条规定："国务院能源主管部门负责组织和协调全国可再生能源资源的调查，并会同国务院有关部门组织制定资源调查的技术规范。国务院有关部门在各自的职责范围内负责相关可再生能源资源的调查，调查结果报国务院能源主管部门汇总。"根据该条规定，2005年中国气象局成立了"风能、太阳能资源评估中心"，专门负责我国区域内风能、太阳能资源的调查和评估工作。对我国风能资源进行详细的调查，掌握风能资源储量，做好风电场规划工作，保证对资源的最大限度的利用，促进我国风能的快速发展。同时，对风能资源的充分调查，能够保证我国风电发展规划的权威性和实际应用性。"没有调查，就没有发言权"，只有站在事实面前，我们才能制定有利于我国风电产业发展的中长期规划，保证产业的良性发展。

3. 风电特许权招标与政府指导相结合

许多国家都对风电的上网电价实行保护政策。比如丹麦就规定了风电的最低价格制度，美国规定电力公司必须按规定购买可再生能源生产的电力。德国在2000年通过的《可再生能源法》中对风电收购价格有科学、合理的详细规定，企业必须无条件以政府制定的保护价收购风电。公共电网运营商有优先收购风电产品的义务并向电力供应者提供补偿价款，以保证风能发电装置运营者在有效管理的条件下可以获取经济上的效益。政府规定风电收购的最

① 施鹏飞：《从世界发展趋势展望我国风电发展前景》，载《中国电力》2003年第3期。

低价格,并且每两年作一次审议,保证价格准确反映市场和成本的变化趋势。不同地区不同时期风力发电实行不同的价格措施。[①] 笔者认为,我国采取的风电特许权招标政策有利于激发市场,调动企业参与风能发电产业的积极性,在国家资金紧缺的情况下有利于市场融资,实现市场资源配置最佳化,但也存在一些不足。若由政府指导,国家根据科学测算风能发电的各种成本以及企业应得的合理经济效益等指标,按照有利于促进风电产业的发展和经济合理等原则来制定,制定风电上网最低价格有利于遏制企业之间的恶性竞争,扶持风电产业的长远发展。而因区域不同,风能资源情况的分布各异,风能发电开发利用项目投入成本有很大差别,因此制定风电上网价格时有必要按区域差异而制定不同指导价格。风电产业在起步阶段、成长阶段和成熟阶段,其成本必然会呈现增长或下降的趋势,因此也要根据具体情况而重新确定其上网价格,这样的价格管理制度灵活、多样、可调整,符合风电产业发展的特点和规律,有利于风电产业的健康发展。[②]

4. 建立风能资源开发利用和保护管理体制

风能资源开发利用与保护管理体制指的是风能资源管理机构的结构及组织方式,即采用何种组织形式以及这些组织形式之间的分工与协调,并以何种方式完成其风能开发、利用和保护管理的职责。我国目前自然资源管理体制中比较完善的要数水资源管理体制了。2002 年通过的新《水法》建立起全新的管理体制,即"国家对水资源实行流域管理与行政管理相结合的体制",国务院水行政主管部门负责全国水资源的统一管理和监督工作,流域管理机构负责本流域的水资源管理和监督。其中流域管理制度的设立符合水资源流动性、整体性的特点,符合国际管理趋势,理顺了过去流域与行政区划多头管理,管理混乱的局面。由于风能资源与水资源一样具有生态系统的完整性、跨行政区域性和使用多元性的基本特征,完全可以将区域管理的方式引入风能资源管理体制。另外,当下情况是我国的自然资源管理机构主要包括专项自然资源主管部门和辅助性的自然资源管理部门两大类。其中,专项自然资源管理部门的管理职能,主要是为了对特定类型自然资源进行管理,而不包括行业

---

① 杨惜春:《我国风能资源开发利用与保护立法问题及完善》,载《可再生能源》2007 年第 1 期。

② 杨惜春:《我国风能资源开发利用与保护立法问题及完善》,载《可再生能源》2007 年第 1 期。

管理职能。专项自然资源管理的对象是特定的，主要针对土地、水、海洋等资源在自然资源管理中处于基础性地位，并承载了多种行业的发展，对国计民生具有重要意义。①

第二节 太阳能促进法律制度建设②

在环境问题日益突出、能源需求不断增加、化石能源相对短缺的时代背景下，大力发展可再生能源已成为世界各国打响未来战略储备的首要一役。太阳能作为一种清洁的可再生能源，在减少对化石能源依赖的同时保证了环境的可持续发展，因而成为世界各国的首选。我国作为一个能源需求与消耗的大国，在经济与环境协调发展中也必将选择对太阳能的合理开发与利用。

一、我国太阳能开发利用的现状及主要问题

太阳能(Solar Energy)，一般是指太阳光的辐射能量，在现代一般用作发电。自地球形成生物就主要以太阳提供的热和光生存。太阳能是氢原子核在超高温时聚变释放的巨大能量，太阳能是人类能源的宝库，如化石能源、地球上的风能、生物质能从广义上说都来源于太阳。这里我们从制度建设的层面主要关注太阳能的利用中的被动式利用(光热转换)和光电转换这两种方式。太阳能发电一种新兴的可再生能源。我国现阶段由于技术资金的制约太阳能利用主要集中于太阳能热转换利用中的热水和热电利用以及太阳能光伏发电两个方面。

(一)我国目前太阳能开发利用的现状

我国太阳能资源丰富，理论储量每年达17000亿吨标准煤，③其中西藏、青海、新疆、甘肃、内蒙古、山西、陕西、河北、山东、辽宁、吉林、云南、广东、福建、海南等地区的太阳辐射能量较大④，尤其是青藏高原西部地区口辐射量居

① 张梓太：《自然资源法学》，科学出版社2004年版，第93页。

② 本节内容(第二节 太阳能促进法律制度建设)由西南政法大学环境资源法硕士研究生徐小云同志完成撰写工作(共计约1万5千字)，特此致谢！

③ 徐丽：《太阳能的开发现状及前景》，载国际技术经济导报，1998年第9期。

④ 《可再生能源中长期发展规划》2007年9月。

世界第二,仅次于撒哈拉沙漠,太阳能资源开发利用的潜力非常广阔,再者政府制定了一系列法规、政策措施,促进太阳能资源的开发利用。

就第一种太阳能利用方式来看,利用太阳的光将水从低温度加热到高温度的装置——太阳能热水器,在国家倡导节约能源的大环境下,得到大力的推广。截止到 2009 年,我国太阳能热水器的年产量达 3744 万平方米,保有量 16206 万平方米,①成为全球太阳能热水器生产量和使用量最大的国家,国内具有一定规模的企业已达 3000 多家。② 同时太阳能热水器的商业化也带动了相关行业的发展,如玻璃、金属、保温材料、真空设备等。但事实上我国太阳能热水器的户用比例只占 3%,与日本的 100%和以色列的 80%相差甚远,而且其他太阳能热利用方式,如太阳灶、太阳能干燥、太阳房、太阳能空调降温、太阳能发电等,都尚未进入商业化阶段,整体技术水平较低。

就第二种太阳能利用方式来看,太阳电池将太阳光能直接转化为电能,既节省能源又避免了环境问题。我国的太阳能光伏发电产业起步较晚,1971 年"东方红二号"人造卫星的发射上首次成功应用,到 2002 年国家以"送电到乡"工程和"光明工程"为先导的一系列激励措施以及国际市场的拉动,促进了光伏产业的迅猛发展,包括晶体硅片、太阳能电池、太阳能电池组件的生产能力都大为增加。2009 年跃居成为世界上第一大太阳能电池生产国,太阳能电池组件生产厂 500 多家,年生产能力约 4 GW。但也因多是晶硅电池,价格高,高度依赖出口,真正并网型的太阳能光伏市场未形成,③生产规模小,技术水平低,且在核心技术方面与美国、德国等发达国家相比还有较大差距。

(二)我国太阳能开发利用的主要问题

1. 政府对太阳能开发利用的扶持力欠缺

发达国家成功经验表明,政府对太阳能开发利用方面的激励政策的建立和完善,能够有效地促进太阳能的开发和利用。而且在太阳能产品的商业化中,政府的扶持比技术研发更具有关键性作用。然而我国政府对太阳能开发利用的激励政策十分不健全,使太阳能产业在面对常规能源甚至同类可再生能源时,缺乏应有的竞争力。

政府在政策的制定中未能明确太阳能的战略地位,缺少对太阳能开发利

① 《2009—2010 年中国新能源产业发展研究年度报告》,第 23 页。

② 国家能源局 2009 年 8 月 24 日以国能提案[2009]26 号文函复。

③ 《2009—2010 年中国新能源产业发展研究年度报告》,第 24 页。

用的总体战略布局和具体的指导方针，会直接导致在经济激励机制上不能向太阳能行业倾斜，缺乏财政补贴、税收优惠等政策。同时战略定位的不足也会导致监管不力，致使职能交叉、互相推诿等。

2. 对进出口的高度依赖影响科技创新

太阳能辐射的功率密度较低(每平方米1千瓦以下)，并且随着季节、昼夜与气候条件的变化而变化，具有不连续和不稳定性，为此对太阳能技术提出更高的要求，但我国目前对太阳能技术的重视程度不够，技术投入力度也不够。例如我国太阳能光伏产业，虽然光伏电池产量增长很快，在2008年超过200万千瓦，但太阳能电池所需的高纯度多晶硅的生产技术至今仍是空白。技术的限制，造成严重的“两头在外”的倒挂现象：生产所用的原材料90%以上依靠进口，而生产的产品，国内市场主要是用于解决偏远地区无电人口用电和特殊行业的用电问题，98%是出口到国外的，对国外市场的依赖较强。[①] 我国的光伏市场是作为典型的“世界加工厂”。产品进出口的高度依赖使我国光伏产业在国际竞争中处于被动地位，在国际市场中没有话语权，受到更多来自国际市场的压力和冲击。

进出口的高度依赖，原因不仅是发达国家的技术垄断，还有我国光伏产业本身的问题。整个社会环境中，国家对光伏产业技术研发资金投入不足，光伏企业本身技术创新意识不强，缺乏研发动力，而安于眼前的现状。在太阳能利用中，不仅是光伏产业存在这个问题，太阳能热转换产业中同样也存在技术创新不足，国家支持不到位等问题。

3. 对太阳能开发利用中造成的潜在环境危害的关注力度不够

虽然太阳能作为可再生的清洁能源，但其开发利用绝对不是零排放的技术。其中光伏产业的污染主要是多晶硅在生产过程中会产生一种具有强腐蚀性的“四氯化硅”，如果不能妥善回收处理则会带来污染，而且光伏电池的组件在生产过程中会有重金属的排放，造成大气和水污染。目前，西方国家已经解决了四氯化硅等污染物的回收和再利用问题，国内的不少企业也掌握了此项技术，但由于缺乏有力的环境监管和完善的产品质量标准、环保标准，使得许多企业为压低成本而故意减少必需的污染设备等的投入或者为了竞争优势而将设备弃之，任污染泛滥。法律法规缺位、环境监管不力和企业投机取巧严重阻碍太阳能行业的发展。

① 国家能源局2009年8月24日以国能提案[2009]26号文函复。

二、我国太阳能开发利用的法律制度现状与缺陷

(一)我国太阳能开发利用的法律制度现状

1. 基本法对于太阳能开发利用的概括性规定

《宪法》第 26 条规定:"国家保护和改善生活环境和生态环境,防治污染和其他公害。"

《中华人民共和国环境保护法》第 4 条规定:"国家制定的环境保护规划必须纳入国民经济和社会发展计划,国家采取有利于环境保护的经济、技术政策和措施,使环境保护工作同经济建设和社会发展相协调。"宪法和环境保护法对于保护环境和防治污染都进行了概括性的规定,此后国家又相继颁布了海洋、水、大气等方面的专门立法。这些法律的出台,对于太阳能的开发利用具有指导性。

2.《可再生能源法》对于太阳能开发利用的专门性规定

2010 年 4 月 1 日起实施的修改后的《可再生能源法》将可再生能源确定为包含有风能、太阳能、水能、生物质能、地热能、海洋能等。其中第 17 条规定:"国家鼓励单位和个人安装和使用太阳能热水系统、太阳能供热采暖和制冷系统、太阳能光伏发电系统等太阳能利用系统。国务院建设行政主管部门会同国务院有关部门制定太阳能利用系统与建筑结合的技术经济政策和技术规范。房地产开发企业应当根据前款规定的技术规范,在建筑物的设计和施工中,为太阳能利用提供必备条件。对已建成的建筑物,住户可以在不影响其质量与安全的前提下安装符合技术规范和产品标准的太阳能利用系统。但是,当事人另有约定的除外。"表明国家鼓励使用清洁能源——太阳能,为太阳能的开发利用提供市场、技术、经济支持。

3. 其他法律、规范性文件对于太阳能开发利用的补充性规定

2010 年 1 月 1 日实施的《中华人民共和国循环经济促进法》第 23 条规定:"建筑设计、建设、施工等单位应当按照国家有关规定和标准,对其设计、建设、施工的建筑物及构筑物采用节能、节水、节地、节材的技术工艺和小型、轻型、再生产品;有条件的地区,应当充分利用太阳能、地热能、风能等可再生能源。"

《中国应对气候变化国家方案》中规定,为应对气候变化,促进可持续发展,要全面落实《中华人民共和国可再生能源法》,引导和激励可再生能源的开发和利用;支持在农村、边远地区和条件适宜地区开发利用太阳能等可再生能

源，积极发展太阳能发电和太阳能热利用，在偏远地区推广户用光伏发电系统或建设小型光伏电站，在城市推广普及太阳能一体化建筑、太阳能集中供热水工程，建设太阳能采暖和制冷示范工程，在农村和小城镇推广户用太阳能热水器、太阳房和太阳灶；同时大力发展可再生能源技术，如高性价比太阳光伏电池及利用技术、太阳能热发电技术、太阳能建筑一体化技术等。

《可再生能源中长期发展规划》规定，加快发展水电、生物质能、风能和太阳能，大力推广太阳能在建筑中的规模化效应，在重点发展领域中，太阳能发电总容量到2010年达到30万千瓦，到2020年达到180万千瓦；太阳能热利用中，到2020年使全国太阳能热水器总集热面积达到约3亿平方米，加上其他太阳能热利用，年代替能源量达到6000万吨标准煤。对太阳能领域的发展提出明确的要求。

《可再生能源"十一五规划"》中规定，太阳能开发利用的指导方针是加快太阳能热水器的普及，在太阳能利用条件良好地区，制定城乡民用建筑安装使用太阳能热水器的强制性措施，在农村地区推广太阳房和太阳灶；通过营造稳定的市场，积极发展太阳能光伏发电；进行必要的太阳能热发电技术研发和试点示范。开展技术研发和装备制造，进行产业体系建设，同时为太阳能开发利用制定相关政策、管理办法，提供相应的财政补助。

《可再生能源"十二五"规划》是在"十一五"规划的基础上制定的，对太阳能开发利用提出更为详细具体的要求，重点在太阳能城市建设和太阳能光伏电站的建设。对于进出口的高度依赖，指出到2015年在基本保持多晶硅国内供需平衡的同时略有出口，增强国际竞争力。为促进太阳能发展，制定太阳能风电、热利用以及城市专题规划。

国家在大量法律、法规、规范性文件中强调对太阳能的充分利用，既表明国家对于清洁能源的重视力度，也为太阳能行业指明了发展方向。

（二）我国太阳能开发利用的法律制度缺陷

太阳能开发利用中存在的这些问题主要是由于法律缺位引起的，要保障我国太阳能的发展，加强法律规制是有必要的。《可再生能源法》为太阳能开发利用提供了基本的法律保障，一定程度上缓解了太阳能领域无法可依的尴尬局面。但就整个法律体系而言，目前我国太阳能开发利用的法律规范体系还未形成，缺少基础性的能源单行法，更没有太阳能开发利用的专门立法，且已有的对太阳能的规定的多是政策、规划等，法律位阶低；而且也多是原则性、鼓励性的规定，很少涉及具体问题，可操作性差。

1. 总量目标制度缺乏前瞻性

总量目标制度是促进可再生能源发展的一项核心制度，应当具有预见性、稳定性、明确性和战略性等特点。但我国目前的总量目标制度是以装机容量为标准，使得许多企业盲目追求装机容量，而实际生产的太阳能电力却很少，造成资源的大量浪费。如果不加以控制，这种一味追求硬性指标而不考虑实际需要的粗放型发展模式将严重阻碍我国太阳能产业的良性发展。而且目前我国制定的太阳能发展目标一旦遇到社会情况的变化，就会进行修改，频繁多次修改不利用维护总量目标制度的权威性和稳定性。

2. 电力制度不完善

一方面是强制上网制度存在缺陷。我国对可再生能源电力实行的是强制上网制度，电网企业全额收购其覆盖范围内可再生能源发电项目的上网电量，一定程度上促进了光伏发电产业的发展，保证资源不浪费，解决了光电企业上网难的问题。但目前由于太阳能等可再生能源处于发展初期，技术水平低，和国家产业政策鼓励可再生能源发展，电网企业接纳可再生能源光电的成本就高，销售的电价根本不足以支付收购电价，从而影响了电网企业接纳光电的积极性。

另一方面是我国的分类电价制度。我国目前对各类可再生能源电力实施的是分类电价制度。即根据采用不同的可再生能源技术发电的社会平均成本，分门别类地制定相应的上网电价，并向社会公布。①《可再生能源法》第19条规定："可再生能源发电项目的上网电价，由国务院价格主管部门根据不同类型可再生能源发电的特点和不同地区的情况，按照有利于促进可再生能源开发利用和经济合理的原则确定，并根据可再生能源开发利用技术的发展适时调整。上网电价应当公布。依照本法第十三条第三款规定实行招标的可再生能源发电项目的上网电价，按照中标确定的价格执行；但是，不得高于依照前款规定确定的同类可再生能源发电项目的上网电价水平。"实行分类电价，实际上是在法律框架内，保证市场主体在不同地区、不同时段，开发利用不同可再生能源的投资回报大体上相同。分类电价制度目前的规定虽为固定电价制度打开缺口，但这种体制设计也在一定程度上限制了企业间的良性竞争，随着太阳能光电产业的发展，这种制度越来越会对其构成制约。

---

① 孙佑海：《为发展可再生能源提供有效地法律保障》，载《环境保护》2005年第3期。

3. 经济激励手段不健全

对于可再生能源的发展，世界各国纷纷制定相应的经济激励机制，主要有财政补贴、税收优惠、价格优惠等。而我国太阳能热利用现状是，行业的民间自发形成导致政府支持、激励意识的薄弱。但政府的扶持、引导和管理，对于太阳能行业的发展将起到至关重要的作用。首先是财政补贴有限。2006年实施的《可再生能源发电价格和费用分摊管理试行办法》中，太阳能发电实行"一事一议"的定价原则，与其他可再生能源的支持力度相比大打折扣；太阳能热电利用、太阳能产品方面的财政补贴更是总体滞后，多是临时性的、局部的，并且没有明确的法律规定。其次税收优惠仍是空白。税收优惠的形式主要有减免关税、减免投资税、减免增值税和所得税等形式。当前，我国在税收制度方面除了主要服务于农业生产和农村人民生活的大中型沼气和小水电的增值税优惠外，对其他新能源与可再生能源的开发利用和产品，[①]包括太阳能在内均没有颁布相关的统一规定，像光伏发电系统的增值税以及增值税附加都是按标准税率征收。在我国，减免增值税需中央政府有关部门批准，地方政府并无此项权利，只能部分减免增值税附加，但在实践中，减免增值附加税的情况也并不常见。再次关税制度有违公平。关税方面仍给予国外太阳能电池超国民待遇，使其在未进行检测的情况下，也可以以免税或者低价的身份进入国内市场，这对我国刚刚起步的光伏行业造成一定冲击。这种不公平的准入制度，严重阻碍了我国光伏产业的发展。最后费用补偿制度单一。我国目前太阳能光伏发电的费用补偿资金仅是电价附加，并不能填补太阳能发电成本与其他能源发电成本间的差距，加重企业的负担。而且目前费用补偿的方式是全网均摊，不能在生产者和消费者中产生正确的激励信息，不能产生鼓励清洁能源发展的政策导向。[②] 这种资金来源单一、资金调配周期长、有违公平的费用补偿制度严重制约着太阳能行业的发展。

从整体上来讲，我国目前政府对于太阳能产业的激励机制还远远不足，尽管有不少政策支持太阳能的开发利用，但都停留在理论层面，且文件间发生矛盾的现象也时有发生，使得太阳能行业得到的经济支持相当有限。因此政府

---

① 王志伟：《太阳能开发利用法律问题研究》，中央民族大学法学院，硕士学位论文，2010年，第17页。

② 戴洪珊：《我国太阳能开发利用的法律问题研究》，浙江农林大学法政学院，硕士学位论文，2011年，第6页。

的长久明确的激励制度是可再生能源行业在中国得以进一步发展与普及的关键所在。

三、对太阳能开发利用的国外经验借鉴——以德国和美国为例

由于气候变暖、环境恶化、常规能源短缺等问题,可再生能源得到各国政府的重视和支持。根据欧盟委员会联合研究中心(JRC)的预测,到2030年可再生能源在总能源结构中占到30%以上,太阳能光伏发电在世界总电力的供应中达到10%以上;2040年可再生能源占总能耗50%以上,太阳能光伏发电将占总电力的20%以上;到21世纪末可再生能源在能源结构中占到80%以上,太阳能发电占到60%以上,显示出太阳能的重要战略地位。在技术进步的推动和各国政府的激励政策驱动下,太阳能光伏发电产业和市场得以迅速发展。2001—2008年期间,全球光伏发电新增容量年均增速达50.2%,2011年全球光伏系统安装增长了24%,总装机容量达到了24 GW。[①] 发达国家相当重视可再生能源的发展,且根据本国的基本国情、能源储备和消耗状况制定适合本国长远发展的可再生能源发展战略。

(一)德国太阳能法律制度

德国是世界上利用太阳能最多的国家,经过多年发展,德国市场已成为世界光伏企业的主战场,年新增装机容量的增速高峰出现在2000年及2004年,增速分别达到200%和300%以上[②],这两次超常规增长的主要推动因素是德国首创的上网电价补贴政策的推出和修订。"上网电价法"是光伏发电的最大推动力。2010年12月光伏发电新装机容量3000兆瓦,创有史以来月装机容量的最高纪录。2010年太阳能新装机容量为7400兆瓦,是创纪录的一年,2011年新并入网的太阳能发电量达到7500兆瓦。虽然在2011年意大利以28%的安装比例超过德国25%的安装比例,但德国仍是可再生能源利用最成功的国家,太阳能的利用可以追溯到20世纪70年代,在这方面积累了大量的经验,并发明了一系列高效的太阳能开发利用技术,更重要的是德国政府颁布的一系列可再生能源方面的法律和政策。在法律制度方面主要是2004修订的《上网电价法》和历次修改的《可再生能源法》。

---

① 《2011年全球主要太阳能光伏安装市场数据一览》,北极星太阳能光伏网,http://www.guangfu.bjx.com.cn,访问日期:2012年5月10日。

② 《2011年全球太阳能光伏产业发展报告》,第16页.

首先是《上网电价法》。德国在1991年颁布了《电力入网法》,促进风能等可再生能源的发展,之后根据政策导向由风能转向太阳能的变化,于2004年修正了《上网电价法》,将包括成本在内的细节问题以法律的形式固定下来,并遵循四条基本原则:电价必须上网;电力部门必须收购;该法要实施超过20年;上网电价每年降低5%。《上网电价法》的颁布,使得2004—2009年五年间德国上网电价就降低了32%,创造了极具活力和快速发展的光伏产业,逐渐建立起可持续发展的能源体系。①

其次是德国的《可再生能源法》。2000年4月1日出台了《可再生能源法》,为太阳能产业的发展提供了先决条件。该法的目的旨在提高可再生能源在电力供应中所占的比重,至2010年至少提高到12.5%,至2020年至少提高到20%。一方面该法第11条对利用日辐射能获取电力的偿付作了明确规定,凡属利用太阳能发电的设施,对其生产电力的报酬每千瓦小时至少为45.7欧分;同时对安装在不同地方的电力设施的报酬方式作了区分。针对小型光伏发电设备的新建和扩建,德国复兴信贷银行提供设备投资全额的优惠贷款,最高限额为每户5万欧元,还贷期延长到20年。既明确德国政府对太阳能产业的财政补贴,又为太阳能产业的发展提供信贷支持。另一方面该法对输电商的义务作出明确规定:电网经营商有义务将利用可再生能源从事生产的发电设施毫不迟疑地优先接入其电网,优先全额接收并输送电量。以义务的形式明确了输电商的强制入网、优先购买、固定电价等义务。该法还针对不同可再生能源发电情况规定了不同的电价。同时将上网电价(Feed-in-Tariff,FiT)提高了三倍以上。2004年7月31日进行首次修订,对上网电价作了进一步细化,对民用细分市场提高了电价,同时规定了新的价格降低速度。2008年6月该法进行第二次修正,主要是根据光伏系统的容量不同,将电价水平进行较大幅度下调,并从以前单纯的固定电价政策转为通过调整电价水平来控制光伏市场规模。② 2008—2009年的金融危机使得光伏发电项目融资困难,全球对光伏产品需求疲弱,致使2009年全年组件价格平均同比下降40%~50%,成本下降25%~30%,超过了德国政府的上网电价下调幅度,于

① 《德国太阳能赶超风电》,http://www.huidiantech.com/display.asp?id=533,访问日期:2011年12月3日。

② 石璟丽:《光伏发电大国近期经济政策的调整分析》,载《中国建设动态:阳光能源》,2009年第4期。

是提出2010年加快上网电价的下调幅度。2010年再次修订是政府根据太阳能产业的成熟度、市场具体情况,对补贴政策进行动态调整,并对调整幅度作了明确的规定。从2010年7月1日开始,在德国境内建造的屋顶光伏发电系统补贴额减少13%,转换地区(原来非电站用地后改作电站用地)补贴额减少8%,其他地区补贴额减少12%。从2010年10月1日开始,补贴额将在7月1日的基础上再减少3%。

政府除了以法律的形式保障太阳能产业的发展,还进行大量的资金支持,这也是太阳能在德国得到广泛开发利用的关键。为促进可再生能源的发展,政府为明显高于市场价的并网太阳能发电提供补贴,仅在2011年,对太阳能的补贴就达80亿欧元。在德国,小型太阳能系统的投资者能得到补贴或低息贷款,而地方性的大型供热太阳能装置,则由实验及示范项目支持完成。除可再生能源法规定的太阳能发电的补助措施外,德国政府还在太阳能发电和太阳能供热设备投资方面提供资助和优惠贷款。① 主要有针对建造和使用可再生能源产生热能的设备提供资金支持的市场激励计划;针对小太阳能发电设备的新建和扩建的光伏发电投资贷款计划;安装集热器提高房屋能源效率的生态住房计划;针对现有住房改善的居住空间的现代化计划。德国通过这些计划为太阳能开发利用提供大量的资金支持,保障太阳能行业的发展。目前德国联合执政的主要党派已对太阳能补贴法案的修正达成共识,主要变动是在补贴方式的调整和导入安装总量限制两方面。对于新的修正案,将有助于2012年德国太阳能市场的稳定,促进太阳能行业的健康发展。

(二)美国太阳能法律制度

不同于德国,美国太阳能资源丰富,是德国的31倍,超过70%的国土面积太阳能辐射大于每天5 kwh/m^2,而西南部是太阳能资源最为丰富的地带,每天约6.8 kwh/m^2。长期以来对于石油的严重依赖及美国政府在国际社会面临的碳减排的压力,使得新任美国政府越发重视新能源行业在美国的发展,在最新的关于新能源发展的规划中,美国政府甚至将新能源领域提升到作为恢复经济和促使经济发展引擎的地位。美国可再生能源政策立法可以追溯到20世纪60年代末70年代初,其中将太阳能列为首位。1977年经国会决定,

① 孙国旺:《德国太阳能领域发展现状》,载《全球科技经济瞭望》2008年第9期第23卷。

成立综合性的太阳能研究所，同时许多大型的研究机构也纷纷增设太阳能利用的研究课题。1978 年卡特宣布每年 5 月 3 日为全国太阳日，同时称："不管我们的节能工作做得怎样好，世界上原油和天然气的供应将减少和越来越贵，并最终耗尽。""太阳能可以利用已不是个问题，仅有的问题是如何降低成本，使太阳能被广泛地应用，这样就可以抑制原油价格的上涨。"此后美国进入太阳能产业快速发展时期，建立太阳能工业，建造造价低廉、基本不需运行维护费的太阳房，研究建造太阳池等。根据美国太阳能行业协会(SETA)和 GTM 市场调研公司的报告显示：2010 年美国太阳能光伏产业市值达 60 亿美元，比 2009 年提高了 67%，年装机容量达 878 兆瓦，其中有 16 个州超过 10 兆瓦，而 2007 年仅有 4 个州超过 10 兆瓦。美国太阳能产业的发展同样得益于政府的法律政策和经济激励措施。

2005 年美国施行了光伏投资税减免政策(2008 年年底到期)：居民或企业法人在住宅和商用建筑屋顶安装光伏系统发电所获收益享受投资税减免，减免额相当于系统安装成本的 30%，单户居民住宅的减免额不超过 2000 美元。2009 年 3 月参议院投票通过，使该政策得以延续，对于商用光伏项目的投资税减免延长 8 年，对于住宅光伏项目的延长 2 年，取消了每户居民光伏项目 2000 美元的减税上限；同时通过一项共计约 180 亿美元的新能源激励计划。2007 年美国能源部公布了美国太阳能先导计划。2010 年美国对绿色能源制造业提供 23 亿美元的税收优惠，将发放给 132 家企业的 183 个绿色能源制造项目。2010 年 7 月参议院能源委员会投票通过了美国千万太阳能屋顶计划，这是 1997 年推出百万太阳能屋顶计划的延续，预计从 2012 年开始，将投资 2.5 亿美元用于该项计划，从 2013—2021 年，每年将投资 5 亿美元用于太阳能屋顶计划，目标是在未来十年之内安装 1000 万套屋顶光伏发电系统。该项立法的补助资金可以补贴 40 GW 的新安装容量。作为超级大国，也是全世界耗能最高的国家。此次新增的千万太阳能屋顶计划，是迄今为止规模最大、补贴额度最高的新政策，是态度鲜明的支持光伏产业发展的宣言。

除联邦政府的激励政策之外，美国各州总共约有三四百个光伏发展刺激计划，42 个州通过"净电量计量法"，37 个州有直接补贴或电价补贴(1.5 \$/W～5.0 \$/W)，26 个州有税收优惠，32 个州有可再生能源配额制度，21 个州有优惠贷款(0%～7.5%，5～20 年)，16 个州明确了光伏发电占总用电比例的目标。在良好的政策支持下，美国太阳能市场逐步启动，未来几年将成为全球最重要、增长最快的市场。

美国促进太阳能产业发展的法律主要有1978年的《公共事业政策管理法》(1999年修订)、1992年《能源政策法案》及2005年《国家能源政策法》、1990年《清洁空气法修正案》等,此外美国部分州也颁布了一些鼓励太阳能开发利用的法律和条例。

首先1978年美国公共事业政策管理法及其实施准则是由联邦能源委员会提出的,适用于非水力发电的可再生能源发电系统,对促进美国可再生能源产业发展具有里程碑意义。该法的特点主要表现在:(1)在立法目的上积极鼓励利用可再生能源;(2)强制规定利用可再生能源发电的电价制定标准。面对可再生能源发电成本高于化石能源的现实,该法强制规定了利用可再生能源发电的电价制定标准;(3)给予可再生能源技术支持政策。规定:“电力公司必须按可避免成本购买热电和可再生能源生产的电力。”这一政策为可再生能源发电技术与化石燃料发电技术的公平竞争创造了条件。经过多年实践证明,美国公共事业政策管理法是一项鼓励发展替代能源的有效措施,其激励作用来源于以高昂的可避免成本来购买替代能源所产生的电力。

其次1990年《清洁空气法修正案》,其中第十章“太阳能和可再生能源”是专门为促进太阳能和可再生能源而制定的激励政策。第1001条第2款规定:“本条颁布之日起24个月内,联邦能源管理委员会将会完成一项规则的制定,以建立一个管理激励机制的示范项目来促进和鼓励太阳能和可再生能源。这一管理项目将会包括:“为太阳能和可再生能源的发展和分配建立一个激励的返还费用,该费用承担太阳能和可再生能源的潜在风险;允许一个十年到二十年的分期偿还期,来回收太阳能和可再生能源技术的资本成本。”

再次是1992年的《能源政策法》,首次提出对可再生能源的生产给予生产税抵扣,对免税公共事业单位、地方政府和农村经营的可再生能源风电企业按照生产的电量给予经济补助,进一步对可再生能源发展提出要求,即到2010年可再生能源提供的能量应比1988年增加75%。该法规定对可再生能源资源的开发利用给予投资税额减免,该法规定对太阳能和地热项目永久减税10%。对于符合条件的(必须是使用太阳能、风能、地热能、生物质能的发电技术)新的可再生能源及发电系统并属于州政府和市政府所有的电力公司和其他非营利的电力公司也给予为期10年的减税,税额减少的多少将随着社会物价水平的变化而变化,并且取决于国会年度拨款水平。同时,美国《能源政策法》还规定开放输电网,发展电力促售商,鼓励电力供应竞争。

最后是《2005年国家能源政策法》,它颁布了能源生产和消费方面促进可再生能源利用的强制性政策规定和经济激励政策。实行可再生能源发电配额制，建立可再生能源组合标准，保证在国内不同地区均衡发展；强制性的光伏上网电价政策，要求电力公司收购电力消费者包括居民或企业太阳能发电在某些时段多余的电力，以抵消从电力公司购买相同度数的电力；经济激励手段包括有一个13亿美元的个人节能消费优惠方案——家庭能源效率改善抵税，鼓励美国国内居民或企业消费者使用零污染的太阳能等可再生能源，和一个津贴补助政策，对安装燃料电池与太阳能风电设备的商业建筑物给予30%购买价格的补贴。

四、完善我国太阳能开发利用的法律制度

(一)制定具有前瞻性的总量目标，完善总量目标制度

总量目标制度是一个国家以强制性手段对未来一定时期内可再生能源发展总量作出的一种强制性规定，且必须有一系列配套的政策措施或机制保证目标的实现。总量目标制度的完善，有利于明确我国太阳能产业的发展方向、表明政府发展太阳能的决心、引导投资，促进太阳能光伏产业的发展。我国应当以准确的资源调查为基础，制定有预见性、战略性、计划性、指导性的总量目标，并对现有的总量目标制度进行调整，并在一定时期内保持稳定，使衡量目标从单一的装机容量向上网电价转变，改变粗放型的经济增长模式。首先，以上网电量取代装机容量作为衡量标准，并与财政补贴、税收优惠等结合起来，形成以上网总量为标准的总量目标制度。其次，强化对太阳能资源的调查在精准的调研数据之上制定出具有前瞻性和预见性的总量目标。最后编制出具有法律效力的光电发展规划。以总量目标制度为指导的光电发展规划更具有应用性，更能为光电产业的发展指明方向，立足于我国光电行业发展的现状的总量目标制度，是我国太阳能产业发展的关键。

(二)实行以固定电价制度为主辅之以配额制度试点的电价制度

可再生能源作为新型能源，技术上的特殊性，使得其发电成本一般都高于常规能源，所以以强制性要求电力供应者以固定价格购买可再生能源发电商的全部电量的固定电价制度，为可再生能源的电力上网提供了便利，它具有强制上网、优先购买、固定上网电价、电力分摊等特点。德国是实行固定电价制度的代表性国家，从1990年的《电力输送法》到2008年新修订的《可再生能源法》，均是以明确的法律形式对固定电价予以规定，同时根据国内产业的发展状况，对电价适时进行调整。在我国确立固定电价制度有利于民间资本投资

光电产业，促进光电产业的发展，而且我国已经具备实施固定电价制度的条件。首先，与固定电价制度相配套的强制上网制度、费用分摊制度和分类电价制度已经建立，并得到很好的实际应用，为实施固定电价制降低了成本。而且《可再生能源法》第19条规定："可再生能源发电项目的上网电价，由国务院价格主管部门根据不同类型可再生能源发电的特点和不同地区的情况，按照有利于促进可再生能源开发利用和经济合理的原则确定，并根据可再生能源开发利用技术的发展适时调整。上网电价应当公布。"本款的规定为固定电价的确立留有制度接口。因此，我国应该借鉴国外经验，确立固定电价制度保证投资者的利益，刺激各种技术的发展，便于政府的监管。

配额制是对可再生能源发电在电力供给总量中所占的份额进行强制性规定，电价由市场决定的制度。看似这与我国应当试用的固定电价制度相矛盾，实则不然。固定电价是在市场还不成熟的条件下，政府的过多干预，保证市场的稳定、发展，而配额制是市场机制已经形成，有利于充分利用竞争，降低太阳能开发利用的成本，促进太阳能的快速成长，是一个以市场为基础的、公正的、不需要政府进行投资和管理的政策模式。配额制在英国、美国等国家已经得到广泛的应用，英国还建立了与之相配套的可再生能源交易制度和市场，使得电力可以在市场进行自由交易。我国目前应是以固定电价制度为主，配合有在市场成熟地区推进配额制的试点工作，为以后配额制的全面实行积累经验。以市场为基础和前提的配额制，利用市场的资源配置优势，不断降低光电的开发成本，刺激企业采用新的技术和设备。配额制采用可交易的绿色证书系统，鲜明的体现光电的生态价值。

（三）完善太阳能行业中的经济激励措施

1. 建立可再生能源发展基金制度

可再生能源发展基金可以作为国家费用补偿的一种方式，但同时它也是国家经济激励政策的一种良好手段。制定可再生能源发展基金的实施细则，尤其是太阳能相关的实施细则。明确发展基金的目的、宗旨，使得它的制定能有效地保证太阳能产业的发展，具体规定基金的规模、资金来源、支持对象、申请使用程序、相应的监督机制等，使基金的资金支持能够落实到实处，得到高效利用，相应的监督能够起到作用，保证基金资金的不流失。

2. 进一步完善财政补贴制度

太阳能产业发展的各个阶段都需要大量的资金，并且是长期的资金支持，因此只有企业的力量是远远不够的，在产业初期需要政府介入，进行财政补贴。目前财政补贴主要从生产和消费两方面进行。生产是对太阳能产业发展壮大的补贴，只有有相关产业的存在，才会存在可再生能源利用的继续发展；消费补贴主要是对消费者的补贴，促进消费市场的形成与扩大，消费市场的发展壮大也必将促进整个产业的发展，激发生产者技术创新、扩大生产规模，最终达到推进整个太阳能行业发展、可再生能源发展的目的。德国的固定电价制度就是有政府极大的财政支持，随着电量的增长补贴额度会极大地增长，每年支持力度达到 2 亿欧元，是欧洲太阳能领域最大的资助计划①。政府的财政补贴可以通过直接的资金发放的方式，也可以是间接方面的税收补贴，贴息贷款等，形式是多种多样的。

3. 填补税收优惠制度的空白

《可再生能源法》第 26 条规定："国家对列入可再生能源产业发展指导目录的项目给予税收优惠。具体办法由国务院规定。"为我国可再生能源发展的税收优惠提供了法律保障。我国主要可以通过减免关税，增值税优惠，减免所得税等方式实现太阳能发展的税收优惠。例如丹麦、比利时等国家对个人投资可再生能源项目均免征所得税，这种做法为我国民间资本进入太阳能领域提供借鉴，德国利用生态税的形式，对建造和使用可再生能源产生热能的设备提供了资金支持。因此我国应尽快出台太阳能税收优惠的具体政策规定，加大税收优惠政策对光伏发电的扶持力度，扩大税收政策对民营企业和个人投资光电的支持力度。另外在关税方面还应保证国内太阳能光伏投资企业和同类外商投资企业享有相同的关税优惠政策，促进内外投资企业公平竞争。

4. 实行贴息贷款制度

可再生能源信贷制度是由政府或其授权的组织委托金融机构实施的对可再生能源进行低息贷款的制度，利息补贴由政府或其授权组织向金融机构支付。② 由于太阳能产业是一项长期的技术投资产业，其对资金的需求量大，且资金链长，回收周期长，若对于太阳能产业制定同其他产业相同的贷款制度，将不利于太阳能产业的资金回笼或者是相关资金还仅在技术研发阶段就需要偿贷，这将严重制约太阳能行业的发展。对此可以借鉴德国的相关规定，如德

---

① 孙国旺：《德国太阳能领域发展现状》，载《全球科技经济瞭望》2008 年第 9 期第 23 卷。

② 王志伟：《太阳能开发利用法律问题研究》，中央民族大学法学院，2010 年，第 29～30 页。

国复兴银行对集热投资和建房材料费提供优惠贷款，对太阳能设备投资提供全额的优惠贷款，还贷期可延长到20年。所以应延长贷款的贴息时间，严格贴息贷款程序，选择正确的贷款对象，从而提高贷款的使用率和行业的经济效益。

5. 稳步拓宽费用补偿制度

推动光电发展的关键问题在于解决光电企业发展的高成本问题。我国目前推行的固定电价制度主要是政府补贴，而这对解决光电高成本问题是杯水车薪。因此也需要各方利益的协调，进一步完善太阳能产业发展的费用补偿制度。我国现有的费用补偿——分摊制度，还存在资金来源单一、结算周期长、有违公平的全网均摊等问题。稳步拓宽费用补偿制度就需要：第一拓宽和稳定用于费用补偿的资金来源。借鉴德国生态税的征收模式，对不同的能源产品实行不同的税率，扩大费用补偿的来源。我国可以对造成环境污染的化石能源开征消费税，将其税收用于支持光电等可再生能源发展。第二制定可再生能源发展基金的实施细则，对费用补偿的具体操作程序予以明确规定，并且可再生能源发展基金的建立可以稳定太阳能发展的资金的来源，克服目前补偿资金周期长的缺陷。第三可以采用全网均摊的方式征收电价附加，使其由所有的消费者来共同承担。通过政府引导的费用补偿，为太阳能产业的发展提供充足的资金支持，更好地引导社会资源配置向太阳能产业方向倾斜。

(四)加强政府对固定电价的执行和监督力

我国确定的固定电价制度不能仅是纸上谈兵，还需要有强有力的监管来保证强制上网制度的执行。首先政府应加强对电网企业收购光电的合理支出的资金补偿力度，规划实际，使电网企业有足够的能力保证可再生能源的电力上网，同时将电网企业为接纳光电而支出的资金纳入可再生能源发展基金的补偿范围。其次对于强制上网的执行情况，加强监督力度。有效的监督机制是上网制度执行的关键。一方面是制定统一的光电并网技术标准，电网企业仅对符合标准的光电无条件收购，使光电企业能够有效地遵守该标准；另一方面要建立统一的监控网络，建立定期数据汇总机制，便于对光电上网的执行情况的监督①。最后建立光电企业和电网企业的长期联系机制。《可再生能源法》规定电网企业和光电企业有相互配合的义务，而且光电上网的执行也确实需要双方的相互配合。

---

① 戴洪珊：《我国太阳能开发利用的法律问题研究》，浙江农林大学法政学院，2011年，第25～26页。

(五)完善企业对太阳能开发利用的诉求

1. 增强太阳能企业的技术诉求,推动技术创新。发达国家一直高度重视太阳能开发利用的技术的研究,确保占领技术制高点。日本爆发第一次石油危机后,为确保国家的能源安全,针对太阳能的研究和利用,推出了"新阳光计划",目前它的太阳能技术全球领先。相比之下,我国对太阳能技术的重视程度远远不够。因此应加大科研投入,强化太阳能利用关键技术系统的研究,掌握太阳能开发利用的核心技术,政府的资金、政策支持对于太阳能开发利用仅是短期眼前的扶持,太阳能企业要做大做强必将需要技术的支持,这是一个企业存在和发展的真正动力。因此第一通过引进技术加强自主研发;第二通过企业间的合作开展技术创新;第三促进国内科研院所的科技创新和联合攻关,为企业的技术创新提供支持,同时要重点培育和提高企业的自主创新能力,促进太阳能的制造与产品科技合作研发。在当代,资金、人力、信息、合作、中介以及政府政策都是太阳能技术创新不可缺少的关键因素。因此,在制定促进太阳能技术创新的法律规范时,必须全面加以考虑。①

2. 扩大太阳能企业自主寻求资金的途径和方式。太阳能产业扩大生产规模和研发新产品等都需要强大的资金支持,2007 年《中华人民共和国节约能源法》第 60 条规定:"中央财政和省级地方财政安排节能专项资金,支持节能技术研究开发、节能技术和产品的示范与推广……"第 61 条规定:"国家对需要支持的节能技术、节能产品,实行税收优惠等扶持政策。"企业发展太阳能可以充分利用国家的财政补贴和税收优惠,但这对于一个想要做大做强的企业是远远不够的,企业应加大自主寻求资金的途径,解决资金问题。首先可以引进外资。中国加入世贸组织后,加大了与国际上的交流与合作,为太阳能产业引进外资创造良好的条件。其次可以发放股份集合零散资金。中小型太阳能企业通过向产品产业链的上下游企业发放股份来筹集资金,保证技术研发资金的同时又能保障产品的生产和销路。对于已形成一定规模的企业,可以向社会发放股份,以长期融资。再次可以申请国家贴息贷款。最后是建立国营企业。国家或地级政府直接投入一定量的资金建立上规模、技术装置优良的国营或国营控股的太阳能企业。②

① 杨解君、赖超超:《我国太阳能开发利用的现状及其立法诉求》,载《甘肃政法学院学报》2008 年第 3 期。

② 黄同华:《山东省促进太阳能开发利用的对策研究》,青岛大学,2009 年,第 31 页。

第三节　生物质能法律制度建设①

生物质发电作为可再生能源利用的一种重要形式，与风电、核电等相比，具有自身的独特优势，国家应当大力扶持。我国是一个农业大国，具有发展生物质发电的资源优势，因此我国生物质发电具有巨大潜力。目前，我国生物质发电在快速发展的同时，也存在一系列突出问题，严重制约着生物质发电产业的健康发展，从根本上来看，产生这些问题的原因是，我国生物质发电法律制度不够完善，因此要实现生物质发电产业的健康发展，首先就要完善主要的法律制度。我们应该及时总结实践中的经验，借鉴国外的成熟经验，不断完善生物质发电法律制度；目前，我国应该坚持完善总量目标制度、电价制度等制度，加大对生物质发电的经济激励，不断完善可再生能源监督管理体制，完善公众参与制度。

在可再生能源的开发利用中，生物质能特别是生物质发电的开发利用占有重要地位，原因有三：一是我国是农业大国，生物质能十分丰富，据估算，目前我国生物质资源可转换为能源的潜力约 5 亿吨标准煤；②二是生物质能利用应遵循“不与人争粮、不与粮争地”的原则，这是由我国的特殊国情所决定，而利用农林废弃物发电则不会威胁我国的粮食安全和占用耕地；三是生物质发电技术已经相对成熟。在众多激励措施和利好因素的促进下，我国生物质发电发展迅猛，但同时，生物质发电项目盲目上马、多数发电企业亏损经营、电价不合理等问题也十分突出，暴露出制约我国生物质发电健康发展的制度问题。从国外的发展经验来看，政府的强有力支持是生物质发电快速发展的重要保障，而通过法律手段来实现这种保障又具有诸多优势。

世界生物质发电起源于 20 世纪 70 年代，当世界性的石油危机爆发后，丹麦开始积极开发清洁的可再生能源，大力推行秸秆等生物质发电。自 1990 年以来，生物质发电在欧美许多国家开始大力发展。我国对生物质发电的发展起步较晚。2003 年以来，为推动生物质发电技术的发展，国家才先后核准批

---

① 本节内容由西南政法大学硕士研究生王彦杰同志撰写，特此致谢！

② 《可再生能源中长期规划(2007)》，http://zfxxgk.ndrc.gov.cn/PublicItemView.aspx? Item ID={e785afc5-ac55-40aa-9491-3383614ca705}，访问日期：2011 年 3 月 12 日。

复了河北晋州、山东单县和江苏如东3个秸秆发电示范项目。此后,随着《可再生能源法》的颁布,及财税、上网电价等相关配套政策的出台,五大发电集团等大型国有企业,以及大量民营和外资企业纷纷投资参与中国生物质发电产业的建设运营,使得生物质发电特别是秸秆发电迅速发展起来。截至2007年年底,国家和各省发改委已核准项目87个,总装机规模220万千瓦,全国已建成投产的生物质直燃发电项目超过15个,在建项目30多个。① 目前,中国生物质发电产业的发展正在渐入佳境。

一、我国生物质发电主要法律制度分析

与国外生物质发电发展较快、发电技术相对成熟相比,我国的生物质发电起步较晚,早期主要是开展沼气发电项目,目的是解决农村地区的用能问题。由于这样的实际利用情况,以及我国整个可再生能源法制建设发展缓慢,我国生物质发电的相关立法发展也非常缓慢。法律制度是法治的基础,只有完善的法制,才能使国家各项事业的发展纳入法制的轨道,做到有法可依,才能保持各项事业的稳定、有序发展。改革开放以来,国家认识到了法制建设的重要性,加快了法制建设步伐,就发展可再生能源而言,随着我国市场经济体制的完善和能源领域改革的不断深入,国家认识到单纯运用行政手段难以保障可再生能源的快速发展,日益重视运用法律手段来规范可再生能源的开发利用,保障可再生能源的快速发展,并制定了一系列的法律法规。

我国较早通过立法鼓励生物质能源利用的法律是1993年实施的《农业法》。《农业法》第17条和第65条规定,政府应采取措施,加强农业综合开发,引导农民积极开发当地资源,组织开展秸秆及其他剩余物质的综合利用,同时要求加强农村能源和电网建设;该法第57条规定,国家鼓励"合理开发和利用水能、沼气、太阳能、风能等可再生能源和清洁能源";从上述条款可以看出,我国长期以来比较重视生物质资源的开发利用,也十分重视农村电源建设,但是当时还并未直接提出发展生物质发电,生物质资源利用的目标和范围都比较狭小,并且还停留在口号阶段。并未采取切实、可行的措施。

我国第一部明确提出鼓励发展生物质发电的法律是1995年颁布的《电力法》。《电力法》是我国电力领域的基本法,该法对电源建设、电力事业投资、电力管理、电力发展规划、电网管理、电力供应等基本问题作出了全面、系统的规

① http://baike.baidu.com/view/2339015.htm,访问日期:2011年3月12日。

定，这也为生物质发电的发展提供了基础性规范。《电力法》明确鼓励可再生能源和清洁能源发电，该法第 48 条第 2 款规定“国家鼓励和支持农村利用太阳能、风能、地热能、生物质能和其他能源进行农村电源建设，增加农村电力供应。”《电力法》第 48 条明确提出国家鼓励生物质发电，但也只是作了原则性规定，并且只是将生物质发电作为加强农村电源建设、增加农村电力供应的一个手段，这种方针也在一定程度上限制了生物质发电的发展。

2005 年颁布的《可再生能源法》对生物质发电作出了全面规定。在可持续发展思想的指导下，《可再生能源法》确立了优先发展可再生能源的战略，并就发展目标、发展原则、具体制度、法律责任等作出了全面的规定，这些规定也同样适用于生物质发电。《可再生能源法》的颁布以及相关实施细则的出台，极大地推动了我国生物质发电的发展。该法规定的具体制度较多，包括可再生能源管理体制、资源调查制度、总量目标制度、技术支持制度等，但本书认为目前我国形成的支持生物质发电发展的制度主要包括总量目标制度、电价制度等五个。

(一)总量目标制度

可再生能源总量目标制度是指政府以立法的形式对一定时期可再生能源发展目标作出的强制性规定，即在总的能源消费或电力消费中必须达到规定比例的能源或电力来自可再生能源。① 总量目标制度明确公民开发利用可再生能源的责任和义务，为大规模开发利用奠定目标基础。总量目标制度在整个可再生能源制度体系中居于较高层次，具有统揽全局的作用，但总量目标制度的实施需要和强制上网、费用分摊等制度相配合，具体而言，总量目标制度的实现依赖于强制上网制度、招标购买制度、配额制三种主要的工具和途径。总量目标制度在我国有较广泛的应用，国家通常对关系国计民生的重要领域，制定中长期的发展目标以及达到目标的规划，这些目标往往指明某一时段内该领域的发展方向、发展重点，成为指引该领域发展的重要依据。早在《可再生能源法》颁布之前，我国就已经制定了《1996—2010 年新能源和可再生能源发展纲要》，提出了远景发展目标，成为指引我国可再生能源发展的重要依据。

《可再生能源法》第 7 条规定，国务院能源主管部门制定全国可再生能源开发利用中长期总量目标，以国家目标为基础，国务院能源主管部门会同省级

---

① 任东明等:《可再生能源政策法规知识读本》，化学工业出版社 2009 年版，第 15 页。

人民政府确定地方可再生能源开发利用中长期目标，该条规定了我国可再生能源利用的总量目标制度，明确规定制定总量目标是政府的职责。该法第6条规定，国务院能源主管部门统领各相关部门负责全国可再生能源资源调查的组织和协调工作，制定资源调查的技术规范，除需要保密的内容外，资源调查结果应对外公布。该法第8条规定，国务院能源主管部门和省级人民政府有责任，根据全国的可再生能源开发利用中长期总量目标，会同相关部门，制定相关的可再生能源开发利用规划，该条规定了开发利用规划的制定机关、审批机关、修改程序，并且规定编制可再生能源开发利用规划，应当征求有关单位、专家和公众的意见。上述三条规定就形成了以总量目标为核心，资源调查为基础，以开发利用规划为依托的完整的总量目标制度。为实施《可再生能源法》，国家发改委相继制定了《可再生能源中长期发展规划》和《可再生能源发展十一五规划》，这两份规划都提出了生物质发电的中长期总量目标，到"2010年，生物质发电总装机容量达到550万千瓦，到2020年，生物质发电总装机容量达到3000万千瓦"，[①]并且将总量目标分解落实到具体类别，"到2010年，农林生物质发电(包括蔗渣发电)总装机容量达到400万千瓦，到2020年达到2400万千瓦；到2010年，垃圾发电总装机容量达到50万千瓦，到2020年达到300万千瓦"。[②] 同时，这两个规划，还在分析我国可再生能源发展现状和国外有益经验的基础上，明确了我国生物质发电发展的指导思想、发展重点、规划布局，提出了实现我国生物质发电发展目标的保障措施和激励政策，这些举措将促使我国生物质发电总量目标的顺利实现。

总量目标制度在国外也有较广泛的应用，特别是《京都议定书》为附件一发达国家确定了可核查的强制性温室气体减排目标之后，为履行减排义务，发达国家纷纷在国内可再生能源立法或者政策中确定了本国可再生能源发展的目标与时间表。[③] 德国的《可再生能源优先法》第1条规定，本法的目标即是"到2010年将可再生能源在整个能源消耗中的比重至少翻一番"。[④] 2004年

① 《可再生能源中长期规划(2007)》，http://zfxxgk.ndrc.gov.cn/PublicItemView.aspx? Item ID={e785afc5-ac55-40aa-9491-3383614ca705}，访问日期：2011年3月12日。

② 《可再生能源中长期规划(2007)》，http://zfxxgk.ndrc.gov.cn/PublicItemView.aspx? Item ID={e785afc5-ac55-40aa-9491-3383614ca705}，访问日期：2011年3月12日。

③ 李艳芳：《气候变化背景下的中国可再生能源法制》，载《政治与法律》2010年第3期。

④ 何建坤：《国外可再生能源法律汇编》，人民法院出版社2004年版，第125页。

德国修订《可再生能源法》时又将目标调整为“可再生能源在电力供应中的比重,至2010年至少提高到12.5%,至2020年至少提高到20%”。[①] 西班牙1998年制定的《关于可再生能源、垃圾或生物质能发电的皇家法令》规定,“为利用可再生能源而建立的一套激励措施的目的在于,使可再生能源在2010年能够占西班牙能源总需求的12%以上”。[②] 不同的是这些国家的总量目标多直接规定于法律中,而我国目前则未在法律中明确规定总量目标。

生物质发电是一个朝阳产业,具有战略性、长期性、高风险、低收益的特点,投资者缺乏投资的经济动因,其发展难以靠市场自发形成,因此,需要政府在尊重市场规律的基础上积极推动。一定的总量目标,就是一个明确的信号。明确的总量目标有利于投资者对未来生物质发电的发展规模、市场潜力、可能的收益等作出明确的判断,增强各类投资者投资可再生能源的信心,进而促进各种投资的迅速增加,促进生物质发电市场的形成和规模化发展。

(二)强制上网制度

强制上网制度,我国法律称之为全额保障性收购制度,是确保可再生能源电力入网的制度安排。实施强制上网制度,是由可再生能源的经济和技术特殊性所决定的。可再生能源电力有两个缺陷:一是存在不稳定性,尽管生物质发电稳定性较风力发电强,但是由于生物质资源供应等方面的问题,生物质发电也可能存在季节性问题;二是由于常规能源发电的电价没有反映出其全部成本,现阶段可再生能源电力价格远高于常规能源发电电价,所以电网企业往往不愿意接纳可再生能源电力。从长远来看,可再生能源发电因其可再生、低污染等优点,代表了未来电力发展的方向。但就我国目前所处的发展阶段来看,阻碍可再生能源发电发展的不利因素较多,这既有国家经济发展模式、发展战略的不利影响,又有政府专注经济建设忽视生态保护的影响,还有社会公众对发展可再生能源认识不高的影响,等等。所以要消除这些不利影响,为可再生能源发电发展创造条件,在立法上就要更多依赖强制性规则,国家就需要利用法律、政策等强制性手段消除可再生能源电力发展中的不利因素,支持可再生能源发电发展。

---

① http://wenku.baidu.com/view/b0541e2ded630b1c59eeb5ba.html,访问日期:2011年3月12日。

② http://wenku.baidu.com/view/b0541e2ded630b1c59eeb5ba.html,访问日期:2011年3月12日。

国际上较典型的关于强制上网制度的规定是德国1991年颁布的《电力入网法》。该法规定，电网企业有义务按照法定的价格接纳可再生能源电力，德国模式的特点主要有：一是强制入网，即电网企业有义务接纳可再生能源电力生产商生产的电力；二是固定电价，输电商有义务根据可再生能源法规定的价格向可再生能源发电商支付固定电费，该制度成功的关键是确定合适的电价，因为电价过低，则会导致电力生产商的亏损，而电价过高则会使电力生产商获得较多额外利润，造成不公平。① 自1991年确立强制上网制度开始，德国一直坚持完善强制上网制度，这主要是因为强制上网制度极大地促进德国的可再生能源发电特别是风力发电的迅猛发展。德国2003年的可再生能源发电总量已经达到了463亿千瓦时，占发电总量8%左右，是1990年的2.5倍，其中风力发电增长最为迅速，2003年年底，装机容量已达到1461万千瓦，占世界装机总量的37%，占欧洲市场的50%。②

强制上网制度是伴随着我国电力体制改革而逐渐确立的。1995年颁布的《电力法》规定，国家鼓励和支持利用可再生能源和清洁能源发电，但同时规定，电力生产企业与电网的并网，应当按照平等互利、协商一致的原则，签订并网协议，确定双方的权利和义务，并且限定具有独立法人资格的电力生产企业才有权利要求并网。上述规定也就导致可再生能源发电即便发得出电，也很难能够为电网所接纳。市场导向的电力改革，造成可再生能源电力的上网难，在这种形势下，提出强制上网的新机制就成为必然。我国《可再生能源法》第14条第1款规定："国家实行可再生能源发电全额保障性收购制度。"该条还规定："电网企业应当全额收购其电网覆盖范围内符合并网技术标准的可再生能源并网发电项目的上网电量。发电企业有义务配合电网企业保障电网安全。"这就在法律上确立了我国的强制上网制度。我国的强制上网制度与德国模式所不同的是，我国规定的强制上网制度并不包括关于电价的规定。

(三)分类固定电价制度

我国的分类固定电价制度包括：一是分类电价，《可再生能源法》第19条规定："可再生能源发电项目的上网电价，由国务院价格主管部门根据不同类

① 《购电法模式——访德国技术合作公司能源经济学家》，Jens Drillisch，http://finance.sina.com.cn/b/20040519/0812766842.shtml，访问日期：2011年3月12日。

② 《购电法模式——访德国技术合作公司能源经济学家》，Jens Drillisch，http://finance.sina.com.cn/b/20040519/0812766842.shtml，访问日期：2011年3月12日。

型可再生能源发电的特点和不同地区的情况，按照有利于促进可再生能源开发利用和经济合理的原则确定，并根据可再生能源开发利用技术的发展适时调整。"该条规定，政府可以根据可再生能源发展的总量要求和技术发展水平，规定各种不同可再生能源技术的上网电价水平。① 分类电价在机理上，与级差地租相同，其功能在于保证市场的公平竞争，保证不同的投资主体的投资回报率大体相同，调节不同资源状况对投资回报的影响。

二是固定电价，发改委发布的《可再生能源发电价格和费用分摊管理试行办法》(以下简称《价格与费用分摊管理试行办法》)第 7 条规定："生物质发电项目上网电价实行政府定价的，由国务院价格主管部门分地区制定标杆电价，电价标准由各省(自治区、直辖市)2005 年脱硫燃煤机组标杆上网电价加补贴电价组成。补贴电价标准为每千瓦时 0.25 元。发电项目自投产之日起，15 年内享受补贴电价；运行满 15 年后，取消补贴电价。自 2010 年起，每年新批准和核准建设的发电项目的补贴电价比上一年新批准和核准建设项目的补贴电价递减 2%。发电消耗热量中常规能源超过 20%的混燃发电项目，视同常规能源发电项目，执行当地燃煤电厂的标杆电价，不享受补贴电价。"第 8 条规定："通过招标确定投资人的生物质发电项目，上网电价实行政府指导价，即按中标确定的价格执行，但不得高于所在地区的标杆电价。"这条规定确立了我国生物质发电主要实行固定电价制度，虽然上述规定并未排除招标定价制度的适用，但在实践中生物质发电项目主要实行的是固定电价。2010 年发改委发布的《关于完善农林生物质发电价格政策的通知》规定："对农林生物质发电项目实行标杆上网电价政策。未采用招标确定投资人的新建农林生物质发电项目，统一执行标杆上网电价每千瓦时 0.75 元(含税)。通过招标确定投资人的，上网电价按中标确定的价格执行，但不得高于全国农林生物质发电标杆上网电价。"该规定的出台，进一步稳定了我国生物质发电的固定电价制度，并且提高了上网标杆电价，有利于解决当前我国多数生物质发电企业亏损经营的问题。

我国的生物质发电电价制度是分类电价与固定电价相结合的制度，固定电价是分类基础上的固定，分类电价也是固定的分类电价。该制度吸取了分类电价和固定电价的优点，一方面实行分类电价，可以充分地体现出生物质发

① 任东明等：《可再生能源政策法规知识读本》，化学工业出版社 2009 年版，第 21 页。

电因资源状况不同而存在的成本差异，有利于市场主体之间的公平竞争，鼓励各投资主体积极投资生物质发电，也有利于鼓励不同可再生能源技术的广泛应用；另一方面，按照固定电价确定投资项目，可以起到减少项目报批环节，减少交易成本的作用。

(四)费用分摊制度

强制上网制度和固定电价制度，解决了生物质发电上网难，并保障了发电企业的合理收益，生物质发电电价高于常规能源电价的部分怎样承担就需要新的制度设计，费用分摊制度的功能就在于解决可再生能源电价高于常规能源电价部分的补偿问题。可再生能源电力具有无污染或低污染的特点，因此使用可再生能源电力与常规能源电力相比，不会对生态环境造成危害或者危害非常小，这是可再生能源电力的生态价值体现，也可称之为可再生能源电力产品的外部经济性。与之相对应，则是使用常规能源发电所造成的外部不经济性。费用分摊制度从根本上说就是要补偿可再生能源电力对整个社会所产生的外部经济性，实现全社会范围内的受益者相对公平的承担发展生物质发电的额外费用。根据外部性理论，要实现经济活动的外部性内部化，主要有两种不同的途径：一是所谓的“庇古税”路径；二是科斯的“产权”路径。① 现有的经验表明，上述两种路径各有其优势和适用的前提，可以依据不同的政策环境作出不同的选择。我国现行的费用分摊制度与所谓“庇古税”路径更为相似。费用分摊机制在我国能源领域有着较早和较广的应用。20 世纪末期为加快三峡工程建设，我国就采取对终端销售电价加价的方式向全国电力用户筹集建设资金，保障了三峡建设顺利完成。为适应经济社会发展需要，国家自 2001 年开始实施的以农村电网改造为主的电网改造工程，也采用了类似终端销售加价的方式筹集建设资金。我国在许多新兴能源发展初期，也采用了费用均摊机制，例如，1994 年原电力部就对风力发电费用分摊作出了具体规定，推动了风电的较快发展。② 这些实践为我国在可再生能源发电领域实施费用分摊制度积累了经验，奠定了基础。

《可再生能源法》第 20 条规定：“电网企业依照本法第十九条规定确定的上网电价收购可再生能源电量所发生的费用，高于按照常规能源法定平均上

---

① 曹明德：《生态法新探》，人民出版社 2007 年版，第 294 页。

② 任东明等：《可再生能源政策法规知识读本》，化学工业出版社 2009 年版，第 23 页。

网电价计算所发生费用之间的差额，附加在销售电价中分摊。具体办法由国务院价格主管部门制定。"该条确立了费用分摊制度。该法中以第 20 条为主有多个条款涉及费用分摊制度。依据上述规定，费用分摊的资金来源主要包括：一是全网范围内在销售终端对电力用户征收可再生能源电力附加，征收范围排除了农业生产和西藏地区的用电，征收的具体标准由发改委制定，电价附加的使用和调配办法由《可再生能源电价附加收入调配暂行办法》规定；二是由可再生能源发展基金提供的资金，《可再生能源法》规定："可再生能源发展基金用于补偿本法第二十条、第二十二条规定的差额费用"，"本法第二十一条规定的接网费用以及其他相关费用，电网企业不能通过销售电价回收的，可以申请可再生能源发展基金补助"，从立法目的看，这主要是为了加大对电网公司因接网而产生的费用的补偿力度，鼓励电网建设。《价格和费用分摊管理试行办法》规定，费用分摊机制的补偿范围包括：(1)"可再生能源上网电价高于当地脱硫燃煤机组标杆上网电价的部分"，这一部分是费用补偿的主要对象；(2)"国家投资或补贴建设的公共可再生能源独立电力系统运行维护费用高于当地省级电网平均销售电价的部分"；(3)"可再生能源发电项目的接网费用"，《可再生能源法》并未对此作出规定，而是由《价格和费用分摊管理试行办法》规定的，是国家从实际出发为加大对接网费用的补偿力度，解决可再生能源电力上网难的问题采取的措施。

(五)经济激励制度

价格制度和费用分摊制度已经部分解决了可再生能源发电成本较高的问题，但是作为新兴产业，可再生能源的开发利用仍然面临资金不足的问题，以生物质发电为例，由于初期建设投入较大，企业利润微薄，企业的资金压力较大；生物质发电技术仍处于发展阶段，很多关键设备我国并不拥有核心技术、依赖进口，因此企业在技术引进、技术研发以及人才培养中仍需较大资金投入；我国生物质资源分布较为分散，要发展生物质发电就要建立完整高效的资源收集和运输体系等，这些方面最终都体现在企业的经营成本中，而价格制度和费用分摊制度也难以涵盖到，进而制约着生物质发电的发展，因此国家仍要加大对生物质发电等可再生能源项目的资金支持。我国目前主要的经济激励措施包括发展基金、财政贴息贷款和税收优惠等形式。

一直以来，我国就非常重视中央和地方财政对可再生能源发展的支持，在不同的历史时期资金支持的形式也不同，改革开放之前以行政指令下的政治激励为主，之后随着相关法律文件的出台，国家开始重视各种经济激励措施，如税收优惠、研究与发展补贴、项目补贴等。[①] 随着国家财政收支状况的改善，财政对可再生能源发展的支持力度也逐年增加，资金支持的形式也逐渐增多，早在 1986 年就设立了农村能源建设专项资金，[②]2005 年颁布的《可再生能源法》也明确规定国家设立可再生能源发展专项资金，2009 年修订时又提出设立可再生能源发展基金，目的是加大对可再生能源发展的资金支持力度和提高资金的使用效率。此外，还在国债项目资金中安排资金，中央财政以担保贷款方式争取外国政府及世界银行、全球环境基金的资金支持，并且通过"863"计划和科技攻关项目，安排资金支持可再生能源科学工作，通过多种途径为可再生能源发展提供资金支持。

《可再生能源法》第 24 条规定："国家财政设立可再生能源发展基金，资金来源包括国家财政年度安排的专项资金和依法征收的可再生能源电价附加收入等。"该法第 25 条规定："对列入国家可再生能源产业发展指导目录、符合信贷条件的可再生能源开发利用项目，金融机构可以提供有财政贴息的优惠贷款。"该法第 26 条规定："国家对列入可再生能源产业发展指导目录的项目给予税收优惠。具体办法由国务院规定。"《可再生能源法》通过上述三个条款，规定了我国目前三种主要的经济激励措施，这是我国经济激励制度的主体。

二、我国生物质发电主要法律制度中存在的不足

我国已经建立起以《可再生能源法》、《电力法》等为主干，包括相关法规规章的相对完整的法律体系，这为生物质发电的发展提供了规范依据，规范了相关的开发利用活动，也使得国家对生物质发电的扶持得以落实。但从总体上来看，仍然存在以下不足：第一、相关配套法律法规不完善、可操作性差。《可再生能源法》制定之时，我国可再生能源发展才刚刚起步，缺少成熟的经验，所以采用了框架性立法模式，这也就决定了该法的实施需要依托相关的配套法规来实施。依据《可再生能源法》的授权规定，国务院和国务院相关部门以及

---

① 徐孟洲、胡林林：《发展新能源与可再生能源的税收激励机制研究》，载《中州学刊》2010 年第 2 期。

② 徐孟洲、胡林林：《发展新能源与可再生能源的税收激励机制研究》，载《中州学刊》2010 年第 2 期。

地方人民政府应在法律通过后，尽快制定出大约12个方面的配套实施细则，[①]到目前为止，虽然国务院有关部门已经制定了大量的法规、规章和国家标准，但在发展基金、税收政策等关键方面，仍缺乏配套性的规定，并且已经出台的有关规定也存在政策性太强、缺乏可操作性、规定比较零散等缺陷。第二、管理和监督职责分散，并且重审批、轻监管。按照《可再生能源法》的规定，可再生能源的开发利用由国务院能源主管部门统一行使管理和监管职权，但在现实中，由于可再生能源同时涉及多个部门，存在多重审批、监管职责分散等弊端，因此如果没有相关部门的协调配合，开发利用就无从谈起，以生物质资源为例，作为一种农林资源，生物质资源主要有农业和林业部门管理，从资源的勘察、评价到综合利用，与农业和林业部门的协调都是绕不开的，因此能源与资源相分离的体制，严重制约了可再生能源的开发利用。我国对可再生能源发展采取了较严格的管理模式，从资源调查、投资准入、生产到销售等多个环节都需要政府审批，而对市场的监管则不够重视。第三、配套性规定的立法层级不高。由于《可再生能源法》的规定过于原则，法律的实施需要制定相关配套性规定，我国目前出台的配套性规定，多为国务院相关部门或单独或联合制定的规章，并且很多重要事项是通过上述部门的文件来规范的，存在诸多弊端，例如，相关政策的稳定性较差，并且在立法中难免受部门利益的影响，并且造成实际执行中的部门间协调困难。

(一)总量目标制度存在的不足

总量目标制度是《可再生能源法》的核心，明确的总量目标制度有利于投资者对未来生物质发电的发展规模、市场潜力、可能的收益等作出明确的判断，增强各类投资者投资可再生能源的信心，进而促使各种投资的迅速增加，促进生物质发电市场的形成和规模化发展。我国的总量目标制度却存在以下不足：第一、总量目标的制定缺乏详细资源调查的支持。足够的生物质资源是发展生物质发电的基本前提。资源调查是制定总量目标的前提，没有科学、准确的资源调查就难以落实好总量目标制度。从理论上讲，我国农作物秸秆等生物质资源非常丰富，适宜发展生物质发电。但与发达国家以农场为主的农业生产方式不同，我国农业生产以农户为主，户均耕地占有面积很小，生物质资源分散、容重小、储运不方便，收集和运输需要耗费大量成本。如果没有详

---

① 任东明等：《可再生能源政策法规知识读本》，化学工业出版社2009年版，第40页。

细、准确的资源调查就难以保障生物质发电项目建成后能够顺利运转，并且资源状况会影响生物质发电项目的电价成本。目前生物质发电产业中暴露出的区域投资过热、布局不合理、重复建设、资源浪费和效益低下等问题，就与缺乏翔实、准确的资源调查密切相关。第二、资源的调查与评估缺乏相关标准。我国幅员辽阔，各地农林产业的生产方式、耕作制度、农林产品的种类等都不相同，这也决定了生物质资源调查和评估过程的复杂性，如果没有较为统一的评估方法和标准，则评估工作难以有效展开、所得资料数据也会缺乏真实性和可靠性。目前我国相关的技术规范和标准制定工作已经相对滞后。第三、缺乏详细的、具有法律约束力的发展规划。资源调查和发展规划分别构成总量目标的上、下游工程，三者相互影响、相互依存。生物质发电项目对资源状况有较高的要求，不合理的布局、恶性竞争等无序发展都可能导致生物质发电项目的亏损。例如，仅在苏北地区 200 公里半径范围内就聚集了 10 家生物质电厂，仅宿迁一地就兴建了 3 个生物质电厂，当地还有几家生物质发电项目在建或已核准立项。① 在扎堆上马的推动下，生物质发电产业很快就暴露出区域投资过热、布局不合理、重复建设等问题，几乎所有生物质发电项目一投产就陷于亏损的尴尬境地。

(二)强制上网制度存在的不足

强制上网制度有力地保障了可再生能源电力发得出并且上得了网，强制上网与固定电价制度相结合就构成了一个完整的政策机制，与德国的强制购电法相似，为可再生能源发电提供了强有力保障。我国的强制上网制度，主要由行政力量推动，仍存在以下缺陷：第一，监管职责不明确，《可再生能源法》规定由国务院能源主管部门和国家电力监管机构即电监会，履行对电网企业收购可再生能源电力的监管职责，而电监会已经于 2007 年发布了《电网企业全额收购可再生能源电力监管办法》，以规范监管活动、落实监管职责。法律并未指定监管工作的主要负责者，能源部门的监管和电监会的监管同时存在，而两家的协调问题却没有规定，这就造成监管职责不明确，监管体制不顺畅的弊端。第二，强制上网制度规定了电网企业有扩建电网、革新技术为发电企业提供上网方便的义务，但关于其权利的规定却非常有限，权利义务的不对等，也是造成电网企业消极对待的重要因素。

① http://www.tianjinwe.com/rollnews/201008/t20100831_1612350.html，访问日期：2011 年 3 月 12 日。

(三)价格制度不稳定、不完善

上网电价是制约生物质发电商业化、规模化发展的主要因素,我国现行的生物质发电电价形成机制存在变动性大、难以反映发电成本差异等缺陷,具体表现在:第一、现行的价格制度难以反映生物质发电的成本差异。《价格和费用分摊管理试行办法》规定:"生物质发电电价由各省(自治区、直辖市)2005年脱硫燃煤机组标杆上网电价加补贴电价组成。"①而由脱硫燃煤机组标杆电价加补贴构成的生物质发电电价,难以反映生物质发电的不同技术条件和资源条件造成的成本差异。2010年国家发改委制定的全国统一标杆电价虽然提高了生物质发电的电价水平,但是不区分技术条件和资源条件的统一定价,同样不能反映生物质发电的成本差异,难以激励发电企业不断革新技术、降低发电成本。第二、价格形成机制不稳定。《可再生能源法》对生物质发电的价格制度并未作出具体规定,而是授权国务院价格主管部门制定实施细则,目前主要由国务院价格部门发布的部门规章进行调整,变动性过大。《价格和费用分摊管理试行办法》规定,生物质发电电价为政府定价,上网电价由脱硫燃煤机组标杆电价加补贴电价组成。但由于电价过低,导致生物质发电企业的大量亏损。近年来,国家发改委和电监会在实施可再生能源电价补贴和配额交易时,对纳入补贴范围内的秸秆直燃发电亏损项目,自2007年开始,给予每千瓦时0.1元临时补贴。② 但这只是临时性措施,并非长久之计。2010年国家发改委发布《关于完善农林生物质发电价格政策的通知》,通知决定对生物质发电实行全国统一的标杆上网电价政策,该通知规定,"未采用招标确定投资人的新建农林生物质发电项目,统一执行标杆上网电价每千瓦时0.75元(含税)"。③ 这样频繁的政策变动,不利于生物质发电的持续稳定发展。第三、常规能源超过20%的混燃发电项目不享受价格补贴的规定,限制了生物质混燃发电项目的发展。《价格和费用分摊管理试行办法》规定,"生物质混燃发电项目发电消耗热量中常规能源超过20%的,视同常规能源发电项目,执行当地

---

① http://www.china.com.cn/chinese/2006/Feb/1118762.htm,访问日期:2011年3月21日。

② 李景明:《浅析我国生物质能政策框架的现状与发展》,载《农业科技管理》2008年第8期。

③ http://baike.baidu.com/view/4028958.htm,访问日期:2011年3月21日。

燃煤电厂的标杆电价”，不享受补贴电价。[①] 生物质混燃发电具有投资少、建设周期短等优势。同时季节问题也是秸秆发电的弊病，其中“忙季吃不掉，淡季不够吃”就是指秋天秸秆大量收获，造成存储空间紧张；其他季节秸秆量少，存储空间闲置的问题。因此，虽然发展生物质混燃发电是生物质发电的一个重要方向，但是目前的价格制度，难以激励发电企业采用生物质混燃发电技术。

（四）费用分摊制度中存在的不足

生物质发电的生态价值，能够造福整个社会，费用分摊制度不仅为生物质发电的发展筹集到了必要的资金，而且较好地处理了个人与社会之间的权利与义务的分配和平衡，并且有利于资金向生物质资源丰富的地区转移，推动生物质发电的发展，但费用分摊制度存在的不足如下：第一，补偿资金来源单一、资金规模过小，目前费用分摊机制的资金主要来自于可再生能源电价附加和可再生能源发展基金，随着风电、生物质发电等的快速发展、规模不断扩大，补偿资金规模则显得过小，根据电监会 2010 年发布的《2009 年度电价执行及电费结算监管报告》统计显示：“2009 年，全国征收可再生能源电价附加 42.36 亿元，应支付可再生能源补贴 47.33 亿元，其中发电项目补贴 45.58 亿元，接网工程项目补贴 1.71 亿元，独立电力系统补贴 442 万元”[②]。第二，电价附加的形成机制不完善，电价附加的具体征收、支出目前主要由《价格和费用分摊管理试行办法》和《可再生能源电价附加收入调配暂行办法》规范，但上述两个文件并没有就电价附加的具体数额作出规定，电价附加的具体数额由国家发改委根据可再生能源的发展规模、资金缺口等作出核定并适时作出调整，电价附加的征收额已经由 2006 年的 1 厘/千瓦时提高到了 2009 年的 4 厘/千瓦时，[③]但这个数额的出台缺乏透明度，电价附加关系到全国范围内广大电力消费者的切身利益，其出台和调整都应当有严格透明的机制。第三，电力附加的调配周期过长，电价附加由省级电网公司向终端用户收取并纳入本企业的收入，首先用于支付本省的项目补偿，余额部分进行配额交易，目前配额交易的

---

① http://www.china.com.cn/chinese/2006/Feb/1118762.htm，访问日期：2011 年 3 月 21 日。

② http://www.serc.gov.cn/zwgk/jggg/201009/t20100913_13544.htm，访问日期：2011 年 3 月 21 日。

③ http://www.serc.gov.cn/zwgk/jggg/201009/t20100913_13544.htm，访问日期：2011 年 3 月 21 日。

周期为6～9个月不等，生物质发电企业的初期投资大，企业资金压力很大，调配周期过长则影响企业的资金周转。第四，关于接网费用的认定没有明确规定，相关规章规定了电网企业为接纳可再生能源电力支出的接网费用属于费用分摊制度的补偿范围，但电网的延伸和建设是非常复杂的系统性问题，如果不区分发电项目点和当地电网的具体情况，很难分清楚哪段电网是专门为哪个项目而建的，并且电网建设要考虑未来可再生能源项目建设潜力和布局，因此如果没有专门的认定规定，电网的接网费用就很难确定。

(五)经济激励制度中存在的不足

我国现有的经济激励制度加大了对生物质可再生能源发展的资金支持，拓展了资金支持的形式和规模，有助于解决价格制度和费用分摊制度涵盖范围以外的问题，但我国的经济激励措施中存在以下不足：第一，配套的实施细则仍未出台，《可再生能源法》规定了可再生能源发展基金制度和税收优惠制度，但关于税收优惠的配套规定和发展基金制度的具体实施细则迟迟未能出台，导致国家对可再生能源的财税支持政策难以有效落实。并且我国的可再生能源的税收政策过于零散，缺乏统一的规定，以企业所得税的减免为例，《企业所得税法》和《企业所得税法实施条例》相关规定有：(1)对于国家需要重点扶持的高新技术企业，其应缴纳的企业所得税按15%的税率征收，依据相关目录，符合相关条件的生物质发电关键技术及发电原料预处理技术可以纳入。(2)企业从事符合条件的环境保护、节能节水项目的所得，可以减免企业所得税，公共垃圾处理、沼气综合开发利用项目可以纳入。(3)企业从事资源综合利用，生产符合国家产业政策的相关产品所获得的收入，在征收企业所得税时仅按90%计入应纳税总额中，根据《资源综合利用企业所得税优惠目录(2008年版)》的规定，农作物秸秆及壳皮可以纳入。上述规定就比较零散，并且限制条件较多，在实践中执行起来比较困难。第二，生物质发电的增值税税率仍然偏高，虽然国家已出台增值税转型的相关政策，自2009年1月1日起，生物质发电固定资产投资的进项税已经可以抵扣，但据有关方面测算，生物质发电企业增值税实际税负约为11%，远远高于火力发电(税负6%～8%)和小水电(税负3%)税负，[①]因此税收政策对生物质发电的支持就难以体现出来。第三，国家对可再生能源的技术研究开发、推广应用，以及相关设备研发和国产

① 钟银燕：《生物质发电可持续发展路在何方》，载《中国能源报》2009年7月6日第23版。

化的财税支持力度不够。第四,《可再生能源发展专项资金管理暂行办法》第17条规定:"贴息资金根据实际到位银行贷款、合同约定利息率以及实际支付利息数额确定,贴息年限为1～3年,年贴息率最高不超过3%。",该条规定的贴息年限过短,并且贷款贴息由企业先行支付。

三、完善我国生物质发电法律制度的思考

我国生物质发电相关法律框架已经建立,随着生物质发电产业的快速发展,也暴露出相关法律制度中存在的一些问题,例如对生物质发电发展的资金支持力度不够,多数生物质发电企业长期亏损经营;由于缺乏规划,各投资主体盲目建设;等等;同时一些成熟的经验需要及时总结,外国的一些有益做法也需要借鉴,并最终体现在立法中,因此就要不断地完善我国生物质发电法律制度,进而推动我国生物质发电产业的健康发展。

(一)健全生物质发电法律法规体系

第一、尽快出台相关配套性规定,由于《可再生能源法》的框架性立法性质,相关配套性规定的迟迟未能出台,已经严重影响了法律的实施,目前应尽快制定出可再生能源发展基金的实施细则,尽快出台统一的税收优惠政策,尽快制定生物质资源调查和评价的办法和标准;同时,应该尽快完善细化法律责任相关规定,一方面针对政府在生物质发电监管中的职责,规定详细而明确的法律责任,另一方面,明确相关企业的权利和责任,使发电企业的合法权益得到有效保护。第二、理顺资源和能源管理体制,资源和能源相分离的管理和监管体制,造成行政管理和部门间协调的低效、目前国家已经成立了级别较高的国家能源委员会,统一领导国家的能源工作,但是仅仅靠这一个部门的协调难以理顺整个监管体制,同时应在立法中明确监管职责,并推进相关部门相关职能的整合,理顺能源管理体制。第三、提高相关规定的立法层级。随着实践中生物质发电的相关机制和经验的成熟,以及立法机关立法技术的不断提高,应当推动立法的不断完善,并及时将一些有效机制和经验上升为法律,或者提高其立法的层级,以保障政策的稳定性、避免部门利益对生物质发电的不良影响。

(二)完善总量目标制度

有约束力的总量目标制度有力地促进了我国可再生能源的发展,明确的总量目标确定了未来的市场规模,有利于增强各类投资者投资可再生能源的信心,我国应当坚持和完善总量目标制度。具体的建议如下:第一、尽快制定

实施资源调查和评价的相关规范。政府制定总量目标应该以翔实的资源调查和评价为基础，否则所制定的总量目标就难以落实，生物质发电产业也难以健康发展。同时，农林产业生产方式之间、农林产品之间、区域之间等的差异性，影响资源调查和评价的展开，因此需要较为统一的方法和技术标准。当务之急是尽快落实《可再生能源法》第 6 条第 1 款的规定，尽快制定可再生能源资源调查的技术规范，具体包括《主要农业生物质资源评价方法》、《农作物秸秆直接燃烧发电项目资源调查技术规定》、《全国林木生物质能资源评价技术指标体系》等。虽然《可再生能源法》颁布后，农业部、林业部已经积极开始调查、研究，并与相关学术机构合作，草拟出了相关技术规范的讨论稿，但却迟迟未正式出台。开展资源调查是政府的职责，目前政府对资源的调查和评价工作不够重视，但这项工作却与当前生物质发电产业中存在的困境有着密切关系，直接影响着投资企业对资源状况和发展前景的判断，准确的资源信息有利于引导企业投资和引导生物质发电项目的合理布局。另外，应该尽快建立权威的生物质资源调查和评价数据和信息的发布平台和共享平台。第二、建立完善的规划体系。我国目前生物质发电中存在的诸多困境和混乱，与生物质发电规划的不完善有着密切关系，详细而有约束力的规划可以促使生物质发电有序发展。《可再生能源法》颁布后，我国于 2007 年发布了《可再生能源中长期发展规划》，于 2008 年发布了《可再生能源十一五发展规划》，随着我国可再生能源产业的发展，在适当的时候我国可以制定《生物质能产业发展规划》，甚至《生物质发电产业发展规划》，以更好地指导生物质发电产业的发展。国家发改委在 2010 年的《与生物质发电项目建设管理的通知》中指出："为确保生物质发电的有序发展，必须做好生物质发电规划工作……根据剩余资源的分布特点，合理制定生物质发电目标和建设布局，切不可盲目建设。原则上，生物质发电厂应布置在粮食主产区秸秆丰富的地区，且每个县或 100 千米半径范围内不得重复布置生物质发电厂。"①同时，地方政府应重视可再生能源总量目标、规划的制定和执行，目前，省一级的可再生能源发展规划多包含在经济社会发展整体规划中，有的地方制定了能源专项规划，但多数地方都没有就可再生能源发展制定专项规划。第四、在条件成熟时，积极推行配额制，将总量目标分解，要求有关电力企业和石油公司在电力和燃料供应中要有一定份

---

① http://www.cpeinet.com.cn/zcfg/zcdt/201010/t20101019_166755.htm，访问日期：2011 年 3 月 12 日。

额的能源来自于生物质能，从而把过去完全依靠政府财政支持的政策转向政府管制下的市场机制，为大规模发展生物质能创造条件。第五，完善总量目标和规划制定过程中的公众参与。可再生能源的开发利用需要全社会的重视，需要调动各种经济主体的积极性参与进来，也需要重视依法保护各种开发利用主体的合法权益，因此赋予并保障公众参与可再生能源相关政策、规划等的决策和制定过程的权利，就显得尤为必要。我国目前并未建立起有效的公众参与机制，公众参与往往流于形式，难以保障公众在政府决策、执行等过程中的适当参与权利。我国《可再生能源法》明确规定鼓励公众参与可再生能源开发利用活动，并保障其合法权益，特别是明确有关部门在编制可再生能源开发利用规划时，应当征求公众的意见，进行科学论证。但是相关部门并没有制定具体的实施细则，没有就可再生能源开发利用活动中的公众参与程序作出具体规定。我国的可再生能源开发利用活动，主要靠政府的推动，从法律和政策的制定到执行等都主要依赖政府公权力，比如价格制度、费用分摊和电价附加的具体办法等都主要是由发改委来制定。单纯依赖政府公权力，会导致政策的稳定性和连续性较差，再加上政府失灵现象的普遍存在，政府内部的监督制约往往流于形式。因此，应该建立和完善公众参与机制，让公众参与到可再生能源的决策和监督过程中来，提高决策的民主程度和透明度，强化社会监督，督促政府履行好其在可再生能源开发利用中的职责。

（三）完善强制上网制度

完善强制上网制度的建议如下：第一、理顺监管体制，明确监管职责。2005 年制定的《可再生能源法》并没有规定有关部门对可再生能源电力上网的监管职责，因此在实践中，可再生能源电力上网难的问题已经相当严重，2009 年修订《可再生能源法》，就上网难问题专门作了规定，明确由国务院能源主管部门和电力监管部门负责监督电网企业的收购活动，但是没有明确两个部门之间的职责划分，因此造成监管体制不顺畅。电力监管机构是电力市场的监管者，它有对发电企业、电网企业和供电企业进行管理协调的权力，有对电力市场、电力安全、上网并网、电价等进行监管的权力。电监会对电力市场拥有广泛的管理和监督权力，是电力监管的专业机构，而国务院能源主管部门是可再生能源开发利用的主要监管部门，根据我国的实际情况，应该确立国务院能源管理部门统一监管、协调，电力监督机构分管配合的管理体制，这样对可再生能源电力上网的监管，就可以做到既有能源主管部门的统一监管协调，又有电力监管机构作为专业电力监管部门的分管配合，充分发挥各自的优势。同时,在制定具体的监管办法时,应该由上述两个部门共同参与拟定,以确保在具体操作层面职责分明、协调推进。第二、在可再生能源电力上网收购中,电网企业承担了较多的责任和义务,因此相关部门应当加大对电网企业收购可再生能源电力的扶持力度,在费用分摊制度中已经就接网费用作出了规定,除此之外,还应加强对发电企业履行法律义务情况的监督,并从其他方面对国家的电网建设和改造提供包括资金在内的多方面支持,同时,国家应加强对电网企业接纳可再生能源电力技术研发的支持力度。

(四)完善电价制度

我国生物质发电应该坚持固定电价制度,虽然配额制有许多优点,但是目前我国生物质发电仍处于起步阶段,市场尚未形成,而配额制的实施对电力市场化程度要求较高,且配额制尚处于发展阶段,仍有许多方面不够成熟,因此现阶段我国不应贸然变更电价制度,仍应以完善现行的电价制度为主。

1. 德国关于生物质发电电价的规定

德国是世界上比较重视可再生能源开发和利用的国家之一。可再生能源在德国发展很快,其主要因素是立法完善和政府的强有力支持。德国可再生能源法经过两次修订已相对完善,它的很多原则和具体条款都具有相当的创新性,在实践中充分发挥了效力,极大地促进了德国可再生能源利用的发展。德国可再生能源法的相关规定对完善我国生物质发电法律机制,特别是电价制度具有较大的借鉴意义。德国 2000 年制定的《可再生能源优先法》对生物质发电电价作出了详细规定:(1)以立法形式规定了固定电价,此法的第 2 条、第 4 条和第 5 条对电价作出了具体规定,并在第 3 条规定,技术上及地理上便利的电网运营商有义务优先购买符合法律规定的可再生能源电力,保障其上网,并根据第 4 条至第 8 条的规定进行偿付。(2)区分不同技术条件和资源条件规定不同电价,该法第 4 条规定:"对由水力、垃圾堆气体、矿井瓦斯和污水气体生成的电力偿付标准为至少 15 芬尼/千瓦小时。对于电功率在 500 千瓦以上的电站,此价格仅适用于其每个结算年度输送的部分电流,其份额相当于 500 千瓦与该电站功率之比,电站功率以千瓦为单位。"①该法第 5 条规定:"对由生物质生成电力的偿付标准,包括以下情形:(1)装机功率为 500 千瓦以下(包括 500 千瓦)的电站,为至少 20 芬尼/千瓦小时;(2)装机功率为 5 兆瓦以下(包括 5 兆瓦在内)的电站,为至少 18 芬尼/千瓦小时;(3)装机功率为 5 兆

① 何建坤:《国外可再生能源法律汇编》,人民法院出版社 2004 年版,第 126 页。

瓦以上的电站，为至少 17 芬尼/千瓦小时；此价格在本法第二条第一款第二项的规定生效之后方可适用。”[①]此外，该法第 2 条第 2 款规定了例外情形：“下列情形除外：(1)该电力来源于水电站、装机功率为 5 兆瓦以上的垃圾堆气体能电站或污水气体能电站，或者装机功率为 20 兆瓦以上的生物质能电站。”

2. 完善生物质发电固定电价制度的具体措施

完善固定电价制度的建议：第一、制定分类电价。我国现在制定的全国统一的标杆上网电价难以反映不同技术条件和资源条件情况下的真实发电成本，应该区分不同的发电技术和资源条件制定不同的上网标杆电价，我们可以效法德国的做法，在细致的调查研究基础上，针对不同的发电技术，如农林废弃物直燃发电技术、混燃发电技术等，针对不同的装机容量，制定不同的标杆电价。第二、针对生物质混燃发电制定价格优惠制度。生物质混燃发电技术具有很大的发展潜力和优越性，应该得到鼓励发展，但按照《价格和费用分摊管理试行办法》的规定，“发电消耗热量中常规能源超过 20％的混燃发电项目，视同常规能源发电项目，执行当地燃煤电厂的标杆电价，不享受补贴电价”。因此，我国目前没有相关针对生物质混燃技术的价格补贴。这不符合支持生物质发电相关政策精神，我国应该探索计算生物质混燃发电中生物质发电量的方法，并按照生物质发电的标杆电价给予该电量以补贴。第三、在条件成熟时，进一步稳定电价制度。由于生物质发电处于发展初期，很多方面都还处于摸索阶段，导致我国生物质发电电价变动性过大。在生物质利用先进国家例如德国、丹麦等，大都直接在立法中规定了电价，以确保价格制度的稳定和对投资的引导。当条件成熟时，我国应在较高层级的法律文件中对生物质发电价格、价格补贴的期限等作出规定，例如由国务院制定行政法规，以确保价格制度的稳定。第四、完善补贴电价的递减机制，我国在制定电价政策时，借鉴了国外特别是德国关于补贴电价的递减机制，规定自 2010 年起，每年新批准和核准建设的发电项目的补贴电价比上一年新批准和核准建设项目的补贴电价递减 2％。补贴电价递减机制，是基于公平原则确立的，其预设前提是，生物质发电的成本会随着市场规模的扩大、技术等成本的不断降低而降低，但是关于递减速度还要不断地研究、完善。基于鼓励可再生能源发展的实际需要，德国在 2009 修订《可再生能源法》时，就调低了补贴电价的递减速度，

① 何建坤：《国外可再生能源法律汇编》，人民法院出版社 2004 年版，第 126 页。

从每年递减2%调整为1%(作出特别规定的除外),①我国也应该根据实际情况,对电价递减机制进行实时评估,完善调整机制。第五、完善价格形成机制中的公众参与,目前我国生物质发电的电价是由发改委价格部门制定的,属于政府定价事项,依据《价格法》和《政府价格决策听证办法》的规定,应当进行价格听证,征求利益相关方对价格调整的意见。我国目前的听证程序中,存在代表性不足、程序不够公开等问题,因此应该完善我国目前的价格听证制度,并且创新公众参与形式,因价格制度的专业性较高,可以考虑成立专家咨询委员会。

(五)开展配额制试点

可再生能源配额制,是国家用法律的形式对可再生能源发电的市场份额作出的强制性规定,即是要求在总电力中必须有一定比例的电力来自可再生能源,其本质是利用市场机制来促进资源和资金的优化配置,扩大可再生能源的规模,并不断降低可再生能源发电成本的制度设计。在配额制的设计中,生物质电力的价值分为两部分,一是基本部分,这一部分的价值与常规能源发电相同,另一部分是因生物质发电的生态效益而产生的价值,实质上是可再生能源发电对生态环境产生的外部经济性。在现有的电力交易模式中,生物质发电的生态效益价值无法在现有的价格体系中得到体现,因此配额制设计了可交易的绿色证书来代表生物质发电的生态效益价值部分,并构建绿色证书交易市场来实现生物质电力的生态效益部分。实施配额制主要有两方面的任务,其一需要确定配额目标,即确定总的目标,并把总的目标公平合理地分配到具体责任者;其二要建立绿色证书制度,并建立起绿色证书交易市场。

配额制较早在欧美国家得以实行,以美国和澳大利亚为代表,取得了较好的成果,但配额制并未在美国全国范围实行,主要在加利福尼亚、德克萨斯等地方实施。目前,欧盟已经开始研究制定统一的可再生能源配额制政策,现在英国、丹麦等国已经开始实施配额制。配额制具有以下主要特征:(1)以立法的方式确定总量目标,强制性的总量目标可以保证生物质发电市场需求和市场规模,而固定电价制度则只是解决了电价问题,而没有就可再生能源电力供应量作出要求;(2)确定具体的义务主体来保证总量目标的实现,并用严厉的处罚来保证义务主体完成任务;(3)政府不再从事具体事项,而变成中立的监

① http://cn.made-in-china.com/info/article-AnJxzKavTEHj.html,访问日期:2011年3月21日。

管者。配额制的基本机理就是引入竞争机制，以市场为基础，实现以最低成本完成发展生物质发电的目标。

我们可以看出配额制具有以下优势：(1)有约束力总量目标，保证了一定的市场需求，有利于引导投资者作出正确的决策；(2)利用市场优化资源配置，刺激企业采用新的技术和设备，不断降低生物质发电的开发成本，有利于克服直接给予企业补贴造成的弊端，同时，电力价格也可以直接、及时反映出可再生能源发电的成本变化；(3)由于取消对企业的直接补贴，政府的职责转变为主要是制定规则和监督规则的执行、处罚违规行为，这样可以最大限度地减少腐败和官僚主义，这也与我国转变政府职能趋势相符合。

配额制对我国来说是一个全新的政策设计，我国在制定《可再生能源法》时曾考虑借鉴国外的经验，准备确立可再生能源发电配额制，并引发了一场激烈的争论。2007 年通过的《可再生能源中长期发展规划》提出制定强制性的市场份额政策，并且对非水电的可再生能源发电规定了强制性的目标："对非水电可再生能源发电规定强制性市场份额目标：到 2010 年和 2020 年，大电网覆盖地区非水电可再生能源发电在电网总发电量中的比例分别达到 1%和 3%以上；权益发电装机总容量超过 500 万千瓦的投资者，所拥有的非水电可再生能源发电权益装机总容量应分别达到其权益发电装机总容量的 3%和 8%以上。"①这可以看作是我国实施配额制的一种尝试。配额制有固定电价制度不可比的优点，是未来生物质发电大规模发展阶段的优先制度选择。但配额制对一个国家电力市场的市场化程度要求较高，因此我国仍应坚持固定电价制度。随着电力体制改革的深入，截至 2009 年年底，全国有 6000 千瓦及以上各类发电厂 4600 家左右，在发电环节我国已经初步形成了发电环节继续呈现多元化竞争格局，中央直属五大发电集团年末总装机容量 41704 万千瓦，约占全国全口径装机容量的 47.70%；其他 6 家中央直属发电集团(神华集团有限责任公司、中国长江三峡集团公司、华润电力控股有限责任公司、国家开发投资公司、中国核电集团公司、中国广东核电集团有限责任公司)年末总装机容量 9115 万千瓦，约占全国全口径装机容量的 10.43%；19 家规模较大的地方国有发电企业年末总装机容量 10763 万千瓦，约占全国全口径装机容量的 12.30%。上述 30 家大型发电企业装机容量约占全国总装机容量的

① 《可再生能源中长期规划(2007)》，http://zfxxgk.ndrc.gov.cn/PublicItemView.aspx? ItemID={e785afc5-ac55-40aa-9491-3383614ca705}，访问日期：2011 年 3 月 12 日。

70.43%,同比提高 2.15 个百分点。私营和外资发电企业占全国总装机容量的 4.82%。[①] 为了弥补固定电价制度的缺陷,我国可以针对大型电力企业开展配额制试点,即首先要求大型电力企业所发电力中包含一定比例的可再生能源电力,这也可以保障我国可再生能源发电中长期目标的实现,在条件成熟时,再尝试建立配额交易市场。[②]

(六)完善费用补偿制度

费用分摊制度不仅为生物质发电的发展筹集到了必要的资金,而且较好地处理了个人与社会之间的权利与义务的分配和平衡,促使资金向生物质资源丰富的地区转移,有利于推动生物质发电的发展。针对费用分摊制定中存在的不足,本书提出以下完善建议:第一、完善电价附加的形成机制,目前我国的电价附加的征收额度为 4 厘/千瓦时,虽然这个数目很小,但是征收电价附加关涉到全国的电力消费者的切身利益,不应轻视。2006 年年初,发改委曾组织国内研究机构对电价附加的额度进行了测算,结果显示,2010 年之前需要的附加额度不超过 2 厘/千瓦时,2013 后达到最高即 2.5 厘/千瓦时,2020 年后则开始下降,[③]但事实上 2009 年我国电价附加已经增加到了 4 厘/千瓦时。所以,在适当时候,应该出台《可再生能源费用分摊管理办法》,完善电价附加的形成机制,增加决策过程的民主性和透明度,形成稳定的电价附加调整机制;第二、目前我国已经在法律上确立可再生能源发展基金制度,并且将依法征收的可再生能源电价附加收入纳入发展基金,但却并未出台相应的实施细则,可以考虑制定发展基金管理办法时,将电价附加的调配交易模式改为基金管理,一方面这样可以加强对资金使用的监督和管理,提高资金使用效率,另一方面,可以减轻目前电力附加的调配周期过长给企业造成的资金压力;第三、制定接网费用的认定办法,虽然我国现在加大了对电网企业接网费用的补偿力度,但是由于电网系统的复杂性,对于接网费用的认定目前没有统一的规定,因此应当制定接网费用认定的办法。《可再生能源电价附加收入调配暂行办法》规定,接网费用的补偿标准为,"50 公里以内每千瓦时 1 分钱,50~100

---

① 《电力监管年度报告(2009)》,http://www.serc.gov.cn/zwgk/jggg/201005/t20100514_13055.htm,访问日期:2011 年 3 月 12 日。

② 薛荣婵:《我国风力发电法律促进机制研究》,西南政法大学硕士论文,2010 年,第 31 页。

③ 任东明等:《可再生能源政策法规知识读本》,化学工业出版社 2009 年版,第 66 页。

公里每千瓦时 2 分钱，100 公里以上每千瓦时 3 分钱”①，但这种补贴标准，主要是为了激励电网企业的积极性，扩大电网的覆盖范围，因此在制定接网费用认定办法时，应考虑对接网费用补偿标准的适当调整。

（七）完善经济激励制度

第一，尽快制定配套性规定。目前主要包括两个方面的任务，一是制定《可再生能源发展基金管理办法》，目前国家已将原有的可再生能源电价附加和可再生能源发展专项资金合二为一，但仍然是沿用以前的有关规定实行分开管理。基金的管理运行模式与专项资金的管理模式相比更有优势，且对资金的使用更为透明、高效，因此应该尽快出台具体实施办法，统一对上述资金的管理。二是制定统一的生物质发电税收政策，这包括两个方面，其一是尽快落实《可再生能源法》规定的税收政策，对纳入《可再生能源产业发展指导目录》的生物质发电项目给予税收优惠，这项政策自《可再生能源法》出台至今，一直未予落实，目前生物质发电仍然困难重重，发电成本仍然过高，因此落实税收优惠不应迟疑；其二是应该就生物质发电的相关税收政策，制定统一的规定，目前的税收政策规定过于零散，不利于实践中的落实，可以考虑国务院在制定具体办法落实税收优惠时，对生物质发电的政策作出概括性的统一规定。第二，就生物质发电增值税政策而言，应该完善生物质发电的增值税优惠政策，虽然国家已出台增值税转型的相关政策，自 2009 年 1 月 1 日起，生物质发电固定资产投资的进项税已经可以抵扣，但据有关方面测算，生物质发电企业增值税实际税负仍然偏高。目前国家只对利用城市垃圾生产的电力实行增值税即征即退政策，建议国家对生物质发电全面实行增值税全部或者部分的即征即退优惠政策。另外，税收优惠也并非越大越好，应该根据产业发展状况等综合考虑确定适当的税率，纳税是纳税人和纳税企业应当履行的法定义务，征税对象和征税额度的确定都要考虑纳税人的承受能力即所谓量能课税，所以不应随意减免税收，否则会造成不公平，也会影响地方政府的财政收入，进而影响地方政府发展可再生能源的积极性。第三，国家应加大对生物质发电技术研发和生物质资源收集体系建设的支持力度。我国生物质资源分布较分散的特点，影响了对资源的收集，目前我国尚未建立起完善的生物质资源收集体系，主要靠企业自建收集点，这也增加了生物质发电企业的经营成本，因此国

① 任东明等：《可再生能源政策法规知识读本》，化学工业出版社 2009 年版，第 68 页。

家应该采取措施,从资金和政策上给予发电企业以支持。另外,还包括落实国家一系列的惠农政策,如落实对农林秸秆等农产品的收购退税,以降低企业收购生物质资源的成本。第四、我国目前规定的财政贴息贷款的贴息年限较短,鉴于生物质发电项目的投资回收周期较长,且目前企业的经营成本较高、资金压力较大,因此可以考虑适当延长财政贴息的年限。

第六章 能源衍生法律制度的变革

——气候变化应对背景下的能源衍生法律制度创新

如果说能源法律制度的变革主要是围绕传统能源相关的法律制度的变革和新能源相关的法律制度变革两根主线展开，那么还有一根重要的暗线不能忽视，即能源法律制度建设针对气候变化所作出的变革回应：这里我们将主要讨论促进气候公平的法律制度——能源贫困的制度困境与对策，以及气候变化应对背景下的碳排放交易制度创新。实际上，无论是传统能源还是新能源的法律制度变革，其核心都有意识或无意识地实现了碳基能源的环境影响的减量化，从广义上讲都有气候变化应对的立法意图或价值，对于其未竟之意，我们在这里将其囊括为气候变化应对背景下的能源衍生法律制度创新，展开以下讨论。

第一节　促进气候公平的法律制度创新

——能源贫困的制度困境与对策①

能源问题是关系我国经济发展、社会稳定和国家安全的重大战略问题，也是实现可持续发展的根本保障。随着我国社会主义新农村建设的推进和农村生活水平的不断提高，农村对能源的需求量也在急剧上升，这也加剧了农村能源的供需矛盾。在社会生产分配过程中，能源及能源产品所产生的利益更多的是由工业、城市、居民所享有，而农业、农村和农民等弱势群体所获得能源利益却是很少的一部分。长期以来的政策性倾斜使我国的能源利益未能公平分

① 本节内容约两万余字，由江苏省南通市海安县人民法院刘昌海同志撰写，特此致谢！

享，导致了农村能源贫困的客观存在。农村能源发展滞后、能源贫困问题的解决已成为我国新农村建设推进过程中的突出问题。

党的十六届五中全会提出了建设社会主义新农村的宏伟目标，2006 年中央一号文件对社会主义新农村建设作了全面部署。① 2006 年中央一号文件规定：要加快农村能源建设步伐，在适宜地区积极推广沼气、秸秆气化、小水电、太阳能、风力发电等清洁能源技术。② 随着我国社会经济的飞速发展，农村能源问题也越来越得到国家的重视。"十一五"期间我国农村地区沼气、秸秆发电、小水电、风能、太阳能等新能源有了极大的发展，但是农村能源建设的任务依旧非常艰巨，远远不能满足农村地区经济社会的发展需求，农村能源贫困问题依然严重。能源贫困的制度困境亟待突破。

一、能源贫困及其对策性制度建设的作用和意义

(一)贫困、能源危机及能源贫困的相关释义

1. 贫困

贫困是一个十分复杂的问题，按照经济学的一般理论，贫困是经济、社会、文化贫困落后现象的总称。但首先是指经济范畴的贫困，即物质生活贫困，可定义为一个人或一个家庭的生活水平达不到一种社会可以接受的最低标准。贫困的存在有着历史与现实的双重原因，因而，贫困又是一个历史性的范畴。1998 年诺贝尔经济学奖获得者阿玛蒂亚·森认为：贫困的真正含义是贫困人口创造收入能力和机会的贫困；贫困意味着贫困人口缺少获取和享有正常生活的能力。朗特里和布思在 1901 年撰文认为：一定数量的货物和服务对于个人和家庭的生存和福利的必需的；缺乏获得这些物品和服务的经济资源或经济能力的人和家庭的生活状况，即为贫困。

综上所述，我们可以知道，贫困一般是指物质生活的贫乏以及因此而导致的贫困人口生产能力和效率低下的现象。

---

① 文荣森、陈玉兰：《我国"三农"问题与新农村建设》，西南财经大学出版社 2006 年版，第 3 页。

② 中共中央国务院：《中共中央国务院关于推进社会主义新农村建设的若干意见》，2005 年 12 月 31 日公布。

2. 能源危机

世界能源危机是因为人类合理或不合理开发利用能源造成的所造成的能源短缺以及因此而产生的问题。目前世界主要能源主要来自石油、煤或核发电。石油资源将会在一代人的时间内枯竭。它的蕴藏量不是无限的,容易开采和利用的储量已经不多,剩余储量的开发难度越来越大,到一定限度就会失去继续开采的价值。在世界能源消费以石油为主导的条件下,如果能源消费结构不改变,就会发生能源危机。煤炭资源虽比石油多,但也不是取之不尽的。代替石油的其他能源资源,除了煤炭之外,能够大规模利用的还很少。核能发电虽然是无穷尽的,但核电站的主要问题是如何处理核废料,处理核废料的费用远高于建造成本。因此,人类必须估计到,非再生矿物能源资源枯竭可能带来的危机。

能源危机通常会造成经济衰退,由于石油、煤炭等目前大量使用的传统化石能源枯竭,同时新的能源生产供应体系又未能建立而在交通运输、金融业、工商业等方面造成的一系列问题统称能源危机。世界石油资源将要枯竭,能源危机将是不可避免的。如果不做出重大努力去利用和开发各种能源资源,那么人类在不久的未来将会面临能源短缺的严重问题。

3. 能源贫困释义

能源是能给人类提供能量的各种资源,而贫困就是指物质的匮乏以及因此而导致的贫困人口缺少获取和享受正常生活的机会和能力。能源贫困则是指由于缺乏能够提供给人类能量的各种资源,而使人们的物质生活陷于贫困状态,以及因此而丧失的获取和享受正常生活的机会和能力的状态。多数发达国家已经在能源基础设施和经济社会增长方面建立了良性循环的系统:OECD 国家已基本不再使用传统的生物质能,并且普及了电力;转型经济国家的能源基础设施比较完善,只使用少量传统的生物质能,电力普及程度与 OECD 国家也不相上下;而发展中国家无论在能源使用和电力普及程度方面,都存在非常严重的问题。能源贫困在发展中国家突出表现为生产生活中的电力缺乏和高度依赖传统的生物质燃料:缺乏电力使大多数工业活动无法开展,从而使贫困加剧和长久难以改变,同时还限制了经济社会的发展。

国际能源署(IEA)2002 年初编著的《世界能源展望》就专门开辟了“能源贫困”一章,该文指出,现代能源通过提高贫穷国家的生产力和提升其产品的质量、品种,直接消除贫困,让贫困人群的工资不断提高。生物质能虽然得到广泛使用,但由于其使用方式仍然非常传统,毫无效率可言,加之有限的现代能源，便造成了贫困。[①] 2010年9月20—22日，联合国千年发展目标高级别会议在纽约联合国总部召开，新上任的联合国基金会分管能源贫困的负责人理查达·范吕文（Richenda Van Leeuwen）女士表示，在用不上电，享受不到现代能源技术服务的情况下，想要在全球完成普及小学教育、降低儿童死亡率等发展目标是不可能的，而这一点也是全球各国领导人的共识。可持续发展可再生能源《北京宣言》也指出："我们关注到目前在发展中国家还有20多亿人口无法使用现代能源，24亿人口依赖于传统的生物质能来满足基本能源需求，由此限制了他们，尤其是妇女和儿童，获得信息、接受教育、发展经济的机会以及获得更健康生活环境的机会，这种情况加剧了贫困，并且在本地、本国以及全球范围内破坏了环境的可持续性。"[②]

（二）完善相关的法律制度对解决我国新农村建设中农村能源贫困问题的作用和意义

正如博登海默所说的"在为建设一个丰富而令人满意的文明的努力奋斗过程中，法律制度发挥着重要而不可或缺的作用"。[③] 在我们为解决社会主义新农村建设遇到的能源贫困问题的过程中，法律制度也起着非常重要的作用。当然，法律制度并不能直接地解决我国新农村建设过程中的能源贫困问题，因为法律所构建的制度只是为人们进行相关的社会活动提供了适当的手段和环境，而这些相关的社会活动则是满足社会成员的需求而必须进行的，法律通过履行这种职能，进而促进社会成员和社会力量进入建设性的制度渠道。因此，通过制定相关的法律制度可以为解决我国新农村建设中农村能源贫困问题确立指导方向和相关的程序，进而为解决这一问题做出不可或缺的间接贡献。具体而言，构建和完善相关的法制制度对于解决我国新农村建设中农村能源贫困问题具有以下几方面的作用和意义。

1. 为解决我国新农村建设中农村能源贫困问题提供思想先导

从宏观上来说，法律制度有两大作用一是规范作用，二是社会作用，其中规范作用又包括告示作用、指引作用、评价作用、预测作用、教育作用和强制作用。告示作用主义是立法者通过法律来宣告国家对于某类行为的态度和观

① 参见国际能源署（IEA）官方网站 http://www.iea.org/。

② 参见国际能源署（IEA）官方网站 http://www.iea.org/。

③ [美]E.博登海默：《法理学　法律哲学与法律方法》，邓正来译，中国政法大学出版社2004年版，第407页。

点，这也反映着立法的思想。但是法律制度之所以具有告示作用甚至规范作用，很重要的原因就是因为法律制度都有普遍性的特点。正如卢梭所言："我说法律的对象永远是普遍性的……总之，一切有关个别对象的职能都丝毫不属于立法权力。"①法律制度具有普遍性的特点，法律制度的指引作用也是一种一般性指引，因此，法律制度不可能面面俱到。然而，在现代文明社会中，几乎所有的立法活动都是一个国家在一定的价值观指导下进行的行为。也就是说，我们可以在已经制定的法律制度中寻找到立法者抑或国家在相应的活动中所持的指导思想。具体而言，国家在为解决新农村建设中能源贫困问题而制定了相关的法律制度以后，如果我们再遇到与农村能源贫困相关的问题时，就算法律没有作出具体的规定，我们仍然可以依据相关的立法思想去解决这些问题。目前，我国虽然已经颁布了多部关于能源的法律，但是涉及农村能源的条款却少之又少，加上各个地方制定的农村能源条例大多都过于简单，而且缺乏足够的法律效力，这导致各地方包括中央在面对农村能源问题时常常缺乏分析问题和解决问题的思想依据。所以，我们急需要通过制定相关的高效力的法律制度来明确我国对于农村能源甚至是农村能源贫困问题的态度，并依据该法律制度所反映的立法思想来确定相关的政策，解决法律尚无规定的新问题。

2. 协调利益冲突、重整利益格局

法律意志的背后乃是立法者对于特定对象的各种利益需求。从这个角度来说，法律的生命在于利益。因为离开了利益，法律就无法产生，也失去了存在的意义。庞德说："我们主要是通过把我们所称的法律权利赋予主张各种利益的人来保障这些利益的。"②法律制度对利益的调整作用主要表现为协调利益冲突和重整利益格局。其一，法律制度通过对各种不同利益的重要性作出评价，为协调利益冲突提供衡量的标准，而这一点主要是通过确立一些法律原则和设立一些制度来体现的。例如，在制定我国农村能源法律制度的时候，就可以通过确立能源生态原则和可持续发展原则来协调社会成员或者国家在生产、生活、发展之间的利益冲突，也可以协调长期利益与短期利益，个人利益与社会利益之间的冲突。其二，法律制度通过对权利和义务主体的规定来确定

① [法]卢梭：《社会契约论》，何兆武译，商务印书馆 1980 年版，第 50 页。

② [美]庞德：《通过法律的社会控制法律的任务》，沈宗灵、董世忠译，商务印书馆 1984 年版，第 41 页。

相关的利益主体、内容、范围等，以具体的法律条款和制度设计来指导利益分配，确定分配程序和原则，重整利益格局。在人类历史上，改革或者改良其实都是对利益格局的调整和重新安排。[①] 每一项新的法律制度的建立其本质都是对原有利益格局的重新调整，法律也是在这种利益格局的不断变化中前进的。人类文明社会的发展也无不是建立在各种利益格局的不断打破和不断重整的过程中。在我国社会主义新农村建设的过程中，城乡二元格局的不断加剧的根本原因就是社会资源分配不合理、城乡利益分配不公，而正是这一点加剧了我国农村能源贫困，阻碍了我国全面建设小康社会和构建社会主义和谐社会的步伐。要解决我国农村能源贫困问题，其中很重要的一点就是设立相关的农村能源法律制度，重新分配社会资源包括农村能源资源，通过相关的制度设计重新调整利益格局，调动社会各方面力量参与农村新能源开发，齐心协力解决我国新农村建设过程中的能源贫困问题。

3. 是农村新能源促进制度和对策得以实施的根本保障

新兴自然法学家德沃金在他的《法律帝国》中说道，“法律是利剑，是护身盾，是威慑力……我们是法律帝国的臣民，是其规则与理想的忠实追随者，我们争论如何行动之际，即是我们在精神上受约束之时”。[②] 由此可见，法律的在人们行为的选择过程中具有非常重要的地位，法律直接约束着人们的思想，指导着人们的言行。制度的意义在于使一项行为和工作更加规范化、目的化，我国农村新能源促进制度就是要使我国农村能源发展朝着更加高效、更加安全、更加环保的目标发展，使我国农村能源有着规范化的发展框架，在农村新能源促进制度的指引下，早日走出农村能源贫困的不利局面。然而制度只是一种观念和思想的产物，如果只停留在学术或者理论层面上，却无法在实际生活中得到实施，那么其意义和作用就会大打折扣，甚至像一纸空文一样毫无意义。因此，我们要制定完善的农村新能源促进制度，一方面要在制度的规划时充分考虑我国农村地区能源消费的实际情况和人们的用能观念，以保障该制度的可操作性，另一方面，我们必须寻求贯彻该制度的强大力量，以保障该制度得到人们的遵循，在实际中得以实现。

综上所述，要使农村新能源促进制度得到遵循和实施，就必须通过法律给予保障。通过制度规范着人们行为的方向和准则，通过法律保障人们遵从着

---

① 付子堂：《法理学进阶》，法律出版社 2005 年版，第 109 页。

② ［美］德沃金著：《法律帝国》，李常青译，中国大百科全书出版社 1996 年版，第 1 页。

这个方法和准则。在解决我国农村能源贫困过程中，制度和法律是保障，只有通过制定和完善农村新能源促进制度以及用法律维护其权威，才能使人们抛弃直接燃烧传统生物质燃料的习惯，才能使农户选择和接受农村新能源，才能真正地解决我国新农村建设中的能源贫困问题。

二、我国农村用能现状及能源贫困的症状分析

(一)我国农村用能现状略考

农村能源是指用于农业生产、农村工商业经营和农村居民生活的能源，主要包括农村就地开发利用的能源(如作物秸秆、薪柴、人畜粪便、沼气等)和农村生产、生活的其他用能。目前，我国总体农村能源应用情况还是主要依靠传统的秸秆和薪柴解决能源问题，煤、油、电、气等商品性能源使用占比还比较少，具体来说：

1. 农村生活用能状况

2009 年我国能源终端消费量为 292298.59 万吨标准煤，生活消费为 33842.88 万吨标准煤，其中城镇生活终端消费量 20629.50 万吨标准煤，而乡村生活终端消费量为 13213.38 万吨标准煤，仅占全国能源生活消费的 39.04%。① 这样的比值与我国农村人口与城市人口比例的反差，可以很明显得看出我国农村生活用能还处于较低的水平，农村地区的生活用能水平亟待提高。

此外，从能源消费结构来看，我国农村商品能源的比重在快速提高，但是非商品性能源仍占极大的比重。2008 年，在我国农村能源结构中，煤炭与焦炭占 35.50%、石油占 12.58%、电力占 11.65%、LPG 占 12.85%、秸秆、薪柴及沼气分别占 15.26%、11.44%和 0.99%。② 由此，我们可以看出，作为非商品性能源的秸秆和薪柴与作为商品性能源的煤炭和电力，在我国农村生活用能消费中，占据着绝对的主导地位。

2. 农业生产用能状况

2009 年我国能源消费总量 306647.15 万吨标准煤，其中工业 219197.16

① 国家统计局能源统计司：《中国能源统计年鉴 2010》，中国统计出版社 2011 年版，第 5 页。

② 张力小、胡秋红、王长波：《中国农村能源消费的时空分布特征及其政策演变》，载《农业工程学报》2011 年第 1 期。

万吨标准煤，农、林、牧、渔、水利业 6251.18 万吨标准煤，生活消费 33842.88 万吨标准煤，其中煤炭占 70.4%、石油占 17.9%、天然气占 3.9%、水电占 6.5%、核电占 0.8%、其他能发电占 0.5%。[①] 我国农村生产用能主要是指农、林、牧、渔、水利业用能，从上面我们可以得知我国农、林、牧、渔、水利业能源消费量仅占我国能源消费总量的 2.04%，这说明我国农业生产还处于低级的发展阶段，而这与我国农村能源供应不足有着很大的关系，因为我国农村生产用能还停留在粗放式的经济能源发展方式中。此外，在生产中，以煤炭为主导的能源利用方式依然十分严重，并且在一些地区仍然存在使用薪柴作为乡村企业用能的情况。

(二)我国农村能源贫困的症状分析

当前，我国的城市化水平还比较低，有近 8 亿的人口生活在广大的农村地区。而以秸秆和薪柴等非商品性能源与作为商品性能源的煤炭和电力为主的农村能源供应，制约着我国农村地区经济社会发展，影响着我国农村能源贫困问题的解决。我国农村能源贫困问题主要表现在以下几个方面：

1. 传统生物质燃料仍占重要地位，商品能源发展缺口巨大

2008 年，在我国农村能源结构中，煤炭与焦炭占 35.50%、石油占 12.58%、电力占 11.65%、LPG 占 12.85%、秸秆、薪柴及沼气分别占 15.26%、11.44%和 0.99%。[②] 虽然近些年来，我国农村地区的商品能源发展迅速，但是传统生物质能如秸秆、薪柴等所占的比例仍然很大，甚至在很多偏僻的农村地区仍然占据着主导地位。

商品性能源是否得到充分的发展，不仅反映出能源的现代化水平，而且影响着一个地区的经济社会发展。随着农村地区剩余劳动力的解放，农村地区正逐渐地走出贫困，家用电器普及程度已经越来越高。以 2009 年为例，在百户拥有率中，电视机最高，达到了 98.2%，其他实用型家电如手机、厨卫、冰箱、洗衣机和空调则分别为 78.3%、72.1%、66.8%、58.2%和 22.1%。[③] 农村商品性能源发展缓慢与我国农村地区家电普及程度极不相称，这同时反映

---

① 国家统计局能源统计司：《中国能源统计年鉴 2010》，中国统计出版社 2011 年版。

② 张力小、胡秋红、王长波：《中国农村能源消费的时空分布特征及其政策演变》，载《农业工程学报》2011 年第 1 期。

③ 翟露：《农村消费点亮家电内销市场——〈2009 中国农村家电消费调查报告〉》，载《电器》2009 年第 4 期。

了我国农村地区对商品性能源的巨大需求。

2. 农村能源消费结构不合理,新能源发展程度低

能源资源的有限性要求我们大力发展新能源,而我国新农村建设中的能源贫困问题不但涉及能源短缺,也涉及农村能源结构的不合理。农村能源短缺在我国主要表现在仍有很多农村地区未使用上电力,而且缺乏日常生活用能;而农村能源结构不合理,则表现在新能源在我国农村能源消费结构中所占比例太小,传统能源仍占据着支配地位。

例如 2009 年,在我国能源消费总量构成中其中煤炭占 70.4%、石油占 17.9%、天然气占 3.9%、水电占 6.5%、核电占 0.8%、其他能发电占 0.5%。[①] 而农村生活终端能源消费中,沼气和太阳能分别为 731.11 万吨标准量(标煤)和 560.08 万吨标准量(标煤),贡献率分别为 2.1%和 1.6%,电力为 1792.68 万吨标准量(标煤),贡献率为 5.2%。[②] 2009 年底,全国火电装机容量 6.51 亿千瓦(其中煤电 5.99 亿千瓦),占全国全部装机容量的 74.49%。[③] 由此可知我国 2009 年新能源贡献率一共才 5%左右,而剩余的 95%则为不可再生能源。这种能源消费结构明显不利于我国农村地区的能源安全和经济社会的发展,农村地区新能源发展程度低已经成为我国农村能源贫困的症状之一。

3. 农村能源利用效率低、环境污染严重

2009 年,我国人均生活用能源量为 254 千克标准煤,其中城镇人均生活用能量为 336 千克标准煤,农村人均生活用能量为 184 千克标准煤。[④] 农村人均生活用能量仅为城镇人均生活用能量的 54.8%,而造成我国农村人均生活用能量低下的原因,除了能源供应不足外,更重要的是能源利用效率太低。

2009 年;我国能源加工转换总效率为 72.01%,其中发电及电站供热为 41.73%,炼焦为 97.38%,炼油为 96.63%。[⑤] 而 2009 年我国火力发电已经占到了电力总装机的 77.82%。火力发电不但效率低,而且产生大量的污染

① 国家统计局能源统计司,中国能源统计年鉴 2010,中国统计出版社 2011 年版。

② 《能源、环境与发展　中国环境与发展国际合作委员会年度政策报告》,中国环境科学出版社 2010 年版,第 121 页。

③ 环咨公司:《2011 年中国火力发电市场份额分析报告》,http://www.icinet.com.cn/RadNews.asp? NewsID=14225,访问日期:2012 年 5 月 10 日。

④ 国家统计局能源统计司:《中国能源统计年鉴 2010》,中国统计出版社 2011 年版。

⑤ 国家统计局能源统计司:《中国能源统计年鉴 2010》,中国统计出版社 2011 年版。

气体和废弃物，极大地危害着我国的环境健康。

虽然在我国农村地区的能源消费结构中，秸秆和薪柴等传统生物质燃料所占的比例在下降，但是在2008年其比例仍然高达26.90%。在很多贫困地区，甚至绝大多数农户都以传统生物质燃料作为主要的生活用能。而传统生物质燃料直接燃烧的效率非常低下，如在国内炉灶内，其转化效率只有10%～20%。① 截止到2010年，在全国24个省、市、自治区800多个小水电，代燃料规划区内，农村居民烧柴户占了47%，烧煤户占24.5%，用电户只有19%。② 农村这种用能结构，加上落后的燃烧方式和设备使农户室内的污染物浓度普遍偏高，特别是可吸入颗粒的严重超标，极大地危害着广大农民的身体健康。生物质燃烧产生的烟尘影响到人类呼吸系统的健康，而燃烧的主要产物CO_2和其他污染物则通过直接或者间接的方式形成温室效应、酸雨、破坏植被，形成烟雾、腐蚀材料。此外，在农村生产用能方面，由于新能源所占比例极低，以及能源利用效率低下等原因，我国乡镇企业在耗费大量能源资源的同时，也产生了严重的大气污染。

三、我国现有农村能源法律制度及其不足

(一)我国已有的农村能源法律制度考察

为了促进和保障我国农村能源开发利用，我国已颁布了一系列的法律、法规，这些法律、法规在很大程度上促进了我国农村能源的发展，为我国农村能源制度建设的发展和改革提供了前期的基础，积累了经验，但在解决我国新农村建设中的能源贫困问题方面仍存在诸多问题。

1. 涉及农村能源问题的相关法律

我国第一部提到农村能源建设的法律是2002年12月28日修订通过的《中华人民共和国农业法》。该法第17条规定“各级人民政府应当采取措施，加强农业综合开发和农田水利、农业生态环境保护、乡村道路、农村能源和电网、农产品仓储和流通、渔港、草原围栏、动植物原种良种基地等农业和农村基础设施建设，改善农业生产条件，保护和提高农业综合生产能力”。2002年6

① 张力小、胡秋红、王长波:《中国农村能源消费的时空分布特征及其政策演变》，载《农业工程学报》2011年第1期。

② 赵悦:《中央电视台:农村水电的待解之题》，http://www.carei.org.cn/index.php?option=co m_content&task=view&id=1725&Itemid=62，访问日期:2012年5月12日。

月 29 日颁布的《中华人民共和国清洁生产促进法》虽然没有直接涉及农村新能源的条款，但该法第 18 条关于原料使用、资源消耗、资源综合利用的规定也为农村地区的生产和工业活动中开发利用新能源起到了很好的指导和规范作用。

于 1997 年 11 月 1 日通过，2007 年 10 月 28 日修订的《中华人民共和国节约能源法》是我国能源法治建设中又一重要的法律。该法的相关规定为农村新能源建设提供了宏观的指导和规范。2005 年 2 月 28 日通过并于 2009 年 12 月 26 日修正的《中华人民共和国可再生能源法》中亦有若干关于农村新能源促进制度的规定，如该法第 18 条规定“国家鼓励和支持农村地区的可再生能源开发利用。县级以上地方人民政府管理能源工作的部门会同有关部门，根据当地经济社会发展、生态保护和卫生综合治理需要等实际情况，制定农村地区可再生能源发展规划，因地制宜地推广应用沼气等生物质资源转化、户用太阳能、小型风能、小型水能等技术。县级以上人民政府应当对农村地区的可再生能源利用项目提供财政支持”。

2. 涉及农村能源问题的相关地方性法规、规章

为了加强农村能源建设，支持农村建设，从 20 世纪 90 年代后期开始，我国就出台了很多地方性法规。《山东省农村能源建设管理规定》是我国首个对农村能源进行规范的地方专门立法，为山东省农村能源建设提出了指导性方针，也为其他地区制定农村能源条例起到了一定的引导作用。于 1998 年 8 月 15 通过的《安徽省农村能源建设与管理条例》(2004 年 6 月 26 日修正)则将“生产经营”作为单独的一章，对农村能源生产经营进行了更加详细的规定，为规范该地区的农村能源生产经营起到了一定的调控作用。除此之外还有许多地区都制定了地方性农村能源管理办法，如湖北省于 1998 年 12 月 3 日通过了《湖北省农村能源管理办法》，湖南省也自 2001 年 7 月 1 日起开始施行《湖南省农村能源建设管理办法》，四川省于 2002 年 6 月 24 日通过了《四川省农村能源建设管理办法》，等等。

随着《中华人民共和国可再生能源法》的颁布和修正，我国很多地区又纷纷出台了地方农村可再生能源条例，如《湖北省农村可再生能源条例》、《湖南省农村可再生能源条例》、《山东省农村可再生能源条例》、《黑龙江省农村可再生能源开发利用条例》以及于 2010 年 11 月 24 日通过的《四川省农村能源条例》等。这些地方性法规是基本上以《中华人民共和国可再生能源法》和《中华人民共和国节约能源法》等相关法律法规为依据，结合各地区的实际情况而制定的，在一定程度上促进了各地区的农村可再生能源的开发利用。

(二)我国现有农村能源法律制度的不足

1. 缺乏全国性农村能源法法律,法律效力不高

目前,我国仍然没有专门的全国性的农村能源法律,而这正严重地制约着我国农村地区的能源发展。《可再生能源法》等全国性能源法律虽然在很大程度上促进了我国各方面的能源开发和利用,但是由于这些法律都不是以促进农村能源的发展为立法目标,所以其对农村能源的规定少之又少,所起到的作用也非常有限。此外,各地方的农村能源法律和条例由于效力层次不够高,使其可操作性大打折扣,根本就无法发挥其应有的作用。

2. 法律规定过于粗糙,配套措施和制度不够完善

不管是全国性的能源法律还是地方性法律、法规,对于我国农村能源的规定都不够详细,很多的法律制度由于相关的配套措施和制度不够完善而无法得到实施。以《可再生能源法》为例,该法第 24 条规定,“可再生能源发展基金用于补偿本法第二十条、第二十二条规定的差额费用,并用于支持以下事项:(二)农村、牧区的可再生能源利用项目;(三)偏远地区和海岛可再生能源独立电力系统建设;(五)促进可再生能源开发利用设备的本地化生产”。而该法对于可再生能源发展基金应如何在这五者中分配以及该具体如何使用基金也没有作出详细的规定。虽然有一些实施细则对相关的法律进行解释和辅助其实施,但是由于这些细则本身规定的不完善使得这些法律无法得到很好的实施和遵守。

3. 农村新能源经济激励制度不完善

到目前为止,我国对于发展农村能源的专项经济激励制度严重滞后,虽然早在 1992 年就设立了农村能源专项资金,但是这对于我国广大的农村地区来说无疑是杯水车薪。无论是全国性能源法律还是地方性法律、法规对于农村能源的经济激励制度的规定几乎都是一笔带过。以 2011 年 1 月 1 日开始实施的《四川省农村能源条例》为例,该条例仅在第 11 条规定,利用沼气发电、沼气和秸秆气集中供气以及应用秸秆气化、固化、碳化、液化技术的项目所购置的设备,按照国家和省有关规定享受优惠扶持政策。农村居民住宅利用太阳能供水供热或者购买使用省柴节能炉灶的,按照国家和省有关规定享受优惠政策,而这样的经济激励措施对于解决农村能源贫困是远远不够的。

4. 能源行政管理制度不够规范

行政权力和利益的划分不明往往是引起行政不规范的直接根源,没有严

格的规范和约束就不可能达到行政管理规范化的效果。行政权力是国家管理经济和社会的正式权力，具有主宰性和扩张性，不容易受约束，因而要依照法定的职能职责，十分严格而恰当地规定行政权力的界定、分配、范围、程度、性质和行使方式及制约、变化的机制，并上升为法律。[①] 在对农村能源进行全国性立法过程中，各级能源行政管理部门的职权划分是一个非常重要的问题。从新中国成立初期的燃料工业部到 1998 年的国家经贸委，再发展到 2002 年设立的国家发改委能源局和 2005 年的国家能源领导小组(能源部)，再到现在的能源委员会，我国中央能源机构的改革和变迁显得那么的艰难。而农村能源行政管理则更加的混乱和无序。例如我国目前的农村水电开发由水利部门负责，电网的建设与改造由电力部门负责，农村煤炭开发则由煤炭部门负责，但地方性农村能源立法却由农业部门主管。这种能源管理职能划分不但降低了行政管理的效率，而且会严重影响到农村能源法律法规的实效。

四、国外农村能源法律制度的经验和启示

(一)发达国家农村能源法律制度的经验和启示

由于许多发达国家城乡两极分化较小，其农村社会经济发展也早已进入了比较先进的阶段，所以发达国家对农村能源问题进行专门立法的不多。在此主要对美国和西班牙与农村能源建设的相关法律政策进行考察分析，并尝试从中总结出经验，以期对我国农村新能源的发展有所启示。

1. 在全国性法律中对农村能源发展作出统一规定，对能源行政部长职权作出详细规定

由布什政府颁布的《2005 年美国能源政策法》也对农村能源作出了专门规定。在第二章第 A 节第 209 条“SEC. 609. RURAL AND REMOTE COMMUNITY ELECTRIFICATION GRANTS”(农村和偏远地区的电器化补贴)中对“合格的受让者”、“农村地区”等概念作出了解释。[②] 合格的受让者是农村地区的地方政府或者自治区、公共社区、灌溉区、合作社、限制性或者非营利性团体。农村地区是指居民人口不超过一万的城镇或者未开发地区。该条还规定在 2006—2012 年间能源行政部长有权从政府财政中拨款两亿美元用于本条所规定的能源建设方面。《2005 年美国能源政策法》的这些规定对美

① 焦健:《公共权力运行误区:权力错位》，天津出版社 2001 年版，第 132 页。

② SEC. 609《Energy Policy Act of 2005》。

国农村地区等概念的界定和能源行政部长的具体职权提供了强有力的法律保障,为该法的实施提供了坚实的基础,有效地保障了美国农村能源制度的执行。制度的执行离不开法律的保障,而一部法律效力的高低则直接影响着制度的执行力度。相比之下,我国农村能源贫困的主要制度成因之一就是缺乏一部全国性的、高法律位阶的、授权具体、可操作性强的法律。

2. 以发展农村电力为主,专项立法规定细致

美国在农村能源的立法方面主要集中在农村电气化方面。最早在1936年开始颁布实施《1936年农村电气化法》后,在之后的几十年中又对该法进行了20多次修订,此外,很多地区还颁布了专门的水利建设和电器化方面的地方性法律。美国农村电气化运动成功的一个重要原因就对司法权和监督权规定很详细,这一系列法律对州与联邦政府之间的权责就划分得很具体。例如,规定州政府的司法部门监控本州的零售电价,规定本州的具体事项,而联邦政府则对州与州之间输电端的价格实施监控。这一系列详细而具有很强针对性的法律的颁布和实施为美国的农村电气化实施起到了巨大的促进作用,极大地推动了美国农村能源的发展。其相关法律制度细分了自己特定的调整范畴,法律的针对性很强,调整的效率因而也较高。反观我国,现有的农村能源法律制度的规定基本上都以概括性、全面性为主要特点,缺乏针对性。因此,在研究我国农村能源贫困问题的制度对策时,我们应该借鉴美国在这一方面的经验,加强专项立法的研究,细分农村能源法律制度的调整范畴。

3. 通过制定配套法律保障相关法律的实施

西班牙是欧洲能源强度相对较高的国家之一,同时对能源进口有着较高的依存度,因此能源安全和多样性是推动西班牙新能源发展的主要动力。西班牙通过对新能源的促进制度来促进新能源的发展,同时也推动了其农村能源的飞速发展。西班牙早在1997年就颁布了《54号电力法》,并在1998年和2000年分别颁布了《2818号皇家法令》和《6号环境影响评价法》,以此来促进和保障《54号电力法》的实施。根据该电力法的要求,西班牙制定了2000—2010年的可再生能源促进规划,明确了到2010年可再生能源占总能源消费12%的目标,并确定2010年可再生能源发电要达到总发电量29.4%的宏伟目标。①

① 任东明、王仲颖、高虎:《可再生能源政策法规知识读本》,化学工业出版社2009年版,第210页。

4. 经济激励措施规定详细，可操作性强

《2005年美国能源政策法》在第二章第A节第209条"SEC. 609. RURAL AND REMOTE COMMUNITY ELECTRIFICATION GRANTS"明确规定"在2006年至2012年间能源行政部长有权从政府财政中拨款两亿美元用于本条所规定的能源建设方面。"[①]于1998年12月23日颁布的西班牙《2818号皇家法令》(又称《关于可再生能源、垃圾或者生物质能发电的皇家法令》)对领取补贴者的具体要求、各自治区相应机构的管理权限以及发电站加入特别程序规定适用范围的条件和要求都作了详细的规定。如第27条(使用废物能发电或者其他形式热能发电的自主生产商的发电站的补贴)第1款规定，本皇家法令第2条a类中规定的发电站，如果发电瓦数等于或者低于10兆瓦，从它开始启动运行的那一天算起的十年内，将领取每度3.20比塞塔的补贴。[②] 此外，西班牙还于2004年引入了支持农户的政策，根据该政策，农户可以得到每公顷45欧元的补助，用以支持能源农作物的发展。鉴于此，在研究农村能源贫困的制度对策时，必须充分考量相关的经济激励措施的详尽程度和法律规范的可操作性，否则相关制度的推行就会变得寸步难行。只有真正地给参与能源经济活动的相关主体带来动力，才能发挥所制定制度的应有作用，促进农村能源能源贫困问题的解决。

(二)发展中国家农村能源法律制度的经验和启示

农村能源贫困是广大发展中国家在发展中遇到的突出问题，但由于受发展中国家立法不完善等因素的制约，具有借鉴意义的发展中国家农村能源立法亦不多。在此，本节着重介绍并分析墨西哥和坦桑尼亚的农村能源立法。

1. 农村能源的专门性立法与相关法律政策配套施行

作为拉美第三大国，墨西哥的农业劳动力低下，农村发展落后，为了推动农业发展，促进农村能源建设，墨西哥于2002年颁布了《农村能源法》。作为农村能源的专门性立法，《墨西哥农村能源法》并不是一部详细的法律，该法包括附则在内一共才16条，对于农村能源建设的推进作用十分有限，但是该法的实施是与其他法律政策相配套进行的。如该法第3条规定本法效力与下列内容同时存在：(一)农牧业活动。(二)宪法。(三)能源定额。(四)农村基础发展法。(五)农牧能源。(六)法令。(七)奖励价格。(八)计划。于2005年颁

① SEC. 609《Energy Policy Act of 2005》。

② 何建坤：《国外可再生能源法律译编》，人民法院出版社2004年版，第181页。

布的《坦桑尼亚农村能源法》(*the Rural Energy Act of the United Republic of Tanzania*)除了五章主要条文外,还规定了两个附件:农村能源基金管理指南(附件一)和委员会的会议程序(附件二)。附件一规定了资金分配的程序与原则;国家农村能源优先项目招标规定;拨款合同规定;委托代理人;管理局的认可;附件二规定了会议、组成人员与决定;程序规定权;管理局印章等具体内容。① 这些国家对农村能源立法针对性的重视和相关细致配套法律政策的制定,对于我们研究我国农村能源贫困问题的制度对策具有非常重要的意义。

2. 立法确定专门的农村能源管理机构及其职责,并明确其监督机制

作为世界上最大的发展中国家,要解决好农村能源贫困问题,行政管理机构的职权划分显得尤为重要。然而,我国农村能源管理行政机构却一直都比较混乱,在这点上坦桑尼亚能够给我们带来宝贵的经验。2005 年颁布的《坦桑尼亚农村能源法》设立专门的农村能源委员会,其职能在于发展农村新能源,提高农村能源分配的公平性。该法第 6 条规定"(1)设立农村能源委员会的目的:通过让广大农村使用现代化的能源服务来促进生产力的经济用途,健康和教育,清洁的水资源,民事安全,提升农村社会经济的发展。(2)委员会致力于实现上述条款规定的目标:a. 为提供现代能源服务,支持由私人,公共实体,联合体,以及由地方社区组织开发的项目。b. 为现代化能源服务作出贡献的开发商提供技术支持。c. 以高效竞争的方式给开发项目分配补助金,但要考虑到项目的社会和经济效益,各地区资金分配的公平性,以及项目的可持续性。"②由此可知,坦桑尼亚农村能源会基本上全权负责农村能源建设。《坦桑尼亚农村能源法》对农村能源委员会的法律监督的规定主要体现在委员会的问责制度中,如第 13 条规定:(1)委员会应当在每个财政年度结束后三个月内向部长(即现任能源部长③)提交年度报告,包括机构运行开销、收入和基金已经提供的补助。(2)部长应当在两个月内向国民大会提交上述年度报告副本或在下一次国民大会上提交。(3)委员会应当保留全部下述材料:(a)发给补助的人的姓名和数量;(b)发补助的数量和事由;(c)发补助的时间。④ 高效

---

① 中国能源法律网:http://www.energylaw.org.cn/html/news/2008/6/21/200862101981307.html,访问日期:2012 年 5 月 12 日。

② 《The Rural Energy Act of the United Republic of Tanzania》PART Ⅱ。

③ 《The Rural Energy Act of the United Republic of Tanzania》PART I。

④ 《The Rural Energy Act of the United Republic of Tanzania》。

的政府，合理的职责划分，有效的监督机制，这些对于我国农村能源贫困问题的解决有着不可替代的作用，而《坦桑尼亚农村能源法》的经验正好可以给我们很好的启示。

3. 建立可操作性强的农村能源经济促进制度，对农村能源基金设置相关问题作出具体规定

农村能源贫困问题归根结底是一个经济发展不平衡的问题，要解决这一问题必须从农村能源经济促进制度和农村能源基金的设立及完善方面着手。拥有 3500 万人口的坦桑尼亚能用上电的人口却只有 100 万左右，其中农村人口只占 20%，农村能源贫困问题异常严重。为了解决农村用电问题，促进农村能源发展，于 2005 年颁布的《坦桑尼亚农村能源法》对农村能源发展的原则、各部长的职责；国家农村能源委员会(rural energy board)；农村能源管理局(rural energy agency，性质为农村能源委员会的执行机构和秘书处)和农村能源基金(rural energy fund)进行了详细的规定。如第 19 条第 3 款规定：基金的资金来源应当包括以下部分：(a)政府年度预算中分配的资金，在每个月初存入委员会的账户或由财政部长决定；(b)国际财团组织，多边双边组织和其他发展伙伴提供的资金；(c)国家电网中商业用电征税的 5%，由部长和财政部长协商后，每个月末存入基金的账户上；(d)国家电网中私人用电征税的 5%，由部长和财政部长协商后，每个月末存入基金的账户上。此外还在农村能源基金管理指南(附件一)和委员会的会议程序(附件二)对相关规定进行了细化。由上可见，《坦桑尼亚农村能源法》对于农村能源经济促进制度和农村能源基金的规定有多么详细，这种详细的规定也应该为我们所借鉴，因为只有在农村能源经济促进制度和农村能源基金的设立及完善方面做得更好，我们才能使农村能源贫困问题的解决具有坚实的经济保障。

五、新农村建设中能源贫困的制度对策

完善相关的法律制度是解决农村能源贫困的根本保障。制度的意义在于使一项行为和工作更加规范化、目的化，我国农村新能源促进制度就是要使我国农村能源发展朝着更加高效、更加安全、更加环保的目标发展，使我国农村能源在法律给予的保障下规范发展。

(一)进行全国性农村能源专门立法的相关探讨

1. 进行全国性农村能源专门立法的重要性

解决我国新农村建设中的能源贫困问题，不仅仅需要政府的支持和重视，

更离不开一个社会、经济和法律的完整体系来支撑。农村能源贫困问题不单纯是一个经济问题或者能源问题，还是一个深入社会经济各个层面的法律问题。我国在2002年12月28日修订通过的《中华人民共和国农业法》以及在2005年2月28日通过，并于2009年12月26日修正的《中华人民共和国可再生能源法》和其他的能源法律和规章都为规范农村能源建设奠定了基础，此外，我国也有一些省颁布实施了农村能源地方性法规规章，这些法规规章对我国农村能源建设起到了重要的推动和保障作用，但是仅凭这些政策和法规来规范我国农村能源是远远不够的，因为对于拥有8亿农村人口的农业大国来说，农村能源贫困问题不仅影响着农村地区的经济社会发展，影响着我国新农村建设的步伐，也影响着我们整个国家的能源生态安全与可持续发展，乃至影响到我国全面小康的顺利实现。

2. 对进行全国性农村能源专门立法的一些建议

(1)暂时不制定《农村能源法》

虽然目前我国仍然缺乏全国性的农村能源法律规范，而且国外也有一些国家制定了《农村能源法》，但是由于在目前的能源法草案中在第九章中对农村能源进行了概括性规定，而且制定这样一部庞大而复杂的全国性法律需要经过一个比较长的时间，所以，笔者认为，目前暂时不制定《农村能源法》而制定《中华人民共和国农村能源管理条例》，等时机成熟后再根据具体情况决定是否制定《农村能源法》。

(2)法律规范应具体详细，配套措施应完善可行

法律的规范状态不会自动地转化为现实中的秩序，必须通过有效地实施才有可能转化为社会现实。法的实现是法的存在、作用和法执行主要社会功能的特殊方式。如果法的规定不能在人们和他们的组织的活动中，在社会关系中得到实现的话，那法什么都不是。① 但是法律实现离不开健全和完善的法律制度。因为如果法律制度本身不完善，则会影响法律实现的具体状况及人们对法律的评价。② 完善和健全的法律制度不仅要求母法的条文规定详细，而且要求其他配套法律予以辅助和配合。笔者建议在构建《中华人民共和国农村能源管理条例》时，一方面要对法律条文作出规范而具体的规定，另一

① ［苏］雅维茨：《法的一般理论——哲学和社会问题》，朱景文译，辽宁人民出版社1986年版，第170页。

② 付子堂：《法理学初阶》，法律出版社2005年版，第213页。

方面要明确相关的配套法律法规，以保障该法的实施和法的实效。

（二）理顺农村能源管理制度

1. 我国能源行政管理部门的发展简介

对农村能源进行全国性立法，既要体现法律的普遍性，又要突破不同农村能源管理混乱的现实困境，考虑到中央能源部门与农村能源行政管理部门的权力划分。我国能源行政部门发展经历了一段坎坷的发展过程。1980 年我国的能源行政机构是能源委员会，能源委员会分管工业部和石油工业部。1988 年撤销了能源委员会，设立了能源部，基本上总揽全国能源行政权力。2003 年设立了国家发改委能源局，负责能源综合管理与协调。2005 年国家能源小组成立，下设能源办公室，负责研究中国能源领域的重大问题和政策。2008 年又成立了国家能源局，2010 年成立了国家能源委员会，国家能源委员会基本上全权负责全国能源问题。

2. 理顺农村能源行政管理的必要性

正如本节第二部分中所指出的那样，我国农村能源管理一直都比较混乱。以往我国能源行政机构的设立常常带有较大的随意性和盲目性，理论根据不足，科学根据不足，法律依据不足，今天撤了，明天又恢复，给工作带来很多危害，由此带来的不规范影响着整个行政机器的运转和效率。① 因此，借着国家能源委员会成立的契机，加快我国农村能源行政改革是解决我国农村能源发展管理混乱状态的必然选择。

3. 对设立我国农村能源委员会的构想和建议

《能源法》征求意见稿第 79 条（农村能源规划实施）规定，国务院能源主管部门会同有关部门负责管理农村能源工作，统一组织实施国家农村能源规划。县级以上地方人民政府应当将农村能源纳入本级国民经济和社会发展规划，统筹处理农村能源发展与土地利用及交通、水利、通信等基础设施建设的关系。② 而我国国家能源委员会的职能是"负责研究拟订国家能源发展战略，审议能源安全和能源发展中的重大问题，统筹协调国内能源开发和能源国际合作的重大事项"。③ 由此可知，我国的农村能源发展主要由国家能源委员会会

---

① 焦健：《公共权力运行误区：权力错位》，天津出版社 2001 年版，第 133 页。

② 国家能源办网站：http://www.gov.cn/gzdt/2007-12/04/content_824569.htm，访问日期：2012 年 5 月 10 日。

③ 《国务院办公厅关于成立国家能源委员会的通知》国办发〔2010〕12 号。

同有关部门负责。但是这种分散的管理模式不但不利于行政效率的提高，而且会导致各部门的利益冲突加深。因此，在设立农村能源委员会时，只有将农村能源的管理权集中于一个行政机构，才能在根源上避免这种矛盾的产生。农村能源委员会的职能在于发展农村新能源，提高农村能源分配的公平性，提高农村能源管理效率。在立法时可考虑规定我国农村能源委员会全权负责农村能源的建设和发展，授予委员会充分的权利。此外，由于委员会的组成人员基本上是农业部门、水利部门、财政部门、国土资源部门、环保部门、交通运输部门等相关行政管理部门的负责人，所以这样的授权并不会导致农村能源与新农村建设的总体规划相脱离，也不会引起现有相关农村能源行政管理部门的强烈抵触。

任何不受制约的权利都有可能走向独裁和腐化，这是由国家权利本身的特点决定的。[①] 由于我国农村能源委员会全权负责农村能源的建设和发展，其权力的集中程度非常大，必须完善相应的法律监督。我国《能源法》征求意见稿第117 条对能源行政部门的法律监督作了相关规定，[②]鉴于此，笔者建议，在对农村能源委员会设定法律监督时，应作以下规定：(1)农村能源委员会受上一级委员会监督，由委员长对上一级委员会做年度报告，接受上一级委员的检查。(2)建立委员长问责制，重大决策和问题直接由委员长向上级农村能源委员负责。(3)各级农村能源委员会应设立监督机构，监督机构直接对上级委员会负责，财政和决策独立于本级委员会，以此排除本级委员的干扰，完善内部监督机制。

(三)加强农村新能源经济激励制度建设

农村新能源经济激励制度是以农村地区可持续发展为目标，以现有的有关农村能源的法律制度为基础，通过经济立法规定一些必要的鼓励农村新能源发展的机制，激励政府、企业和公众自愿投入到农村新能源的开发、利用和消费中去，促进农村新能源开发利用的制度。

近些年来，随着政府对发展农村能源的重视和政策上的倾斜，我国农村地区能源建设和发展取得了巨大的成就，但是农村能源贫困问题依然严重。于2009 年 12 月 26 日修正的《中华人民共和国可再生能源法》虽然是对经济激励机制作出了规定的最高的能源法律，但是该法不是专门针对农村能源而制定的法律，而且本身对经济激励机制规定就不完善、可操作性差。因此，笔者

① 付子堂：《法理学初阶》，法律出版社 2005 年版，第 345 页。

② 国家能源办网站：http://www.gov.cn/gzdt/2007-12/04/content_824569.htm，访问日期：2012 年 5 月 10 日。

试图通过分析我国现有能源法律政策，并借鉴外国能源经济激励的立法和实施经验，从农村新能源财政补贴制度和农村新能源基金制度两个方面，对建立我国农村新能源经济激励制度提出一些建议。

1. 农村新能源财政补贴制度

(1)建立农村新能源财政补贴制度的理论支持

农村能源的发展需要大量的资金投入，比如，建一个普通的沼气池大约需要 1500 元左右，"一池三改"需要 2600 元。而这对于农户来说是一个不小的经济负担。① 农村新能源财政补贴，就是指为了促进农村新能源的开发利用，实现农村地区的可持续发展，解决新农村建设中的能源贫困问题，国家财政对开发农村新能源的个人、企业或者社会团体给予的一种财务支持，如现金补贴，或者通过财政贴息等优惠措施给予简单的物质支持和帮助。开发利用农村新能源是一项具有公益性质的事业，外部经济所带来的"利益外溢"的正外部性问题是阻碍其发展的巨大障碍。所谓"外部经济"就是指在很多时候，某个人(生产者或者消费者)的一项经济活动会给社会上其他成员带来好处，但他却不能由此得到补偿。此时，这个人从其活动中得到的私人利益就小于该活动所带来的社会利益。这种性质的外部影响被称为"外部经济"(positive externalities)。② 而财政补贴可以有效地给予开发利用农村新能源的个人、企业和团体充分的物质帮助，激发全社会开发利用农村新能源的热情。此外，新能源作为"环境友好型"的新型能源，其开发利用的动力先天不足，竞争力低下，这也需要政府补贴加以扶助。③

(2)建立农村新能源财政补贴制度的现实要求

在新能源开发利用方面，我国已经有一些法律政策对财政补贴作出了相关的规定，如 2006 年财政部和建筑部联合发布的《可再生能源建筑应用专项资金管理暂行办法》、2008 年财政部发布的《风力发电设备产业化专项资金管理暂行办法》。虽然这些政策性文件规定的财政激励比较具体，但是由于文件本身效力层次低、不稳定，加之适用范围太小等原因，其对农村新能源的发展起到的作用十分有限。因此，建立稳定的农村新能源补贴激励制度迫在眉睫。

① 王存社：《泽州县户用沼气建设整村推进第一村的调查报告》，http://www.sxhn.cn/arti cle_show.asp? articleid=1630。

② 陈承明：《简明西方经济学》，上海财经大学出版社 2006 年版，第 183 页。

③ 陈孜佳：《浅析环境经济手段中的补贴》，载《青海环境》2005 年第 9 期。

(3)对农村新能源财政补贴制度的一些建议

笔者认为,要建立稳定的农村新能源补贴激励制度,应做好以下几个方面:首先,在考察我国农村能源贫困现状和新能源法发展目标的前提下,根据我国《可再生能源法》和《可再生能源发展专项发展资金管理暂行办法》以及各地方政府农村新能源发展目标,制定具体的财政补贴实施方案和实施细则。通过财政补贴实施方案和实施细则细化各地政府财政预算中支持农村新能源发展的计划方案和具体流程。其次根据我国农村新能源的发展和各种新能源开发利用的特点,对不同的新能源发展项目设立不同的财政补贴力度。最后,通过对农村新能源的发展阶段的不同,逐步调整财政补贴的力度,做到合理激励,充分发展。

2. 农村新能源发展基金制度

新能源产业化是农村新能源发展的必然趋势,而能源产业化需要大量的资金不可能全部来自政府,设立能源产业基金是目前最为理想的选择。能源产业基金不但旨在实现融资多元化,还支撑着投资形式的多元化和投资区域的多元化。① 农村新能源发展基金制度,是指为了从资金上保障农村新能源的发展而专门建立的专项基金筹集、管理和使用的制度。农村新能源的建设和发展速度缓慢的重要原因之一就是我国农村地区经济落后,虽然我国政府1992年就设立了农村能源专项资金,主要用于大中型沼气工程、太阳能热利用和风力发电技术的贴息补贴,但贷款额度较小,仅1.2亿元人民币。② 而且由于各方面原因该专项资金所起的作用十分有限。因此,笔者结合我国现有农村能源专项资金、我国《可再生能源法》关于可再生能源基金的规定,以及国外相关规定对我国农村新能源基金制度的建立提出一些建议。

(1)基金的来源

《能源法》征求意见稿第93条规定:国家根据能源战略、能源规划的要求和能源发展的需要,设立节能、新能源与可再生能源、农村能源等能源发展专项资金。具体办法由国务院财政主管部门会同能源等有关部门制定。③ 而于

---

① 罗科:《中国三大能源基金待产》,http://news.ifeng.com/opinion/meiti/ph/200904/0403_1901_1090732.shtml,访问日期:2012年5月12日。

② 徐耀新:《科学决策研究报告2006》,东南大学出版社2006年版,第73页。

③ 国家能源办网站:http://www.gov.cn/gzdt/2007-12/04/content_824569.htm,访问日期:2012年5月12日。

2010年12月26日十一届全国人大常委会第十二次会议通过的《中华人民共和国可再生能源法修正案》第24条规定:国家财政设立可再生能源发展基金,资金来源包括国家财政年度安排的专项资金和依法征收的可再生能源电价附加收入等。由此可知,我国可再生能源发展基金一部分来源于新能源与可再生能源发展专项资金。坦桑尼亚农村能源基金的来源比较广泛,如《坦桑尼亚农村能源法》第19条第3款规定:基金的资金来源应当包括以下部分,①政府年度预算中分配的资金,在每个月初存入委员会的账户或由财政部长决定;②国际财团组织,多边双边组织和其他发展伙伴提供的资金;③国家电网中商业用电征税的5%,由部长和财政部长协商后,每个月末存入基金的账户上;④国家电网中私人用电征税的5%,由部长和财政部长协商后,每个月末存入基金的账户上。① 我国目前已经设立了农村能源发展专项资金,综合上述材料笔者认为,我国农村新能源发展基金主要来源于下列渠道:一是农村能源发展专项资金,二是新能源与可再生能源发展专项资金,三是开发农村新能源的参与者。

(2)基金的管理

关于由于我国可再生能源发展基金尚处于设立阶段,基金的管理办法还未出台,只是暂定于国务院财政部门会同国务院能源、价格主管部门制定。坦桑尼亚农村能源基金主要由农村能源委员会管理,如《坦桑尼亚农村能源法》第11条第2款规定:委员会是基金的管理机构,①任命信托代理人,负责基金的管理;②批准某项目开发商收取基金补助的资格;③批准和制定基金为开发商提供补助的条件;④制定评估开发商申请基金补助资格的程序;⑤制定申请补助的模型文件和批准补助的文件;⑥批准或拒绝符合要求的开发商申请基金补助,决定补助等级;⑦批准基金的年度预算,包括机构的运营开销;⑧任命基金的审计员并批准审计员的报告。② 鉴于我国农村能源机构改革后也将设立农村能源委员会,笔者觉得基金的管理权也可以由农村能源委员会管理。通过农村能源委员会设立基金管理部门,农村能源委员会负责关于基金的重大决策和规划,基金管理部门负责基金的具体管理事项。

(3)基金的使用

我国农村新能源发展基金主要为了解决我国新农村建设中农村能源贫困问题的资金障碍,促进农村新能源的发展。农村新能源基金的主要用途当然

---

① 《The Rural Energy Act of the United Republic of Tanzania》PART V。

② 《The Rural Energy Act of the United Republic of Tanzania》PART Ⅲ。

是农村新能源发展和建设。而具体的使用则可以适度参照坦桑尼亚农村能源能源基金的使用方式。《坦桑尼亚农村能源法》第22条规定:①基金的资源应当提供给,A. 符合条件的开发商;B. 机构或委员会为履行其职责而花费的一切开销;C. 给委员会及机构的工作人员发放报酬或津贴。②基金提供给符合条件的开发商的补助金可以用在,A. 培训和其他形式的能力建设;B. 在开发商提出补助申请前就计划和准备开发项目上,为符合条件的开发商提供技术支持;C. 符合条件的开发商实施项目开发时的开销;D. 若发展伙伴提供特殊目的基金,可以培养创新领航者、项目示范和申请可再生能源方面投资。③基金可以不向任何项目开发商就其项目运转和债务偿还提供补助。[①] 由于我国我国农村能源委员会将属于国家行政机构,所以委员会及其机构的报酬和津贴以及其他开销应由国家财政另行支付。因此,笔者认为我国农村新能源基金的具体用途应主要在以下几个方面,A. 提供给农村新能源开发的参与者;B. 用于农村新能源的技术研发和推广;C. 用于补贴农村新能源的使用者;D. 用于农村新能源的开发和利用的其他方面。

第二节　气候变化应对背景下的碳排放交易制度创新[②]

一、国际碳排放交易制度概述

《联合国气候变化框架公约》(以下简称《公约》)及其项下形成的《京都议定书》是目前规范碳排放权及其衍生品的交易和投资、低碳项目开发的最重要的国际法律文件。《公约》的最终目标是“将大气中温室气体的浓度稳定在防止气候系统受到危险的人为干扰的水平上”。《公约》于1994年3月生效,是世界上第一个为全面控制二氧化碳等温室气体排放,应对全球气候变暖给人类经济和社会带来不利影响的国际公约,也是国际社会在应对全球气候变化问题上进行国际合作的一个基本框架。目前已有192个国家批准了《公约》,奠定了应对气候变化国际合作的法律基础。《公约》明确了历史上和目前全球

① 《The Rural Energy Act of the United Republic of Tanzania》PART V。

② 我的硕士研究生徐小云同学对于本节的资料更新搜集亦有贡献,特此致谢!

温室气体排放的最大部分源自发达国家，发展中国家的人均排放仍相对较低，因此应对气候变化应遵循“共同但有区别的责任”原则。根据这个原则，发达国家应率先采取措施限制温室气体的排放，并向发展中国家提供有关资金和技术；而发展中国家在得到发达国家技术和资金支持下，采取措施减缓或适应气候变化。《公约》规定每年举行一次缔约方大会，至 2011 年 12 月，已举行 17 次缔约方大会。其中于 1997 年 12 月在日本京都举行的第 3 次缔约方大会通过了《京都议定书》，对 2012 年前主要发达国家减排温室气体的种类、减排时间表和额度等作出了具体规定。《京都议定书》于 2005 年开始生效，其目标是 2008—2012 年，将发达国家温室气体排放量在 1990 年的基础上平均削减 5.2%，这是发达国家第一次受法律约束减少温室气体排放。《联合国气候变化框架公约》和《京都议定书》确立了碳减排及其相关交易的基本法律框架，其后每年举行一次缔约方大会都是在其基本框架上对相关制度的执行进行具体化和根据各方博弈进调整或拓展。

2009 年 12 月 7—18 日，第 15 次缔约方会议暨《京都议定书》第 5 次缔约方会议在丹麦哥本哈根举行。哥本哈根气候变化会议为期 13 天的谈判相当复杂，进展十分艰难。会议在 19 日达成不具法律约束力的《哥本哈根协议》。《哥本哈根协议》维护了《联合国气候变化框架公约》及《京都议定书》确立的“共同但有区别的责任”原则，就发达国家实行强制减排和发展中国家采取自主减缓行动作出了安排，并就全球长期目标、资金和技术支持、透明度等焦点问题达成广泛共识。但参加大会的各方代表并没有就 2012 年后的全球减排行动、资金技术支持等方面达成具体共识。本次会议虽朝着正确的方向迈出了一步，但并未达成一项具有法律约束力的协议，全球将尽力推动在 2010 年及以后的缔约方会议中实现这一点。

2010 年底在墨西哥坎昆召开的气候公约第 16 次缔约方大会上，虽然有玻利维亚的强烈反对，但大会最终仍强行通过了《坎昆协议》。《坎昆协议》总体上维护了 2005 年会议启动的 2012 年后的议定书二期减排谈判和公约长期合作行动谈判并行的“双轨制”谈判方式，同意 2011 年就议定书二期谈判和巴厘岛路线图所涉及要素中未达成共识部分继续谈判，但该协议针对议定书二期减排谈判和公约长期合作行动谈判所作决定的内容明显不平衡。

2011 年 12 月 11 日晨，第 17 次缔约方大会在南非德班闭幕。经过 14 天的“马拉松”谈判，大会通过决议：发达国家从 2013 年起执行减排温室气体第二承诺期，并在 2012 年 5 月 1 日前提交各自减排承诺；正式启动“绿色气候基金”，成立基金管理框架，到 2020 年发达国家每年向发展中国家提供至少 1000 亿美元，帮助后者适应气候变化；大会成立“德班增强行动平台特设工作组”，负责 2020 年后减排温室气体的具体安排。但这些决议并不完美，内容不够具体且措辞留有很大漏洞，可能让某些国家逃避减排责任，对于发达国家和发展中国家在减排义务上有违公平。世界自然基金会能源和气候部门主管史密斯说：“他们没有达成真正协议。他们弱化立场，以便所有人都能入伙。”美国环境保护基金会成员珍妮弗·哈弗坎普指出：“想要 2015 年前达成一份协议，各方可能面临艰苦谈判，如要取得成功，各方必须信守承诺，拒绝把这些谈判作为另一个拖延工具。”

一个有法律效力、能执行的文件的关键在于明确大规模、固定地支付给发展中国家气候资金以支持，以让后者有能力广泛参与到减排行动之中。对碳减排的长期愿景和具体碳减排目标、对于长期资金支持的目标、市场交易机制、加强适应性的措施和相关方法等具体问题的磋商有待进一步展开，对于支持资金的管理机构的形式和权限等亦有待加以明确。对于后京都议定书时代的减排义务，德班会议的决议并不完美，但它们是里程碑式的。当前的国际环境和《京都议定书》签署时相比发生了很大变化，更多国家有了本国明确的利益诉求，各种利益交织的情况下，要想达成一个各方都满意的协议是极其困难的。应对气候变化是长期不懈的工作，《公约》和《京都议定书》框架下相关碳金融制度的存续和发展都将是主流趋势。

在遵守《京都议定书》方面，欧盟常常为国际社会作出表率，积极履行国际承诺，采取削减二氧化碳的排放量、推进环境税制改革等措施。而减少排放等措施又为欧盟产业界开发能源新技术提供了重大机遇，并使欧盟站在能源产业开发的前沿，在能源生产、运输、消费等所有环节中都考虑尽量降低对环境的有害影响，并以相关的法律加以规制。2011 年德班大会上决定成立的“德班增强行动平台特设工作组”就是欧盟强烈建议的成果。应对后京都议定书时代的到来，欧盟在立法改革方面的重点主要集中在取消国家配额分配计划，建立欧盟层面的总量控制与配额分配制度；将欧洲排放交易体系(EUETS)的适用范围扩大至人造温室气体(如氟化温室气体)和不属于附录一活动和实施范围的排放活动，使该体系与欧盟外的排放贸易体系有更好的兼容性，同时根据政策使命致力于国际气候融资体系的建立，使 EUETS 倾向于最不发达国家。

二、碳排放交易制度概念与类型简述

“碳排放交易”是指如果一国的排放量低于条约规定的标准，则其剩余的额度可以直接出售给完不成规定义务的国家，以冲抵后者的减排义务。由于碳排放交易是一种新兴交易，没有现成办法可以借鉴，因此其发展历程必然充满了曲折。欧盟在推进《京都议定书》的谈判、生效以及欧盟在减少温室气体排放方面作出了巨大努力。

目前世界上不存在统一的国际排放权交易市场，而是存在一些区域性的碳排放交易市场。在这些区域性的市场中，存在不同的交易商品和合同结构。[①] 各市场对交易的管理规则虽不相同，但都是运用经济刺激手段通过市场机制以实现能源环境外部不经济性的内部化的有效尝试。

按照《京都议定书》的规定，目前的国际温室气体排放权交易可以划分为两种类型：一种是以项目为基础的减排量交易(project-based trade)。联合履约(JI)和清洁发展机制(CDM)是其中最主要的交易形式。联合履约(JI)和清洁发展机制(CDM)均是基于温室气体减排项目合作的机制，其运作基础都是由附件一国家企业购买具有额外减排效益项目所产生的减排量，再将此减排量作为温室气体排放权的等价物抵消其温室气体的排放量，以避免高额处罚。JI项目产生的减排量称为减排单位(ERU)，CDM项目产生的减排量称为经核证的减排量(CER)。这两种机制的不同之处在于联合履约(JI)是附件一国家(发达国家和经济转型国家)之间的合作机制，而清洁发展机制(CDM)是附件一国家和非附件一国家的合作机制。

另一种是以配额为基础的交易(allowance-based trade)。与基于项目机制的温室气体排放权交易不同，在配额基础交易中购买者所购买的排放配额，是在限额与贸易机制(Cap&Trade System)下由管理者确定和分配(或拍卖)的。《京都议定书》下的国际排放贸易(ETS)机制就是以配额交易为基础的。在该机制下，人们采用总量管制和排放交易(cap&trade)的管理和交易模式，即环境管理者会设置一个排放量的上限。受该体系管辖的每个企业将从环境管理者那里分配到相应数量的“分配数量单位”(AAU)，每个分配数量单位等于1吨CO_2当量。如果在承诺期中这些企业的温室气体排放量低于该分配数

① 涂毅、谢飞：《国际温室气体排放权市场的发展和我国应对气候变化的市场化设想》，载《武汉金融》2008年第2期。

量,则剩余的AAU(代表排放温室气体的许可权)可以通过国际市场有偿转让给那些实际排放水平高于其承诺而面临违约风险的附件一国家企业,以获取利润;反之,则必须到市场上购买超额的"分配数量单位"(AAU),否则将会被处以重罚。2005年1月1日正式启动的欧盟排放交易体系(EU ETS)是世界上第一个国际性的排放交易体系,也是现有的全球最大的以配额为基础温室气体排放权交易市场。此外,美国的芝加哥气候交易所的减排交易体系也构成了GHG排放权交易市场的重要组成部分。

由于欧盟排放交易体系是一个依据欧盟法令和国家立法建立在企业层次上的机制,仅管理工业设施的排放,而《京都议定书》是政府间谈判达成的,对国家的排放总量设定减排目标,因此,欧盟排放交易体系与《京都议定书》的CDM机制是相对独立的。

《京都议定书》生效以来,温室气体排放权交易市场得到了迅速的发展和扩张,已成为全球贸易中的最新亮点。从2005年到2006年,仅仅一年时间,市场规模就从近100亿美元迅速攀升至220亿美元,而2007年上半年的交易量比2006年同期增长41%,达到158亿欧元(约212亿美元)。2008年全年交易额达1180亿美元,同比上升84%。[①] 此外,根据估计,《京都议定书》发达国家缔约方2012年以前的总减排需求量为50亿吨二氧化碳当量,其中海外的减排需求为一半,约25亿吨二氧化碳当量[②]。特别是在2011年12月召开南非德班气候变化大会上,CDM的继续存在获得支持,由此可见,全球温室气体(碳)排放权交易还有较大的发展空间。

三、以欧盟排放交易体系(EU ETS)为例的碳排放交易制度建设经验及其借鉴

(一)欧盟以欧盟排放交易体系(EU ETS)为重点的能源法律与政策[③]

欧盟能源法律制度主要由两个法源组成:一是基本法(the Primary Law),它包括欧盟一体化进程中所涉及的能源问题的各类条约,如《欧洲煤钢

---

① 《2008年全球温室气体排放权交易同比上升8成》,中华人民共和国商务部,http://www.mofcom.gov.cn,访问日期:2012年3月12日。

② 涂毅、谢飞:《国际温室气体排放权市场的发展和我国应对气候变化的市场化设想》,载《武汉金融》2008年第2期。

③ 杨泽伟:《欧盟能源法律政策及其对我国的启示》,载《法学》2007第2期。

共同体条约》、《阿姆斯特丹条约》等。这些条约既是欧盟的基本法律文件，也是欧盟能源法的根本规范。二是从属法（the Secondary Law），它包括欧盟各机构依其职权在能源领域所制定的各种条例（Regulations）、指令（Directives）、决定（Decisions）及建议（Recommendations）和意见（Opinions）等。根据《欧洲经济共同体条约》第189条和《欧洲原子能共同体条约》第161条，欧盟理事会和执委会的条例、指令和决定具有法律拘束力，而建议和意见则不具有法律约束力。然而，根据《欧洲煤钢共同体条约》第14条的规定，欧盟执委会在煤钢领域中作出的建议则具有法律拘束力。

至于欧盟的能源政策，则主要体现在欧盟执委会所发布的各种能源问题的白皮书或绿皮书上，如1997年《欧共体可再生能源战略和行动计划》白皮书（the White Paper for a Community Strategy and Action Plan on Renewable Sources of Energy）、2006年《可持续、竞争和安全的欧洲能源战略》绿皮书等。由于欧盟法优于各成员国的国内法，它对各成员国的人民及法人具有直接效力，因此，欧盟各成员国的能源法律与政策必须在欧盟整体所确定的能源法律规章和方针政策的框架内制定和实施。此外，欧盟为了履行《京都议定书》还有针对性地制定了一系列行动纲领或指令。2000年欧盟制定了《欧盟气候变化纲领》（the European Climate Change Programme）。根据欧盟2001年的报告，为实现减排8%的承诺，欧盟需要削减的温室气体排放量约为3.36亿吨二氧化碳当量[①]。2001年，欧盟执委会提议制定了《温室气体排放权交易机制的指令》（Directive Concerning a System for Trading with Greenhouse Gas Emission Rights），按照该指令的规定，在2005—2007年的第一阶段，该指令只针对二氧化碳的排放，到2008年在交易机制中将增加甲烷等其他温室气体。依据该指令形成的欧盟排放交易体系（EU ETS）在碳减排的系统工程中发挥了巨大的作用。最后一部分是为应对气候变化，往往以欧委会立法建议或政策文件（COM、SEC等）发布，如关于发起欧盟第二个气候变化计划（European Climate Change Program，ECCP）的欧委会政策文件COM（2005）35final[②]，关于欧盟气候变化与能源一体化法律框架的立法建议COM（2008）30final，关于

① 国家气候变化对策协调小组办公室、中国21世纪议程管理中心：《全球气候变化——人类面临的挑战》，商务印书馆2004年版，第134页。

② COM（2005）35 final，"Communication from commission：Winning the Battle Against Global Climate Change".

建立共同体温室气体排放贸易体系的立法建议 COM(2001)0581final,以及关于阐明欧盟哥本哈根大会立场的 COM(2009)39final① 等。

于 2005 年 1 月 1 日正式启动的欧盟排放交易体系(Emission Trading Scheme,简称 EU ETS)是世界上第一个国际性的排放交易体系。欧盟排放交易体系的目标和功能是减排 CO_2,与欧盟成员国进行排放贸易。在该交易体系下,人们采用的是总量管制和排放交易(cap-and-trade)的管理和交易模式,即:环境管理者(欧盟及其成员国政府)会设置一个排放量的上限。受该体系管辖的每个企业将从环境管理者那里分配到一定数量的排放许可额度——欧洲排放单位(EUA),而所有企业的排放总量不得超过该上限。如果企业能够使其实际排放量小于分配到的排放许可额度,那么,它就可以将余下的额度放到排放市场上出售,以获取利润。反之,如果一个工厂的排放量超出了它获得的许可额度,那么它就必须到市场上购买排放权,否则将会被处以重罚。根据 Directive2003/87/EC,欧盟的排放贸易制度分两阶段实施:第一阶段是 2005—2007 年,第二阶段是 2008—2012 年。在第一阶段内,每个成员国要把本国排放总量限制以及国内受体系管辖的设施所分得的 EUA 的数量以国家分配方案(National Allocation Plans,NAPs)的形式提交至欧洲委员会。委员会则对这些 NAPs 进行评估,且决定它们是否符合 ETS 指令函规定的标准。根据排放指令,该阶段 95%配额免费分配给各厂商,剩下的 5%用于公开出售。这一阶段受到排放额度分配的总共有能源和工业行业超过 12000 多家企业,其排放总量相当于欧盟总的温室气体排放量的 40%。第二阶段从 2008 年开始,免费发放的比例降为 90%,以促成欧洲碳市场价格的形成和稳定市场对碳排放权的需求。为了保证这项制度的实施,欧盟设计了一个严格的履约框架对超排量的企业实行逐年递增的罚款,并且在次年企业排放许可额度中还必须将相应数量加以扣除。该体系涵盖了所有 27 个欧盟成员国,而且非欧盟成员国的瑞士和挪威也决定于 2007 年自愿加入 EU ETS,与欧盟成员国进行排放贸易(该交易体系稍后专述)。欧盟该体制下明确的减排目标是具有法律强制力的,覆盖能源、交通、水泥、化工、材料等广泛的行业,年交易量占世界碳交易市场的 4/5。

根据 Directive 2009/29/EC,欧盟排放贸易体系第三阶段(2013—2020)

---

① COM(2009)39 final,"Communication from commission:Towards a comprehensive climate change agreement in Copenhagen".

将从 2013 年开始。相对前两阶段，第三阶段将会对交易机制进行大幅度的改革，大大提高了拍卖部分的配额量。考虑到第一、第二阶段因配额发放过多导致的 EUA 价格过低问题，在第二阶段的基础上停止发放新的可以挂钩 EUA 的 CER 的额度，对初始的分配机制进行改革，目标是取消国家对企业的二次分配，改成直接由欧盟对企业分配。分配的方式也将从按照规则的比例分配改成以拍卖为原则。从 2013 年起，欧盟范围内配额发放应年度线性递减，在发电及收集、运输和贮存温室气体的行业，排放配额将全部以拍卖的形式发放。为了鼓励提高发电效率，为地区供热和工业装置供热的发电机可以享受无偿配额；针对其他行业的排放设施，指令提供了一个过渡期，即从 2013 年开始 80%的配额是无偿发放，逐年等额递减，减幅相比较根据欧委会关于 NAPs 的决定所确定的 2008—2012 年的平均配额水平减少 1.74%①，到 2020 年实现全部配额以拍卖方式分配。指令第 10 条规定，对于按同一核证排放量份额分配的成员国，根据其在 2005 年的配额总量和 2005—2007 年期间平均年配额总量二者中，较高的水平配额总量的 88%应以拍卖的方式分配；基于团结和发展的目的，10%以拍卖方式分配的配额分配应考虑到人均收入较低的成员国需求，以提高这些国家配额总量（方案见本指令附录二 a)；对于在 2005 年排放量低于基准年（京都议定书基准年为 1990 年）20%国家，2%以拍卖方式分配的配额总量的分配，依据本指令附录二 b。②

（二）欧盟排放交易制度 EU ETS 的制度特点③

1. 有明确的管理主体和较成熟的配套监测系统。欧盟中央管理处（The EU Central Administrator）负责对欧盟成员各国的国家配额计划进行审批，并运用“区域独立交易系统”（Community independent transaction log）对二氧化碳交易进行监测和管理，提高了该系统运作的成效。

2. ETS 管制范围基本实现了对碳排放行业的全面覆盖。ETS 约束的企业有哪些是一个关键问题，也就是说有哪些公司和企业受到温室气体排放总量的限制，并且允许就排放权进行交易。欧盟根据 2003/87/EC 指令中明确规定：“……温室气体排放权交易制度的政策和具体措施在欧盟经济体内的所

---

① Directive 2009/29/EC，第 9 条、第 10a 条。

② Directive 2009/29/EC，第 10 条，第 10a 条，第 10b 条和指令附录二。

③ 王轩：《欧美国家的碳交易对我国气候变化应对能力建设的启示》，载《财经界》2007 第 10 期。

有成员国和成员国内部的所有行业领域都有效，不仅仅是电力和工业领域……”以及“欧盟委员会应当特别制定政策促进交通对减排的贡献”等。欧盟根据 2003/87/EC 指令建立各会员国的温室气体排放配额交易系统，要求欧盟各国能够透明化和正确检测实际和预测减量。欧盟排放交易所管制的产业包括：发电厂、石油精炼厂、燃煤炉、采矿业、钢铁厂、玻璃制造厂、水泥与石灰厂、瓷砖制造厂、制陶厂、制浆造纸厂、采矿。其他任何产业中有产生超过 20 MW 的单一燃烧厂以及在同一地点的其他单位（如医院、大学和大型零售商店可能符合此项规定），都被列入管制中。

由于飞机是排放温室气体最多的交通工具，而且排量增速最快，欧盟委员会于 2006 年年底（2006 年 11 月 20 日）起草了航空减排的立法建议——《建议修改欧盟 2003/87/EC 号指令一制定包括航空活动在内的温室气体排放许可交易体系》。该立法建议明确将航空业纳入了欧盟的排放交易体系。

3. 实行国家配额计划（NAPs）制度。2003/87/EC 指令要求各成员国提交国家配额计划（National Allocation Plans，简称 NAPs），这是实施欧盟温室气体排放配额贸易机制的核心任务之一，决定在第一阶段各会员国提交国家配额计划，以确定在第一阶段（2005 年 1 月 1 日—2007 年 12 月 31 日期间）各国的二氧化碳排放总额以及各国境内各排放主体（installation）可分配的排放量，企业彼此之间可以购买或者出售二氧化碳排放量。第一阶段排放交易只限二氧化碳，而不包括其他温室气体，第二阶段则从 2008 年 1 月 1 日至 2012 年 12 月 31 日，与《京都议定书》的承诺期限一致。至于各国配额的多寡则是依照该指令附件所设定的范畴来决定，主要是确保各国都能达到京都议定书的减排目标，以及考量欧盟竞争力、非歧视议题、各国援助法规以及技术等方面。国家分配方案必须是客观、公正和透明的，符合交易指令附录三所列举的标准。包括：(1)各国排放权分配的总量必须与各国在京都议定书所赋予的减量目标相符；(2)排放权分配必须考虑到温室气体减排科技的潜力。各国在分配时可以各产品单位排放的平均值为基础；(3)若欧盟有通过会增加二氧化碳排放的法规，则必须考量此因素；(4)此分配计划对于不同厂商或是不同产业之间，不得有歧视行为；(5)此分配计划必须包括对将新加入者的规定（任何排放实体在国家分配计划 NAPs 提交给欧盟委员会之前没有拥有有效的排放许可配额，将被看作是新加入者）；(6)此分配计划必须考量到“提前行动者”（early action）所做的减排贡献，而排放标准必须依可行的最佳技术（best

available technology)来制定,因此可保障提前行动者的权益;[①](7)此分配计划应充分听取公众的意见,并包括对竞争力变化的分析。由于各成员国透过限额分配来限制电力和工业产业的二氧化碳排放量,因此创造了稀缺性,可以让市场运作进而整体稳定二氧化碳的大气浓度。

4. 积极推进 ETS 机制与其他机制和排放贸易制度的连接。EUETS 并不承认 AAU(在京都议定书下建立的排放交易机制,分配给各个附录一国家的排放额度),因此欧盟的企业不能通过购买其他国家的 AAU 来满足 EUETS下的减排要求,为了建立一个全球性的排放贸易网络体系,欧盟通过其连接指令函(EU linking directive,2004 年 11 月 14 日生效)允许 EUETS 系统内的成员从 2005 年起可使用 CDM 项目和 JI 项目的减排量指标核证减排量(CERS)来抵消其排放量。所以,欧盟排放交易体系实现了 ETS 机制和 CDM、JI 机制的结合。除此之外,为扩大欧盟排放交易体系的影响,进一步降低欧盟企业的履约成本,欧盟排放交易体系积极与其他排放贸易制度进行连接。目前,它已能与《京都议定书》附件一国家的排放贸易制度连接,如加拿大、日本、瑞士等国的 ETS。而通过双边认可还实现了与其他非《京都议定书》机制连接需要,例如可与美国州一级的排放贸易制度连接。通过与设定有绝对排放上限的第三国排放贸易机制相衔接,相互承认各自的减排额度,或者是达成不具有约束力关于管理和技术合作的协定,[②]使得欧盟排放交易体系运行以来取得了较好的成效,企业的履约率很高。

四、我国碳排放交易制度构建进路刍论

目前我国的节能减排市场交易机制建设宜采取双管齐下的方式,在以项目为基础的碳减排交易市场和以配额为基础的碳减排交易市场皆有所作为。相对而言,对于 2002 年即已进入中国的 CDM 项目相关规范化管理制度的建设要完备一些,分别讨论如下。

---

① 成员国在对排放源分配配额时,主要依据两个原则,其一为依据基准年排放(Base period emission)排放许可=基准年排放量×平衡因子×修正因子。选择过去一段时间的实际排放量,作为未来分配排放许可的标准;其二为标杆法(Benchmarks)同一产业中,各厂商所分配到的排放许可,依以下公式来分配:排放许可=排放因子(emission factor)×生产量×平衡因子。考虑到第一种分配原则难以照顾提前行动者的减排贡献,所以在行业内部,根据标杆法确定配额。

② Directive 2003/87/EC,第 25 条。

(一)我国参与的以项目为基础的碳减排交易(CDM)制度建设

我国是一个易受气候变化影响的发展中国家。为了应对全球气候变化对我国带来的冲击和影响,我国已于1992年正式签署了联合国气候变化框架公约,又在2002年8月批准了《京都议定书》,根据《京都议定书》的有关规定,中国作为发展中国家,可以以清洁发展机制(CDM)为基础参加以项目为基础的温室气体(碳)排放权交易。由于能源利用效率较低以及对能源需求的迅速增加,决定了在中国实施CDM项目上的巨大潜力。由于获得CERs的成本远低于其采取国内减排行动的成本,发达国家政府和企业通过参加CDM项目可以大幅度降低其实现减排义务的经济成本。对于发展中国家而言,通过参加CDM项目合作可以获得额外的资金和/或先进的环境友好技术,从而可以促进 国的可持续发展。因此,CDM是一种“双赢”的机制。

1. 我国CDM项目的实践和已有制度评述

2002年CDM项目进入中国。2004年6月30日,发改委牵头的CDM管理机构颁布了《清洁发展机制项目运行管理暂行办法》使中国的清洁发展机制项目运行有相关准则可以依循。2005年10月12日,国家发改委、科技部、外交部、财政部以第37号令的形式颁布了《清洁发展机制项目运行管理办法》。根据《中国低碳经济年度发展报告(2011)》的统计信息,截至2011年4月1日,联合国清洁发展机制执行理事会成功注册的清洁发展项目(CDM)为2947个,中国为1296个,占项目总数的43.98%,其中新能源和可再生能源占我国注册项目的79.85%,而且签发的核证减排量我国所占比重也达55.28%。至此我国注册成功的CDM项目数、项目产生的预期年减排量和获EB签发的核证减排量均居世界首位,显示我国目前已经成为卖方市场的主导[①]。

2011年8月3日,国家发展改革委、科技部、外交部、财政部联合发布了新的《清洁发展机制项目运行管理办法》,现行的《清洁发展机制项目运行管理办法》共五章39条,分别为总则、管理体制、申请和实施程序、法律责任以及附则。该办法规定国家设立清洁发展机制项目审核理事会(以下简称项目审核理事会):项目审核理事会组长单位为国家发展改革委和科学技术部,副组长单位为外交部,成员单位为财政部、环境保护部、农业部和中国气象局;国家发展改革委是中国清洁发展机制项目合作的主管机构,在中国开展清洁发展机

① 《中国主导卖方市场CDM项目占世界44%》,http://finance.jrj.com.cn/2011/05/19082010003287.shtml,访问日期:2012年3月12日。

制合作项目须经国家发展改革委批准。该办法规定中国政府对在中国境内开展的 CDM 项目活动有如下要求：应符合中国可持续发展战略和政策，以及国民经济和社会发展的总体要求；CDM 项目合作应促进环境友好技术转让，在中国开展合作的重点领域为节约能源和提高能源效率、开发利用新能源和可再生能源、回收利用甲烷；CDM 项目的实施应保证透明、高效，明确每个项目参与方的责任与义务；实施 CDM 项目活动不应使中国政府和企业承担《公约》和《京都议定书》规定之外的任何义务；清洁发展机制项目国外合作方用于购买清洁发展机制项目减排量的资金，应额外于现有的官方发展援助资金和其在《公约》下承担的资金义务。

同时 CDM 项目要经过五个主要程序：第一，附件所列中央企业直接向国家发展改革委提出申请，其余项目实施机构向项目所在地省级发展改革委提出项目申请，同时提交 CDM 项目材料，若在申请时尚未确定国外买方，应注明为单边项目；第二，国家发展改革委接到申请后，对不齐全或不符合法定形式的申请材料，当场或五日内告知申请人补正，而省级发展改革委在接到申请后 20 个工作日内，将全部申请材料和初审意见报送国家发展改革委，并不得以任何理由作出否定决定；第三，国家发展改革委对受理的两种形式的申请，组织专家进行评审，之后由国家发展改革委将其提交项目审核理事会审核，提出审核意见；第四，国家发展改革委根据项目审核理事会的意见，会同科学技术部和外交部做出是否出具批准函的决定；第五，项目经批准后，由经营实体提交清洁发展机制执行理事会申请注册，国家发展改革委对 CDM 项目的实施进行监督。

新办法中，国家与项目实施机构减排量转让交易额分配比例较之以前也有了变化。其中，己二酸生产中的氧化亚氮(N2O)项目、硝酸生产中的氧化亚氮(N2O)项目、全氟碳化物(PFC)类项目，国家分别收取温室气体减排量转让交易额的 30%、10%和 5%；其他类型项目，国家收取温室气体减排量转让交易额的 2%。收取的资金，用于支持与应对气候变化相关活动。不同于 2005 年的《清洁发展机制项目运行管理办法》，现行的办法还规定了行政机关及其工作人员和申请企业的法律责任，有了责任的明确具体规定，能更好地保证 CDM 项目的发展。

2. 我国参与 CDM 项目的制度支撑改进

与许多宝贵的机会一样，CDM 项目的机遇期也是稍纵即逝的。根据《京都议定书》的规定，CDM 在 2008—2012 年的“第一减排承诺期”内有效，2012

年之后,《京都议定书》将面临着新一轮的调整。目前,后京都谈判艰难启动,一场新的国际气候博弈刚刚开始。在新一轮的谈判中,发达国家要求发展中国家参与温室气体减排或限排承诺的压力与日俱增,同时,由于CDM项目的核准程序比较复杂,要履行国内、国际两套审批程序,需经过多道步骤,辗转国内外数个机构,至少需要一年的时间。针对CDM项目在国内的发展现状和存在问题,要实现推进节能减排目标,推进生态发展战略的实施,还需要诸多配套制度以推进CDM项目的发展。主要有以下几点:其一,通过出台规范性文件配套下级主管机构以加强CDM项目机构建设。在《清洁发展机制项目运行管理办法》已有的主管机构规定之外,各级政府,尤其是省一级政府应尽快将加快发展CDM项目列入重要议事日程,成立相应的CDM项目工作领导小组,专职负责CDM项目宏观决策和相关协调,加强本地区清洁发展机制项目的组织、协调和管理工作,制定各地实施CDM项目的有效措施,建立项目开发的各项具体制度,监督温室气体排放量交易价格,确保国家利益和项目业主利益不受损害。其二,通过出台规范性文件加强CDM项目能力建设。由于各地熟悉CDM项目开发的专家队伍尚未完全形成,开发能力明显不足,这与我国丰富的CDM项目资源极不相称。CDM项目专业性极强,其基准线和方法学不断更新和完善,CDM项目申请需要经济、法律、技术、工程和外语等方面的高素质人才,因此,需培养一批专业化、年轻化的CDM项目开发专门人才,促进CDM项目的专业化、规范化、系统化开发,提高项目注册的成功率,取得更为良好的收益。同时,亟须立法促进规范化发展中介咨询机构,为企业提供中介服务,指导单边项目企业寻找温室气体减排量购买方;拓宽国际温室气体减排量购买渠道,争取核准减排量(CERs)的较高价格和较为优惠的贸易条件;并可以通过CDM项目打包开发来降低核准的成本和时间,加快开发的进度,达到项目开发的规模经济效益。其三,可考虑建立CDM项目发展基金,同时加大CDM项目宣传力度,组织学习借鉴CDM项目的成功经验。省级政府可参照国家《清洁发展机制项目运行管理办法》中规定的比例,在成功开发的CDM项目中提取相应的资金,建立CDM项目发展基金,用于鼓励支持企业开发新的CDM项目、培训CDM专门人才、拓展CDM项目开发领域、发展新能源、支持抑制气候变化的科学研究等。①

① 熊建、李静云:《CDM项目与生态发展战略》,载《江西社会科学》2007年第11期。

(二)我国以配额为基础的碳减排交易制度构想

“排污权交易”制度最早由美国经济学家戴尔斯于 20 世纪 70 年代提出，并首先被美国联邦环境保护局用于大气污染及水污染治理，特别是自 1990 年被用于 SO_2(二氧化硫)排放总量控制以来，已经取得空前成功，获得了巨大的经济效益和社会效益。① 排污权交易通过赋予环境容量资源价值，确定产权，并允许产权自由转让的方式，有效配置污染削减责任(容量资源)，来降低污染控制的社会成本，因而成为有效实施总量控制的方法，是一项优越的环境经济政策，是环境管理的发展方向。排污权交易系统的运行包括三个基本环节：某区域或社会愿接受或容忍的污染程度的公共决策；对排污权利总量的限制与分配；以及建立排污权买卖的市场。围绕这三个环节，排污权交易制度由两部分构成：排污许可证和排污许可证的交易。

我国从 1991 年就已经开始了以总量控制为基础的排污权交易试点的工作，积累了一定的经验，但主要是在大气污染(主要是 SO_2)和水污染方面。基于应对气候的国际形势和我国自身为实现可持续发展节能减排的现实压力，在前述积极参加以项目为基础的碳减排交易(CDM)机制的基础上，当前我国应考虑通过立法的形式及时规范化建立完善的碳排放交易框架，分为国内交易和国际交易两类，国际交易则主要是面向国外购买商交易，开发提供与芝加哥气候交易所(CCX)和欧洲气候交易所(ECX)等成熟交易所相同的产品进行交易，这一部分交易直接遵循各交易体系相应交易制度。国内碳排放交易制度建设是当前工作的重点和难点。

另外，碳排放交易作为排污权交易的方式，通过这些国际合作将有助于我国借鉴世界的先进方法构建我国的碳排放交易市场以及排污权交易市场，为更广泛意义上的经济手段解决环境问题提供实践经验。

国内碳排放交易从理论上讲应建立在总量管制和排放交易的市场机制之上，按照国家规划(如“十一五”规划)对各省设置排放上限，各省再将具体额度按规定对企业下发。如果企业的实际排放量超过该额度，需要到市场上购买在数量上等于两者差额的排放许可额度。如果不能或不愿购买减排量来弥补超额排放的指标，那就只能选择上缴罚款。但基于我国的实际和对原有水污染等方面排污权交易实践的考察，其实际操作在我国有着与理论上的明显距离。这也是后续立法需要解决的主要问题。完善的法律制度是碳减排交易实

---

① 曹明德:《环境资源法》,中信出版社 2002 年版,第 53 页。

施的重要基础。碳减排交易主要依赖于市场机制，而市场机制的成熟有赖于法律法规体系的完善。因此，除了确定碳减排交易的总配额并对其进行分配外，还需制定一系列交易规则、配额管理办法及排污申报制度、审核制度、监测制度、监督管理办法、配额跟踪体系等法律法规体系。该体系主要需解决以下四个方面的问题：第一，国内以配额为基础的碳减排交易制度中管理者及其管理权限的确立，权限的范围和程度、程序怎样。第二，哪些组织、企业、经济实体、行业受到 ETS 的约束？由谁通过什么程序决定？第三，如何科学地设定一个强制执行的碳排放总量目标，并且这些“分配数量单位”最初如何分配，是通过拍卖，定价出售还是无偿分配，或其他形式？排污总量控制制度是排污权交易的基础。第四，如何建立相应的碳排放在线监测装置和配额跟踪系统。特别是最后一点，需要较大的成本投入，准确的数据是交易的基础，同时也是排放交易制度成败的关键(也是原有水污染等方面排污权交易实践不够成功的原因)。这四个方面中的每一个问题都会对整个碳排放交易机制的实施效果、成本、行政或政治可行性和利益分配产生重大影响。

我国必须加速碳金融法制建设以规范和壮大碳金融市场，进一步研究探索排放配额制度和发展排放配额交易市场，通过金融市场价格发现的功能，利用金融杠杆有效应对气候变化，实现能源生态安全。鉴于目前我国并未全面开展碳减排强制义务的制度建设，且在相关领域的实践活动离此蓝图亦有相当差距，就目前而言，我国碳金融法制建设从具体制度的改进上来讲，可主要考虑以下几点：

其一，制定和完善相关法律法规，为激励、规范碳金融发展提供系统的制度平台。在税收上，可以通过降低 CDM 项目的有关税率、适当延长免税期以提高项目的经济强度，对商业银行开展碳金融业务的收入进行税收优惠等措施来提高商业银行参与碳金融的积极性。在积极搭建碳交易平台的同时，要规范地、充分地利用北京环境交易所、上海能源环境交易所、天津排放权交易所、广东联合环境能源交易所以及深圳排放权交易所的碳交易平台功能，使之尽早成为真正意义上的碳排放权供需双方沟通和议价的场所，促进其市场的整合和价格的最终发现。并进一步通过相关部门先以规章、办法等立法形式促进统一的交易平台和交易机制的建设，逐步统一、规范国内的碳交易市场。应通过立法建立一套碳金融的技术标准和市场体系规则，按照公开、公正、透明的价格来交易，使碳金融的运行、发展更具规范性、持续性。此外，要建立国内与国外碳交易的对接机制，在学习欧盟等地区先进经验的同时，逐渐提升我国碳排放权交易机制在国际上的影响力和竞争力。

其二，加大相关立法力度，激励金融机构参与碳交易市场，促进金融机构对低碳经济的直接融资支持力度。金融机构的参与可使碳市场的容量扩大，流动性加强。早在2006年10月，摩根士丹利就宣布投资30亿美元于碳市场，并在2007年8月成立碳银行，为企业减排提供咨询以及融资服务。我国的兴业银行在2006年5月就与国际金融公司(IFC)合作，联手推出了节能减排项目贷款这一全新的信贷品种①，截至2010年年底，兴业银行已累计发放节能减排贷款1012笔，金额达478.68亿元②。应通过激励制度使更多的金融机构走上专业的"绿色信贷"之路，强调银行业承担信贷资金配置时的碳约束责任，使碳减排贷款成为金融机构重要的战略性产品之一：银行业可根据环保标准来筛选项目，使资金配置向低碳产业倾斜。目前已有一些银行在自愿基础上制定评估和管理环境和社会风险的产业标准(其中最具影响力的就是赤道原则)③，它虽然不具备法律效力，但已成为项目融资市场的国际惯例。可以向发达国家借鉴成功经验，由银行考虑参照"赤道原则"作为项目融资的标准，把环境因素、可持续发展因素纳入贷款、投资和风险评价程序，使环保企业凭借其"绿色"即可获得绿色抵押贷款，还可进一步给予有很好环境记录的客户以更多的优惠。

其三，通过制度建设进一步激励和规范相关金融机构探索更多的业务模式，特别是目前较为滞后的中介服务模式，满足包括CDM项目在内的多样性金融需求。鼓励金融机构设立专门的碳金融业务部门，缓解碳交易中的信息不对称问题，提高金融服务业的气候风险管理能力④。在积极开展以CDM项目现金流为主要还款来源的CDM项目融资的同时，进一步拓展挂钩碳排放权的相关理财产品。商业银行应积极发掘咨询等新的业务领域，凭借自身的信息优势，建立专业的技术咨询体系来帮助碳金融参与者分析、评估、规避项目风险和交易风险，以咨询顾问的身份协调项目发起人、国外投资者和政府部

---

① 柳立：《建立适应低碳经济发展的碳金融制度》，载《金融时报》2009年9月14日。

② 《兴业银行节能减排中取得的成绩和遇到的问题》，中国节能服务网，http://www.emca.cn/BG/rzfw/qtrzfw/20110330044459.html，访问日期：2011年5月5日。

③ 2003年，7个国家的10个主要银行宣布实行"赤道原则"，这是由上述银行制定的、旨在管理与发展项目融资有关的社会和环境问题的一套自愿性原则。

④ 李季：《碳金融：应对气候变化的金融创新机制》，载《中国经济时报》2008年12月19日。

门之间的业务关系；通过设立专门的资金账户，有效管理 CDM 项目下的资金流动，担当 CDM 项目的资金管理人①。

其四，积极开展碳证券、碳期货、碳基金等各种碳金融衍生品的金融创新。可通过期货平台引入标准格式的碳减排权合同，合同可涉及包括碳排放物、可再生能源的各类环保市场，使买家可以在这个平台上进行以买卖碳信用远期标准化合约为交易对象的金融衍生品交易。抓紧设立致力于减少碳排放的环境产业基金和面向节能减排企业的风险投资基金。碳基金是碳市场的主要资金来源，其发起人主要是国际和区域金融组织、政府和私人部门。这类基金产品将投资者对社会以及环境的关注和他们的金融投资目标结合在一起。世界银行成立了碳金融业务部门和 10 个碳基金，动员 OECD 国家的政府和民间资金，以公私合作的方式参与碳减排项目，是最大的碳排放信用买家。中国应在借鉴国际经验的基础上着手建立为碳管理服务和低碳技术投资的碳基金，支持节能减排企业和环保项目发行债券，同时加快开发各类支持低碳经济发展的碳金融衍生工具。此外还应积极发挥保险业承担规避和转移气候风险的责任。保险业可通过为绿色建筑设计、节能和可再生能源、环保汽车等项目提供新险种来规避气候风险，还可开发碳交易保险以适应 CDM 机制对碳信用交割担保的需求，转移项目风险。

① 吴玉宇：《我国碳金融发展及碳金融机制创新策略》，载《上海金融》2009 年第 10 期。

参考文献

一、中文部分：

（一）著作类（中文及中文译著）

[1] [英]朱迪·丽丝：《自然资源：分配、经济学与政策》，蔡运龙等译，商务印书馆2002年版。

[2] [美]罗斯科·庞德：《普通法的精神》，唐前宏等译，法律出版社2001年版。

[3] [美]诺曼·迈尔斯：《最终的安全——政治稳定的环境基础》，王正平译，上海译文出版社2001年版。

[4] [英]亚当·斯密：《国富论》，郭大力、王亚南译，商务印书馆1996年版。

[5] [美]E. 博登海默：《法理学：法律哲学与法律方法》，邓正来译，中国政法大学出版社1999年版。

[6] 蔡守秋：《可持续发展与环境资源法制建设》，中国法制出版社2001年版。

[7] 曹明德：《生态法新探》，人民出版社2007年版。

[8] 张文显：《法哲学范畴研究》（修订版），中国政法大学出版社2001年版。

[9] 吕忠梅：《环境法新视野》，中国政法大学出版社2000年版。

[10] 汪劲：《环境法律的理念与价值追求》，法律出版社2000年版。

[11] 汪劲、田秦：《绿色正义——环境的法律保护》，广州出版社2000年版。

[12] 郑少华：《生态主义法哲学》，法律出版社2002年版。

[13] 何建坤：《国外可再生能源法律编译》，人民法院出版社2004年版。

[14] 封志明：《资源科学导论》，科学出版社2004年版。

[15] 萧乾刚、肖国兴:《能源法》,法律出版社 1996 年版。

[16] 王曦:《中国的可再生能源发展战略、政策和法》,世界自然保护同盟. IUCN(世界自然保护同盟)法学院首届年会,上海交通大学出版社 2003 年版。

[17] [美]曼昆:《经济学原理》(第 3 版)(上册),梁小民译,机械工业出版社 2003 年版。

[18] [美]约翰·贝拉米·福斯特:《生态危机与资本主义》,耿建新、宋兴无译,上海译文出版社 2006 年版。

[19] [瑞典]托马斯·思德纳:《环境与自然资源管理的政策工具》,张蔚文、黄祖辉译. 上海三联书店、上海人民出版社 2005 年版。

[20] [日]池田大作、[英]阿·汤因比:《展望 21 世纪——汤因比与池田大作对话录》,荀春生等译,国际文化出版公司 1999 年版。

[21] [美]霍尔姆斯·罗尔斯顿著:《环境伦理学》,杨通进译,中国社会科学出版社 2000 年版。

[22] [日]饭岛伸子:《环境社会学》,包智明译,社会科学文献出版社 1999 年版。

[23] 林娅:《环境哲学概论》,中国政法大学出版社 2000 年版。

[24] [美]纳什著:《大自然的权利》,杨通进译,青岛出版社 1999 年版。

[25] 王铨泰:《欧洲共同体法总论》,台湾三民书局 1997 年版。

[26] [日]加藤一郎、王家福主编:《民法和环境法的诸问题》,中国人民大学出版社 1995 年版。

[27] 叶俊荣:《环境政策与法律》,台湾月旦出版社有限公司 1993 年版。

[28]《环境科学大词典》,中国环境科学出版社 1991 年版。

[29] 曹明德:《环境侵权法》,法律出版社 2000 年版。

[30] 王树义:《俄罗斯生态法》,武汉大学出版社 2001 年版。

[31] [日]岸根卓郎:《环境论——人类最终的选择》,何鉴译,南京大学出版社 1999 年版。

[32] [美]爱蒂丝·布朗·魏伊丝:《公平地对待未来人类:国际法、共同遗产与世代间衡平》,汪劲等译,法律出版社 2000 年版。

[33] [法]亚历山大·基斯:《国际环境法》,张若思译,法律出版社 2000 年版。

[34] 曹明德:《生态法原理》,人民出版社 2002 年版。

[35] 沈宗灵主编:《法理学》,高等教育出版社 1994 年版。

[36] 洛克著、瞿菊农、叶启芳译:《政府论》,商务印书馆 1982 年版。

[37] 汪劲:《环境法律的理念与价值追求》,法律出版社 2000 年版。

[38] 张文显:《法学基本范畴研究》,中国政法大学出版社 1993 年版。

[39] 北川善太朗著,李薇译:《关于最近之未来的法律模型》,《民商法论丛》,第 6 卷,北京:法律出版社,1997 年版。

[40] 联合国世界环境与发展委员会编著:《我们共同的未来》,王之佳译,地球日出版社 1992 年版。

[41]《联合国环境与发展大会文件:21 世纪议程》,中国环境科学出版社 1993 年版。

[42] 罗马俱乐部:《增长的极限》,李保恒译,四川人民出版社 1985 年版。

[43] [日]北川善太郎:《关于最近之未来的法律模型》,李薇译,《民商法论丛》第 6 卷,法律出版社 1997 年版。

[44] 加藤一郎、王家福:《民法和环境法的诸问题》,中国人民大学出版社 1995 年版。

[45] 修光利、候丽敏:《能源与环境安全战略研究》,中国时代经济出版社 2008 年版。

[46] [美]雷切尔·卡逊:《寂静的春天》,吕瑞兰等译,吉林人民出版社 1997 年版。

[47] [美]彼得·辛格著:《动物解放》,祖述宪译,青岛出版社 2004 年版。

[48] 徐国栋:《绿色民法典草案》,社会科学文献出版社 2004 年版。

[49] 陈德敏、张孝烈:《资源经济法学》,重庆大学出版社 2005 年版。

[50] 阎政:《美国核法律与国家能源政策》,北京大学出版社 2006 年版。

[51] 肖剑鸣:《比较环境法》,中国检察出版社 2002 年版。

[52] 李寿平:《多边贸易体制中的环境保护法律问题研究》,中国法制出版社 2004 年版。

[53] 曲格平:《环境与资源法律读本》,解放军出版社 2002 年版。

[54] 王树义:《可持续发展与中国环境法治》,科学出版社 2007 年版。

[55] 陈德敏:《挑战与策略——中国资源安全法律保障》,法律出版社 2005 年版。

[56] 吕振勇:《能源法简论》,中国电力出版社 2008 年版。

[57] 莫神星:《节能减排机制法律政策研究》,中国时代经济出版社 2008

年版。

[58] 李挚萍：《经济法的生态化》，法律出版社2003年版。

[59] 何建坤：《国外可再生能源法律编译》，人民法院出版社2004年版。

[60] 蔡守秋主编：《欧盟环境政策法律研究》，武汉大学出版社2002年版。

[61] 秦鹏：《生态消费法研究》，法律出版社2007年版。

[62] 吕忠梅：《环境法新视野》，中国政法大学出版社2000年版。

[63] 关凤峻：《中国二元结构矿业经济研究》，中国大地出版社2001年版。

[64] 课题组：《中国生态补偿机制与政策研究》，科学出版社2007年版。

[65] 吴宗鑫、陈文颖：《以煤为主多元化的清洁能源战略》，清华大学出版社2001年版。

[66] 国家气候变化对策协调小组办公室、中国21世纪议程管理中心：《全球气候变化——人类面临的挑战》，商务印书馆2004年版。

[67] 唐奈勒·H.梅多斯、丹尼斯·L.梅多斯、约恩·兰德斯：《超越极限正视全球性崩溃，展望可持续的未来》，赵旭、周欣华、张仁俐译，上海译文出版社2001年版。

[68] 国际能源署(IEA)：《世界能源展望2002》，中国石化出版社2007年版。

[69] 霍肯等：《自然资本论》，上海科学普及出版社2000年版。

[70] 克莱夫·庞廷：《绿色世界史》，王毅、张学广译，上海人民出版社2002年版。

[71] 黄冠胜主编：《欧盟家用电器能效标识指令汇编》，中国标准出版社2005年版。

[72] 余谋昌：《生态伦理学——从理论走向实践》，首都师范大学学报出版社1999年版。

[73] [美]埃迪斯·布朗·韦斯：《环境公平与国际法》，载孙林主编：《环境法与可持续发展》，中国环境科学出版社1996年版。

[74] [德]霍恩：《法律科学与法哲学导论》，罗莉译，法律出版社2005年版。

[75] [美]大卫·雷·格里芬：《后现代科学——科学魅力的再现》，中央编译出版社1998年版。

[76] [英]J. 哈维:《现代经济学》,上海译文出版社 1985 年版。

[77] 庇古:《福利经济学》,中国社会科学出版社 1999 年版。

[78] 陈泉生、张梓太:《宪法与行政法的生态化》,法律出版社 2001 年版。

[79] [美]约瑟夫·P. 托梅因,理查德·D. 卡达希:《美国能源法》,法律出版社 2008 年版。

[80] [美]凯斯·孙斯坦:《风险与理性——安全、法律及环境》,师帅译,中国政法大学出版社 2005 年版。

[81][美]斯蒂格利茨:《经济学》(上),中国人民大学出版社 1997 年版。

[82][美]科斯:《企业·市场与法律》,上海三联书店 1990 年版。

[83]黄振中、赵秋雁、谭柏平:《中国能源法学》,法律出版社 2009 年版。

[84]《中国能源法(草案)专家建议稿与说明》,清华大学出版社 2008 年版。

[85]国务院机关事务管理局组织编撰:《节约能源资源政策法规汇编》,中国环境科学出版社 2009 年版。

[86]张勇编著:《能源资源法律制度研究》,中国时代经济出版社 2008 年版。

[87]安建主编:《中华人民共和国节约能源法释义》,法律出版社 2007 年版。

[88] 杨泽伟:《中国能源安全法律保障研究》,中国政法大学出版社 2009 年版。

[89] 肖兴利:《国际能源机构能源安全法律制度研究》,中国政法大学出版社 2009 年版。

[90] [美]威廉·恩道尔:《石油战争:石油政治决定世界新秩序》,赵刚、旷野等译,知识产权出版社 2008 年版。

(二)论文类及其他

[1] 马俊驹、龚向前:《论能源法的变革》,载《中国法学》2007 年第 3 期。

[2] 孙佑海:《能源立法——实现能源安全的有力保障》,载《法学杂志》2007 年第 5 期。

[3] 肖江平:《“可再生能源”的法律定义》,载《法学评论》2004 年第 2 期。

[4] 周勇:《我国可再生能源法若干问题研究》,载《中国矿业大学学报》2004 第 2 期。

[5]《2000—2015年新能源和可再生能源产业发展规划要点》，国家经贸委资源节约与综合利用司。

[6] 能源发展"十一五"规划，2007年4月，来源：发展改革委官方网站，http://www.sdpc.gov.cn/。

[7] 陈甲斌：《我国可再生能源政策与建议》，载《能源研究与信息》2003第2期。

[8] 范光：《英国可再生能源政策》，载《全球科技经济瞭望》2003第5期。

[9] 周勇：《我国可再生能源法若干问题研究》，载《中国矿业大学学报》2004第2期。

[10] 李长江：《论可再生能源的开发与利用》，载《前沿论坛》2002年第12期。

[11] 李金柱：《能源经济及能源结构优化对策》，载《中国煤炭》2001年第8期。

[12] 黎健：《关于合理开发利用气候资源问题的探讨》，载《中国社会发展战略》2003年第2期。

[13] 李俊峰、王仲颖、梁志鹏、时景丽：《我国未来可再生能源开发利用的战略思考》，载《中国能源》2004年第3期。

[14] 中国驻德国汉堡总领事馆经商室：《德国能源政策和石油战略储备机制》，载《中国贸易报》2005年4月6日。

[15] 蒲傍：《欧盟全球战略中的环境政策及其影响》，载《国际论坛》2003年11月。

[16] 夏汛鸽：《德国绿党新生态理念探析》，载《德国研究》2003年第2期第18卷。

[17] 徐纪贵：《德国能源政策浅析》，载《德国研究》2003年第3期。

[18] 陈海君：《德国的可再生能源法及其借鉴意义》，载《环境科学与管理》2006第1期。

[19] 朱杭：《能源政策研究与环境政策关系浅谈》，载《今日科技》2006第8期。

[20] 刘辉：《对我国〈能源法〉立法问题的思考》，载《国际石油经济》2006第7期。

[21] 克劳斯·鲍斯曼：《能源可持续发展的伦理学蕴含》，载《比较法研究》2004第4期。

[22] 莫神星：《谈突破能源瓶颈的法律调控机制》，载《华东理工大学学

报》(社会科学版)2006 第 4 期。

[23] 李新凤:《国外基于气候变化的能源管理制度及对我国的启示》,载《中国西部科技》2006 第 7 期。

[24] 秦天宝:《我国环境保护的国际法律问题研究——以气候变化问题为例》,载《世界经济与政治论坛》2006 第 2 期。

[25] 杨兴:《我国气候变化立法的缺陷及其对策分析》,载《时代法学》2006 第 2 期。

[26] 庄贵阳:《能源补贴政策及其改革——为减排提供经济激励》,载《气候变化研究进展》2006 年第 2 期。

[27] 韩凤芹:《能源税开征的必要性及方案设想》,载《财政研究》2006 年第 2 期。

[28] 徐涛、苗俊峰:《能源税制的国际比较及启示》,载《山东工商学院学报》2006 年第 1 期。

[29] 王宏利:《能源公共财税政策的国际经验与启示》,载《涉外税务》2006 年第 5 期。

[30] 高鹏飞、陈文颖:《碳税与碳排放》,载《清华大学学报》(自然科学版)2002 年第 10 期。

[31] 杨解君:《可持续发展与中国能源法制建设》,载《南京工业大学学报》(社会科学版)2007 年第 3 期。

[32] 曹明德:《中国环境资源法、能源法的现在与未来》,载《法学论坛》2006 年第 21 卷第 2 期。

[33] 曹明德、徐以祥:《中国民法法典化与生态保护》,载《现代法学》2003 年第 4 期。

[34] 叶荣泗:《节能优先与能源法律体系建设》,载《上海电力》2007 年第 5 期。

[35] 叶荣泗:《〈能源法〉框架设计思路》,载《中国电力企业管理》2007 年第 15 期。

[36] 杨洪:《论〈能源宪章条约〉中的环境规范》,载《法学评论》2007 年第 3 期。

[37] 白平则:《我国能源安全保障的法律问题探讨》,载《经济问题》2007 年第 1 期。

[38] 李铁映:《发展必须节约　节约才能发展——对节约节能问题的几

点思考》，载《求是》2007 年第 4 期。

[39] 王明远：《我国能源法实施中的问题及解决方案——以〈节约能源法〉和〈可再生能源法〉为例》，载《法学》2007 年第 2 期。

[40] 柯坚：《我国能源法安全价值刍议》，2006 年全国环境资源法学研讨会(年会)，北京：2006 年 8 月 10 日。

[41] 周大地、徐华清：《气候变化的能源应对战略》，载《科学中国人》2004 年 9 期。

[42] 郭琪：《公众节能行为的经济分析及政策引导研究》，山东大学博士论文，2007 年 7 月。

[43]《中国应对气候变化国家方案》，2007 年 06 月 04 日，来源：发展改革委网站，http://www.sdpc.gov.cn/。

[44] 张淼淼、熊争艳、张敏：《聚焦：中国政府积极履行义务应对全球气候变暖》，2007 年 03 月 10 日 11:00，来源：新华网，http://news.xinhuanet.com/misc/2007-03/10/content。

[45] 菲奥娜·哈维(Fiona Harvey)、约翰·阿格里昂比(John Aglionby)巴厘岛报道，李晖译：《布什政府对巴厘岛协议表示'严重担心'》，英国《金融时报》，2007 年 12 月 17 日，http://www.ftchinese.com/story.php?lang=en&storyid=001016213。

[46]《科技是应对气候变化的重要手段》，2007 年 12 月 6 日，中国网，china.com.cn。

[47]《具有里程碑意义的"巴厘岛路线图"》，《人民日报》2007 年 12 月 17 日 09:37，http://www.qhnews.com。

[48] 江山：《法律革命：从传统到超现代》，载《比较法研究》2000 年第 1 期。

[49] 李建良：《论环境保护与人权保障之关系》，载《东吴法律学报》2000 年第 12 卷第 2 期。

[50] 刘文燕、刘滨：《生态法学的基本结构》，载《现代法学》1998 年第 6 期。

[51] 马骧聪：《俄罗斯联邦的生态法学研究》，载《外国法评议》1997 年第 2 期。

[52] 陈泉生：《可持续发展法律思想初探》，载《法制与社会发展》2001 年第 1 期。

[53] 杜群：《"生态法学"基本概念的悖论和法学回归》，载《现代法学》1999 年第 4 期。

[54] 黄京娜、叶平：《20 世纪末西方生态现代化思想述评》，载《国外社会

科学》2001 年第 4 期。

[55] 吕忠梅:《物权法的绿化》,载《中国法学》2000 年第 5 期。

[56] 严登峰:《环保公益背后的财富》,载《新华文摘》2001 年第 8 期。

[57] 蔡秀:《论可持续发展的基本内涵》,载《经济与管理研究》1997 年第 4 期。

[58] 蔡守秋:《论环境道德与环境法的关系》,载《重庆环境科学》1999 年第 2 期。

[59] 刘江宜:《我国矿山环境治理与恢复政策创新》,载《中国矿业》2008 年第 17 卷第 11 期。

[60] 叶文虎、魏斌、仝川:《城市生态补偿能力衡量和应用》,载《中国环境科学》1998 年第 4 期。

[61] 孔凡斌:《完善我国生态补偿机制:理论、实践与研究展望》,载《农业经济问题》2007 年第 10 期。

[62] 国家环保总局《关于开展生态补偿试点工作的指导意见》(环发[2007]130 号)。

[63] 赵玉山、朱桂香:《国外流域生态补偿的实践模式及对中国的借鉴意义》,载《世界农业》2008 年第 4 期。

[64] 靳乐山、李小云、左停:《生态环境服务付费的国际经验及其对中国的启示》,载《生态经济》2007 年第 12 期。

[65] 尚时路:《资源开发的生态补偿——一个不容回避的话题》,载《中国发展观察》2005 年第 6 期。

[66] 窦玉珍、李雅萍:《矿区环境恢复补偿机制初探》,载《资源节约型、环境友好型社会建设与环境资源法的热点问题研究——2006 年全国环境资源法学研讨会(年会)论文集》。

[67] 李文华:《我国生态补偿机制与政策建议》,载《高科技与产业化》2007 年第 9 期。

[68] 王孝忠:《以科学发展观引领水能资源的开发与利用》,载《中国水利水电市场》2008 年第 1 期。

[69] 全国电力装机突破 7 亿千瓦火电占比例最大,CCTV. com,2008 年 01 月 15 日。

[70] 张文凌:《水电开发应建立生态补偿机制》,载《中国青年报》2008 年 1 月 18 日。

[71] 范晓(四川地矿局区域地质调查大队):《水电大开发下的环境与社

会危机》,载《自然之友》2006 年第 9 期。

[72] 万本太:《水电开发生态保护问题突出》,北京:中国水电可持续发展高峰论坛,2009 年 02 月 25 日。

[73] 孔凡斌:《完善我国生态补偿机制:理论、实践与研究展望》,载《农业经济问题》2007 年第 10 期。

[74] 陈勇、杨薇:《推进我国可持续能源发展的法律思考》,载《电力环境保护》2007 年第 23 卷第 02 期。

[75] 周篁:《美国有关可再生能源和节能情况考察报告》,载《可再生能源》2007 年第 2 期。

[76] 马会:《美国奥巴马政府的新能源政策》,载《中国经济时报》2009 年 2 月 26 日。

[77] 王仲颖、王凤春、时璟丽、李俊峰:《中国可再生能源法实施回顾与评价》,2006 年,国家发展和改革委员会能源研究所,北京东方环境研究院合作研究报告。

[78] 赵浩君:《欧盟〈能源效率行动计划〉探析》,载《华北电力大学学报》(社会科学版)2007 年第 4 期。

[79] 彭梦月:《美国能源管理项目融资机制——ESPC》,载《建设科技》2007 年第 24 期。

[80] 俞海山:《生态文明催生生态消费模式》,载《中国教育报》2008 年 4 月 15 日。

[81] 彭妍妍:《发达国家能效标识实施情况及启示》,载《中国电子报》2008 年 5 月 23 日。

[82] 王文革:《我国能效标准和标识制度的现状、问题与对策》,载《中国地质大学学报》(社会科学版)2007 年第 02 期。

[83] 陈晓建:《我国家电企业应对欧盟"绿色壁垒"有对策》,经济参考报,2008 年 10 月 23 日。

[84] 涂毅、谢飞:《国际温室气体排放权市场的发展和我国应对气候变化的市场化设想》,载《武汉金融》2008 年第 2 期。

[85] 杨泽伟:《欧盟能源法律政策及其对我国的启示》,载《法学》2007 年第 2 期。

[86] 王轩:《欧美国家的碳交易对我国气候变化应对能力建设的启示》,载《财经界》2007 年第 10 期。

[87] 熊建、李静云:《CDM项目与生态发展战略》,载《江西社会科学》2007年第11期。

[88] 阎伍玖,工红瑞,工岩:《中国人口、能源、经济发展的环境影响通径》,载《安徽师范大学学报》(自然科学版)2002年第3期。

[89] 李步云:《论人权的三种存在形态》,载《法学研究》1991年第4期。

[90] 李艳芳:《论环境权及其与生存权和发展权的关系》,载《中国人民大学学报》2000年第5期。

[91] 徐显明:《生存权论》,载《中国社会科学》1992年第5期。

[92]拉胡尔·通加:《能源危机:不应一味指责中印》,载《金融时报》2008年11月14日。

[93] 孙大伟:《生态危机的哲学根源》,载《世界环境》2008年第12期。

[94] 钟丁茂、徐雪莉:《生态主义的兴起、演进与意义》,台中县:第八届《现代思潮》研讨会。

[95] 江家驷、罗锐:《通向何处的哥本哈根协议?》,http://www.chinadialogue.net,2009年2月19日。

[96] 王纪潮:《人类历史的绿色批判》,载《博览群书》2003年第8期。

[97] 伊恩·哈维:《低碳技术中的知识产权问题》,载《金融时报》2008年11月28日。

[98] 苏婕:《生态中心论中的伦理学思想及其发展体现》,武汉理工大学科学技术哲学硕士论文,2006年。

[99] 李慧青:《生态伦理的文化底蕴》,东北师范大学伦理学硕士论文,2003年。

[100] 陈泉生:《论科学发展观与法律的生态化》,载《法学杂志》2005年第5期。

[101] 舒广:《环境问题与民法的生态化研究》,中国政法大学硕士学位论文,2003年。

[102] 梅宏:《刑法生态化的立法原则》,载《华东政法学院学报》2004年第2期(总第33期)。

[103] 王志茹:《环境保护刑事法律生态化研究》,福州大学硕士生学位论文,2004年。

[104] 江山:《融合与汇归——法学方法论生态化的意义》,载《东南学术》2005年第5期。

[105] 盛洪:《外部性问题和制度创新》,载《管理世界》1995 年第 3 期。

[106] 沈满洪、何灵巧:《外部性的分类及外部性理论的演化》,载《浙江大学学报》(人文社会科学版)2002 年第 1 期。

[107] 于娟:《碳税循环政策在农村能源结构调整中的作用》,复旦大学博士学位论文,2007 年。

[108] 黎永亮:《基于可持续发展理论的能源资源价值研究》,哈尔滨工业大学管理学博士论文,2006 年。

[109]龚向前:《美国能源需求方管理之法律政策及其借鉴意义》,载《海南大学学报》2008 年第 5 期。

[110]陈海嵩:《日本的节能立法及制度体系》,载《节能与环保》2010 年第 1 期。

[111]曹宁等:《中日能效标准标识制度浅析比较》,载《中国能源》2010 年第 2 期。

[112]张通:《英国政府推行节能减排的主要特点及对我国的启示》,载《中共中央党校学报》2008 年第 1 期。

[113]孙晓胜、胡静:《我国合同能源管理机制潜力巨大》,载《经济参考报》2009 年 6 月 17 日,第 3 版。

[114] 赵燕生、马立新:《试论建立和完善我国石油储备》,载《资源产业经济》2009 年第 8 期。

[115] 曹新:《加快建立现代石油储备制度》,载《中国经济时报》2009 年 2 月 6 日,第 8 版。

[116] 金三林:《我国石油储备管理体制和运行机制的构建》,载《开放导报》2007 年第 5 期。

[117] 秦勇、薛晗:《论我国战略石油储备法律制度的构建》,载《中国国土资源经济》2008 年第 5 期。

[118] 王新新:《关于中国石油储备体系》,载《节能技术》2009 年第 3 期。

[119] 孙仁金、邱坤:《论我国战略石油储备制度的构建》,载《改革与战略》2008 年第 9 期。

[120] 王越、赵强:《对完善当今形势下我国石油储备体系的几点思考》,载《中国矿业》2009 年第 10 期。

[121] 冯丹、耿波、王红等:《从美日两国战略石油储备体系看我国石油储备发展》,载《能源技术与管理》2009 年第 2 期。

[122] 田晓耕:《借鉴国际经验建立我国石油储备体系研究》,载《辽宁工学院学报》2007 年第 4 期。

[123] 徐珑:《借鉴国际经验建立政府与企业相结合的战略石油储备管理体制》,载《财政研究》2006 年第 9 期。

[124] 吴刚、魏一鸣:《美国战略石油储备补仓和释放策略分析》,载《中国能源》2009 年第 4 期。

[125] 张魁中:《国际战略石油储备体系比较与中国的石油储备》,载《黄冈师范学院学报》2009 年第 1 期。

[126] 张翠珍:《异曲同工的美日石油储备制度》,载《中国财经报》2009 年 2 月 26 日,第 4 版。

[127] 刘刚、吴长春:《中国石油储备体系探讨及对策》,载《能源工程》2005 年第 1 期。

[128] 呼小洲:《从美国的战略石油储备看我国的石油储备战略》,载《甘肃科技纵横》2005 年(第 34 卷)第 2 期。

[129] 黄枢:《森林能源与人类文明》,载《国土绿化》2006 年第 11 期。

[130] 孙涛等:《能源转换与可持续发展》,载《环境与可持续发展》2010 年第 2 期。

[131] 中国气候变化信息网(政府官方网站):http://www.ccchina.gov.cn。

[132] 中国清洁发展机制信息网(政府官方网站):http://www.ccchina.gov.cn/cdm。

[133] 中国气候变化网(科研信息网)http://ipcc.cma.gov.cn。

[134] 气候变化和能源利用网:http://www.climateark.org。

[135] 世界气候组织:http://www.wmo.ch。

[136] 联合国可持续发展委员会:http://www.un.org/esa/sustdev/dsd.htm。

[137] 联合国环境规划署:http://www.unep.org。

[138] 联合国开发计划署:http://www.undp.org。

[139] 全球环境基金:http://www.gefweb.org。

[140] 中国全球环境基金:http://www.gefchina.org.cn。

[141] 世界贸易组织:http://www.wto.org。

[142] 世界银行:http://www.worldbank.org。

[143] 世界自然保护同盟:http://www.iucn.org。

[144] 欧洲委员会环境局:http://www.eea.eu.int。

[145] 美国能源部:http://www.doe.gov。

[146] 美国大气海洋局:http://www.noaa.gov。

[147] 美国国家环保局:http://www.epa.gov。

[148] 澳大利亚温室气体排放管理办公室:http://www.greenhousr.gov.cn。

[149] 亚太气候变化研究网:http://www.apn.gr.jp。

[150] 中国环境与发展国际合作委员会网站:http://www.cciced.org。

[151]《联合国气候变化框架公约》秘书处:http://www.unfccc.int。

[152] 政府间气候变化专门委员会网站:http:www.ipcc.ch。

二、英文部分:

[1] Edward W. Chester, *United States Oil Policy: a Twenty Century Overview*, WestPort: Greenwood Press, 1983.

[2] Rikke Munk Hansen, *Legislative measures for promotion of renewable energy: Wind energy development in Denmark as a case study*, Adrian J. Bradbrook, Energy Law and Sustainable Development, IUCN, 2003.

[3] Richard L. Otting, *Legal Frameworks for Energy for Sustainable Development*, Adrian J. Bradbrook, Energy Law and Sustainable Development, IUCN, 2003.

[4] Kui-Nang Mak & Friedrich Soltau, *A United Nations perspective on Law and energy for sustainable development*, Adrian J. Bradbrook, Energy Law and Sustainable Development IUCN, 2003.

[5] B. Schlamadinger and M. Durschke, *Linking Terrestrial Carbon Sequestration to the EU ETS*, Guest commentary, Carbon Market Europe, 27 February (Point Carbon 2004).

[6] Rifkin, *The Hydrogen: The Creation of the worldwide Energy Web and the Redistribution of Power on Earth*, Tarcher/Putnam, New York, 2002.

[7] Hermann Bondi, *Energy and Environment: The Differing Problems of the developed and developing regions*, Oxford University Press, 1993.

[8] Lye Lin-Heng & Maria Socorro Z. Manguiat, *Towards a "Second Generation" in Environmental Laws in the Asian and Pacific Region*. IUCN Environmental Policy and Law Paper No. 48.

[9] David Freestone and Charlotte Streck, *Legal Aspects of Implementing the Kyoto Protocol Mechanisms: Making Kyoto Work*, Oxford University Press, 2005.

[10] Farhana Yamin, *Climate Change and Carbon Markets: A Handbook of Emissions Reductions Instruments*, Earthscan Publications, 2005.

[11] Marie-Claire Cordonier Segger and Ashfaq Khalfan, *Sustainable Development Law: Principles, Practices and Prospects*, Oxford University Press, 2004.

[12] Patricia D. Park, *Energy Law and the Environment*, *Southam Ption Institute*, UK Press, 2002.

[13] Wades H. , *Measuring Change in energy efficieney for the annual energy outlook* 2002. United States, Washington: Energy Information Administration, DePartment of Energy, 2002.

[14] Worrelle, L. Seenarios, *Price Policy for energy efficieney improvement in industry Energy Policy*, 2001, 29(14).

[15] Royal Society, *Economic Instruments for the Reduction of Carbon Dioxide Emissions London: The Royal Society*, 2002.

[16] ConradK, *Energy Tax and Competition in Energy Efficiency: The Case of Consumer Durables*, Environmental and Resource Economics, 2000.

[17] Heljdra BJ & Horst A D, *Taxing Energy to Improve the Environment: Efficiency and Distributional Effects*, De Economist, 2000, 148(1).

[18] Hartman DG, *Energy efficiency strategy as environmental policy: 20 years of "free lunch" lessons*, In Systems, Man, and Cyberneties, Beijing: IEEE International Conference, 1996.

[19] Wackerrlagel M. ReeSWE, *Our ecological footprint: Reducing human impact on the earth*, Gabriela Island: New Society Publishers, 1996.

[20] AlmA, *Environmental and technological Innovation*. Enviroment Science and Technology, 1992, 26.

[21] Landell-Millsn & PorasI, *Silver Bullet or Fools' Gold? A Global Review of Markets for Forest Environmental Services and Their Impacts on the Poor*, London: IIED, 2002.

[22] Noordwijk M & Chandler F, Tomich T P, *An Introduction to the Conceptual Basis of RUPES*, ICRAF Working Paper, 2005.

[23] Sven W, *Payments for Environmental Services: Some Nuts and Bolts*. CIFOR Occasional Paper, 2005(42).

[24] *Action Plan for Energy Efficiency: Realising the Potential*, COM (2006)545 final.

[25] J. Stan Rowe, *Technology and Ecology: Essays in Ecology*, Home Place, NeWest Books, Edmonton 1990.

[26] Tomas Barry, *Environmental Philosophy: From Animal Rights to Radical Ecology*, New Jersey: Prentice(2nd ed.), 1998.

[27] Catrinus. J. Jepma & Mohan Munasinghe, *Climate Change Policy*, Cambridge University Press, 1998.

[28] Farhana Yamin & Joanna Depledge, *The International Climate Change Regime: A Guide to Rules, Institutions and Procedures*, Cambridge University Press, 2004.

[29] International Energy Agency(IEA), *CO_2 Emission from Fuel Combustion*, Paris, 2000 J. Houghton, The Physics of Atmospheres, Cambridge University Press, 2001.

[30] J. Jager and H. L. Ferguson, *Climate Change: Science, Impacts & Policy*, Press Syndicate of the University of Cambridge, 1998.

[31] K. Anderson & A. Strutt, *On Measuring the Environmental Impacts of Agricultural Trade Liberalization*, University of Adelaide, 1994.

[32] K. Anderson & R. Tyers, *Disarray in World Food Markets: A Quantitative Assesssmant*, Cambridge University Press, 1992.

[33] World Bank, *Sustainable Development in a Dynamic World: Transforming Institutions*, Growth and Quality of Life, Oxford University Press, 2003.

[34] United Nations, Environmental Performance Reviews World Meteorological Organization (WMO) & United Nations

[35] Environment Programme (UNEP), Climate Change 2001: Synthesis report, 2001.

[36] J. R. Desjardins, Environmental Ethics Wadsworth Publishing Company, 1992, An Introduction to Environmental Philosophy.

[37] P. W Talor, *Respect for Nature*, *A Theory of Environmental Ethics*, Princeton University Press, 1986.

[38] H. Rolston, *Environmental Ethics*, *Duties to and Values in Nature World*, Temple University Press, 1988.

[39] S. Amstrong and R. Botzlereds, *Environmental Ethics*: *Divergence and Convergence*, N. Y.: McGraw- Hill, 1993.

[40] Vaclav Smil, *Energy at the Crossroads*: *Global Perspectives and Uncertainties & Cambridge*, MA: MIT Press, 2003.

[41] A. M. Freeman, *The Measurement of Environmental and Resources Values*: *Theory and Methods*, Resources for Future and Edition, 1993.

[42] C. R.. Sunstein, *Cost-Benefit Analysis and the Environment*, Ethics. 2005.

[43] A. Randall, *Resource Economics*: *an Economic Approach to Natural Resource and Environmental Policy*, Grid Publishing Inc, 1981.

[44] J. M. Hartwick & N. D. Olewiler, *The Economics of Natural Resource Use*. Harper & Row, 1986.

[45] T. Michale, *Why not to calculate the value of the world's ecosystem services and natural capital*, Ecological Economics, 1998.

[46] B. Hannon, *Ecological pricing and economic efficiency*, Ecological Economics. 2001.

[47] H. T. Odum. *Environmental Accounting*: *Energy and Environmental Decision Making*, John Weily & Sons, 1996.

[48] A. Aandall. *Resource Economics*: *An Economic Approach to natural Resource and Environmental policy*. Grid Publishing Inc, 1981.

[49] D. W. Pearce & R. K. Turner, *Economics of Natural Resources and the Environment*. Harvester Whesatsheaf, 1990.

[50] M. Armstrong & A. Gail, *Option pricing*: *A new approach to valuing mining projects*. CIM Bulletin, 1997.

[51] R. S. Pindyck, *The Long-Run Evolution of Energy Prices*. Energy Journal. 2001.

[52] R. B. Howarth, *Intergenerational equilibria and exhaustible resources: an overlapping generation approach*, Ecological Economics, 1991.

[53] C. Withagen. *Pollution and exhaustibility of fossil feuls*, Res. Energy. Econ, 1994.

[54] P. J. N. Sinclair, *On the optimum trend of fossil fuel taxation*, Oxford Econ, Papers 46th, 1994.

[55]ESCO Study Documents Growth of Twenty Percent Air Conditioning Heating & Refrigeration News 6/18/2007, Vol. 231, Issue 7:77.

[56]G. DSAss ociates. *The Maximum Achievable Cost Effective Potential for GasDS M in Utah for theQuestar* [6]*Gas Company ServiceArea*, Utah: Utah Natural GasDS M Advis ory Group, 2007.

[57] The study group of the module of international oil reserve construction, *The comparison of international oil reserve construction and management*, International Oil Economics, 2001, (7): 23～34.

后　记

本书作为我承担的教育部同名青年项目"能源变革与法律制度创新研究"的最终研究成果，顺利面世了。我要再次感谢李昌麒教授、曹明德教授和张怡教授在学业上曾经给予我的无私指导和帮助！同时感谢经济法学院各位领导和同仁在工作上对我的关心和帮助！

本书得以顺利完成还受益于李文练、易崇艳、刘昌海、郑明明、王彦杰和徐小云同志的写作参与。他们有的是我指导的硕士研究生，有的是我在《生态法学》硕士课程授课过程中指导的环境资源法学硕士研究生，他们大部分已经走上了各自的工作岗位。感谢他们或因我的指导、或因授课所感选择了我课题中的相关内容作为自己硕士阶段的研究方向，同时也对我校环资法学科组其他硕士生导师给予上述同学的指导表示衷心的感谢！

本书能够顺利地出版，还要特别感谢厦门大学出版社的施高翔副社长和甘世恒编辑，感谢他们对我工作的理解和鼎力支持！特别感谢甘世恒等编辑老师对于我书中谬误给予的细心而严谨的审核和校正！

此外，在本书的写作过程中，我们还学习和借鉴了国内外许多专家学者的研究成果，在此对他们亦致以衷心的感谢和崇高的敬意！

由于笔者学识和水平有限，谬误之处依然在所难免，恳请各位专家学者批评指正！

西南政法大学经济法学院

赵爽

谨识于2012年8月13日

图书在版编目(CIP)数据

能源变革与法律制度创新研究/赵爽著.一厦门:厦门大学出版社,2012.8
(西南政法大学经济法学系列)
ISBN 978-7-5615-3734-3

Ⅰ.①能…　Ⅱ.①赵…　Ⅲ.①能源法-研究-中国　Ⅳ.①D922.674

中国版本图书馆 CIP 数据核字(2012)第 161006 号

厦门大学出版社出版发行
(地址:厦门市软件园二期望海路 39 号　邮编:361008)
http://www.xmupress.com
xmup @ xmupress.com
厦门市金凯龙印刷有限公司印刷
2012 年 8 月第 1 版　2012 年 8 月第 1 次印刷
开本:720×970　1/16　印张:17.5　插页:2
字数:295 千字　印数:1～1 500 册
定价:35.00 元